毎年恒例のホワイトハウス・イースター・エッグ・ロール。わずか数フィート離れたところで男性が心臓発作に襲われ、倒れていた際、トランプ夫妻が病気や死に対していかに敏感かを知っていた私は、「こちらを見てください」と、とっさに口にすることで、何とか二人の注意をそらそうとした。私が指さしているほうには何もない。提供：ホワイトハウス写真オフィス

左：忌々しいジャケット！　上司のオフィス――つまりオーバルオフィス――に怒鳴られに行く途中の一枚。このジャケットがメディアで派手に報道される中、大統領は「いったい何を考えているんだ！」と言い放った。よくもここまで滅茶苦茶な失敗を犯せるものだと、トランプは感心していたようだ。提供：ホワイトハウス写真オフィス

右：私がこの写真を撮ったのは、大統領とファーストレディーが人前で愛情を見せているのを、目にしたことが滅多にないからである。トランプ夫人が大統領に身を寄せているが、その後二人はパリのアメリカ大使館に集まった群衆に姿を見せた。またその日、大統領は妻の唇に口づけした――これも希なことだった（彼女のほうは頬に口づけするヨーロッパ式のほうを好んでいた）。提供：著者

ホワイトハウス報道官兼広報部長に起用される直前、大統領と歩く姿を撮った一枚。これからもファーストレディーの下で働きますと私が言うと、大統領は「しかし、大事なのは俺だけだ」と応じた。トランプのホワイトハウスでこれ以上の真実を聞いたことはない。提供：ホワイトハウス写真オフィス

インドで行なうスピーチの確認作業。一緒にいるのはダン・スカヴィーノ（右から二人目）とスティーブン・ミラー（一番右）。二人ともトランプの気分を巧みに操る達人だったが、スカヴィーノは特にそうだった。大統領が誰かに雷を落とすたび、スカヴィーノが吉報をもってそこに割り込み、「大統領、ラスムセンの支持率が二パーセント上昇しました！」などと言うのがお決まりだった。提供：ホワイトハウス写真オフィス

ホワイトハウス社会事業担当官のリッキー・ニセタ(右)、そしてファーストレディー (左)と一緒に、フランス側要人と行なう初めての公式晩餐会に向けて準備する。トランプは細身のマクロンを嫌っており、「あいつは臆病者だ。一二五ポンドの身体を怒りでプルプル震わせるだけじゃないか」とこき下ろしたことがある。提供:ホワイトハウス写真オフィス

トランプはとにかくツイートするのが大好きで、世界中のメディアがすぐに報道するのを喜んでいた。「おい、これを見ろ」と、よく言っていたものだ。この写真で三人が笑っているのも、無数にあったそんな場面の一つである。提供:ホワイトハウス写真オフィス

ファーストレディーとスピーチを見直す。彼女のことを知るにつれ、笑われるといけないから発音を手直ししてほしいと頼まれることが多くなった。これは、彼女が弱さを見せた数少ない、そして愛しい実例の一つである。このような姿をもっと多くの人に見てほしかった。提供:ホワイトハウス写真オフィス

何かの件についてブリーフィングする必要があるとき、オーバルオフィスと大統領専用ダイニングルームのあいだにある彼専用の化粧室の前で、手を洗ったりメイクを施したりする大統領を待つことがよくあった。初めてトランプと出会ったのも化粧室だが、だからと言って気味の悪い話ではない。提供：ホワイトハウス写真オフィス

大統領は声明やツイートを自分で編集するのを好んだ。私もしばしばその場にいて、編集の提案をするのだが、彼は九割方それを拒否し、反対のことをするのだった。提供：ホワイトハウス写真オフィス

エジプトのピラミッドが見えてきたところで、この写真を撮影した。彼女が普通の観光客のように、おおっぴらに写真を撮るのが、私は好きだった。提供:著者

ピラミッドの前で。私はトランプ夫人に、マスコミとうまく付き合う必要があると言った。すると彼女は、自分が着ているものではなく、していることを話題にしてもらいたいと答えたのだが、その直後、スフィンクスの前に立った彼女はモデルのようにポーズを決めた。昔の癖はなかなか消えないものだ。提供:著者

ファーストレディーがローズガーデンでスピーチを終えたあとの一枚。このスピーチに私は必死に取り組んだ。大統領も、素晴らしいスピーチだったので、ウエストウイングに戻ってもらいたいと私に言った。もちろん、トランプ夫人と私はそれをすぐに断わった。ファーストレディーは別として、私は大統領と、彼の下で働く人たちにすっかり幻滅し、このホワイトハウスを一刻も早く脱出したいと思っていた。提供：ホワイトハウス写真オフィス

イーストウイングとウエストウイングを結ぶ列柱を、私はトランプ夫人と一緒に何度も歩いた。提供：ホワイトハウス写真オフィス

マー・ア・ラゴに向かう機内で、副報道官として初の仕事をこなす私。報道陣の前に戻ってきた大統領はファーストレディーを伴っていたが、彼女は嫌がっていた。ファーストレディーと接したのはこれが初めてで、彼女はとても優しく、素晴らしい香りがした。提供：ホワイトハウス写真オフィス

嘆きの壁でイヴァンカ(右から二人目)とともに——当然、イヴァンカはそこにいる必要があった。私が記した祝福の言葉を、ファーストレディーは壁の中に差し入れた。本来であれば自分たちだけでそうすればいいのに、クシュナー夫妻が大統領夫妻と一緒に赴いたことに、私たちのオフィスはがっかりした。提供:ホワイトハウス写真オフィス

合衆国大統領と一緒に列柱を歩く。報道官としての寿命が尽きるころになっても、大統領が一瞬のうちにどんな一面を見せるかわからなかったので、私は常に緊張を強いられていた。提供:ホワイトハウス写真オフィス

テロリスト、アブ・バクル・アル＝バグダーディーの殺害を発表する直前、他の上級スタッフと一緒に大統領と話し合う。提供：ホワイトハウス写真オフィス

ハリケーンへの備えを訴える公共広告の撮影に向けて準備中の一枚。私はファーストレディーの髪のセットを手伝っている——彼女はいつも完璧に整えていたものの、セットの最中は二人とも楽しんでいた。私たちが何度も一緒に笑ったのは確かだけど、最後は彼女に失望した。提供：ホワイトハウス写真オフィス

ネクスト・クエスチョン？

トランプのホワイトハウスで起きたこと

ステファニー・グリシャム
［著］
熊木信太郎
［訳］

論創社

ネクスト・クエスチョン？ トランプのホワイトハウスで起きたこと

目次

カーチスとジェイクへ……私は他の誰よりもあなたたちを愛し、あなたたちという人を心から誇りに思っている。私を母親にしてくれてありがとう。これは、私がした中で最高の仕事、自分がするなんて予想もせず、自分にふさわしいとも思わなかった仕事なのだから。これからも、たくさんの思い出を作っていきましょう。

ダナへ……あなたが誇りに思ってくれることが、私の願い。

おじいちゃんとおばあちゃん、そしてパパとママへ……私にとっては誰よりも立派で、私が一番愛している人たち。

ヘザー、トロイ、そしてエリックへ……私のことをヘビどもから守り、現実の人生について教え（直し）てくれてありがとう。

親族のみんなへ……あなたたち全員を愛し、私の人生で演じてくれたそれぞれの役割に感謝している。

私が信頼している人たちへ……自分をわきまえているあなたたちを友人と呼べるなんて、私は本当に恵まれている。みんなのサポート、特に去年のサポートに感謝したい。

人生で誰かと知り合いになったことを後悔してはいけない。よき人々はあなたに幸福をもたらし、悪しき人々はあなたに経験をもたらす。一方、最悪な人たちはあなたに教訓を与え、最高の人たちはあなたに思い出を与える。

——作者不明

著者覚書

本書は過去六年間にわたる私自身の記憶、認識、見方に加え、その他の補足情報を基にしている。私は本書に記した出来事の大半に立ち会っており、またその場にいなかったケースについては、同僚たちが同時期に行なった発言に拠っている。なお文中の会話は、私の記憶、当時のメモ、および大統領やファーストレディーなど、その他の人物から聞いた内容から再構築した。

はじめに

引き返して始まりを変えることはできないが、今いるところから始めて結末を変えることはできる。

――C・S・ルイスのものとされる言葉

この本はいかようにも書き始めることができた。ウラジーミル・プーチンがある会談にとても魅力的な通訳を同行させ、アメリカ合衆国大統領をもてあそんだ様子を伝えることもできるし、北京への外遊中に中国側の警備要員と争いが生じ、そのど真ん中に「核のフットボール」があったことから話を始めてもいい。あるいは、マリーンワンに搭乗中のトランプ大統領が、真剣そのものの表情で私に尋ねた切実な質問――「君の歯は本物なのか？」――とか。またあるいは、アルバムにもっと見栄えの良い写真を残したいと思ったトランプ夫人が、自身のスタッフに協力を求め、改築されたばかりの新しいテニスコートでホワイトハウスのイベントを再現させたこととか。これらのアルバム――数えきれないほど多数のアルバム――については、本書の中で触れることになるだろう。あるいは、二〇二〇年の大統領選挙投票日の夜。そのときトランプ大統領は側近や野次馬の群れ――ローラ・イングラハム〔保守派のテレビ司会者〕もいるじゃない！――から、誰もが見て見ぬ振りをしていた事実、つまり落選という事実に対してどう反応すべきかアドバイスを受けていた。そして、ジャレッド・クシュナーによるあれやこれやの策動や、いかがわしい取引の数々、あるいは「王族仲間」であるエリザベス女王との面会時間を独占しようとしていた「お姫様」（ファーストレディーや私をはじめとする人たちは、イヴァンカ・トランプのことをこう呼んでいた）の姿。

私はほぼ六年間、これ以上ないほどトランプ一家の近くにいて、すべてを、余すところなく目にした。あまりに色々なことを見たので、本書を書き始めるまで忘れていたことがあるほどだ。本書で読者が目にすることの中には、カオスに満ちた政権の記録もあれば、セラピーのセッションを思わせる内容、そして個人的な考えもある。そこでいったい何が起きていたのかを心の中で処理できるよう、私はそのすべてを表に出す必要があったのだ。

しかしこの物語を始める一番の方法は、終幕から語ることかもしれない。

二〇二一年一月六日、数度にわたる試みの末、私はようやくトランプ政権を去ることができた。別の言い方をすれば、ファーストレディーの首席補佐官を辞任しただけでなく、過去六年間にわたってトランプ一家に仕えてきた、古手の「取り巻き」の一人という立場を去ったのだ。トランプ一家はそれが気に入らなかったらしく、公用の携帯電話はすぐに使えなくなり、私はホワイトハウスの「出入り禁止」リストに載せられた。これは特筆すべきことである。あの連中ときたら、何をするにももたもたして、効率的に実行することができないのに、つまらない復讐となればそうではない。私たちはそれが大の得意だった。

本書を執筆したせいで、私はこれから色々な呼ばれ方をするだろう。裏切り者。下級スタッフ。弱虫。不正直者。無能。完全な人選ミス。匿名の人物は私に、アル中だの薬物中毒だのとレッテルを貼る（そう言えるのは、マスコミからすでにそう呼ばれていたからだ）。あの女は注目を集めたがっている利己的な人間で、トランプ一家を食い物にしようとしている、などという発言が出回る。さらに、匿名の関係者によるコメントがそれに続き、私には忠誠心というものがまるでなく、マスコミにしょっちゅうリークしていた――それはトランプ政権における最大の罪だ――などと口にする。大統領、そしておそらくファーストレディーは、私のことなどまるで知らない振りをするか、訴訟を起こすか、あるいはその両方を実行するだろう。そんなことはわかっている。真実を告げる決心をしたり、不正に対して立ち上がったりした他の全員に、私たちはそうしてきたのだから。私自身も多くの人たちにそんなことをした。それがトランプ流のやり方だからだ。輪の中にいればいいけれど、輪の外に出れば――否定され、破壊される。私自身がかつて破壊者だったのは、一種の報いと言えるだろう。

トランプ一家が政治活動に乗り出したほぼ当初から、私は彼らのそばにいた。政権中枢に最も近いところで大統領夫妻に同時に仕えたのは、歴史上私が唯一かもしれない。ほぼすべての休日をともに過ごし、一緒に世界中を飛び回った。外国の政治指導者との会談で、大統領は狂気極まる発言を繰り返しつつ、公平に言えば、我が国のために戦っていたけれど、私もそれに同席していた。私は（最初の）弾劾のときの報道官だったが、そのとき大統領は、メディアの前で私が自ら面目を潰すように仕向けたので、こちらは彼を騙してその機会を奪わざるを得なかった。あれこれの理由でトランプ一家と対立することもあったし、大統領夫人、そして彼女のかけがえのない宝物――息子と写真コレクション（彼女は息子を最も愛していた）――の親友にもなることもあった。


しかしここで、二〇二一年一月六日の恐怖を振り返ってみよう。

私が何らかの理由でホワイトハウスを去ろうとするたび、私が一番親しみを感じ、何かにつけて守ってくれたファーストレディーが、それを思いとどまらせていた。彼女の話にはとても説得力があり、それは相手が夫でも同じである――少なくとも時々は。しかしその日、彼女は私を思いとどまらせることができなかった。

私は朝からずっと胃の調子が悪かったが、そんなことは初めてだった。五年間にわたって「トランプ漬け」になっていると、カオスというものに慣れっこになってしまう。奇妙な快適さを感じるほどに。自分では操ることさえできない旋風に捕らわれているという事実が、慰めと言ってよい感覚になってしまったのだ――だから腰を下ろし、生き続けることに意識を集中させ、流れに身を任せる。事実、そこに長くいればいるほど、自分は他の多くの人たちよりも長く生き延びたという、おかしな自尊心が芽生えてくる。本来警告であるべきものがねじ曲がり、名誉の印になったのである。

それでも、そのときの空気は違った。それを感じられたのだ。

そして、私は見た。

数ヵ月にわたる大統領の謀議の数々――ありがとう、ルディ〔ルドルフ・ジュリアーニ元ニューヨーク市長のこと。当時トランプの顧問弁護士を務めていた〕――に扇動されて怒り狂い、興奮した群衆が、議会議事堂の壁をよじ登っている。彼らの目的はマイク・ペンス副大統領の首をはねることなのか、ＡＯＣ（議事堂建築監）を殺害することなのか、それともナンシー・ペロシ下院議長を逮捕することなのか。見当もつかない。それは恐ろしく、気分が悪くなるほど悲しい光景だったけれど、同時に避けられない光景なのだと、私には感じられた。もちろん、物事はすべて不可避な形で終焉《しゅうえん》を迎えるものだ。

それでも、私にはすべき仕事があった。ファーストレディーの首席補佐官として、彼女にメッセージを送信する。トランプ夫人は鋭い感受性を見せることがよくあった。シャーロッツヴィルで暴動が発生したとき、最初に反応したのは彼女だったし、彼女と協力して大統領の前言を翻させ、状況を見事に沈静化したのも一度ではない。何度そんなことがあったか、覚えていないほどだ。すぐにツイートを発信して暴力行為を終わらせ、人々に落ち着きを取り戻すよう訴えるべきだと、私は提案した。そして午後一時二五分、私はファーストレディーに次のテキストメッセージを送った。「平和的な抗議運動は全アメリカ人の権利だが、不法と暴力は許されないと、ツイートを発信してはどうでしょうか」

文字通り一分後、ホワイトハウスのエグゼクティブ・レジデンス（大統領公邸）にて、自分が選んだ新しい敷物の写真撮影——そう、誤植ではない——の準備をしていたメラニア・トランプからたった一言、「ノー」と返信があった。

私は一分間ほどそれを眺めた。長い長い一分間。そしてテレビに視線を戻す。

「ノー」

過去数年、私は何度も何度も、メラニア・トランプをマリー・アントワネットと同一視しまいとした。冷たく残酷で、夫が支配しているちっぽけな人々など眼中にない人物。それは、私が知り、尊敬し、親愛の情さえ抱いていた女性の人物像ではない。しかしその日、かつては想像すらできなかった暴力の世界へとワシントンDCが陥っていく中、私はついに悲運のフランス王妃の姿を見た。冷淡で、打ち負かされ、超然とした女性の姿。

私はそれに打ちひしがれた。深く息を吸い、さらに一分間待つ。トランプのホワイトハウスにいれば、それが習慣になる。地に足をつけ、勢いで行動しないこと。そして私は辞任を決意した。

ファーストレディー宛てにメールを送るとともに、後戻りしたり、翻意させられたりすることがないよう、彼女の上級アドバイザーにもＣＣで送信する。これで終わり。

その日のことで誇りに思っているのは、議事堂が包囲される中、最初に辞任したのが私だということだ。そしておそらく、私の辞任のニュースが他の人たちを大胆にした――いや、そう思いたいのかもしれない。私の辞任がリークされた直後、他の人たちも辞表を出した。運輸長官のイレーン・チャオも続いて辞任したのだが、彼女は上院の多数党院内総務、ミッチ・マコーネルの妻ということもあり、その辞任は一大事だった。次いで教育長官のベッツィ・デヴォス。それから別の高官、また別の高官……。

もちろん、質問がそれに続く――それも多数の人から。あなたたちは、なぜ辞めるまでここまで長く待ったのか？　あなたは、なぜここまで長く待ったのか？　『アクセス・ハリウッド〔米国のエンタメ系ニュース番組〕』、弾劾、家族の不和、釈明、レイプと職権乱用の疑惑、そして私を呆然とさせた無数の出来事にもかかわらず、私は留まったのだ。

万人を満足させる答えなど出しようがないし、そんなことを試みても無駄だろう。私はトランプ政権のホワイトハウス報道官だった。罰の受け方はわかっている。逃げ回ったところで何にもならない。自分が関与した物事や、その理由は受け止めるつもりだ。中には理解すらしてくれない人もいるだろうし、同じ状況に置かれてもそんな選択はしないという人もいるはずだ。それは仕方ない。だけど、少なくとも自分自身のため、そして耳を傾けてくれる人たちのために答えを用意したい。それはまた、私が抱く二つの大きな後悔を話すチャンスでもあるけれど、その単純さにあなたも驚くに違いない。私と一緒に本書の旅に乗り出し、トランプのホワイトハウスで私が見たことを知りたい人には、少なくとも、私が何を考えていたのかを感じ取ってもらいたい。

私が留まった理由についてまず言いたいのは、ホワイトハウスで働くのは私の長年の夢だったということだ。大統領が誰であれ、ホワイトハウス報道官になるのが私のキャリアにおける最大の望みだった。祖父はどれだけ誇りに思ってくれるだろう。ロナルド・レーガン政権に仕えた私の祖父は、私に目をかけ、私が愛して尊敬した数少ない男性の一人だった。私には祖国に仕える機会——おそらく、私が手にした唯一の機会——があり、それをものにした。そのことに後悔はないし、祖父も支持してくれるだろう。

そして、誰かがドナルド・トランプのホワイトハウスで働かなければならないという事実に、私たちは向き合う必要がある。大統領の敵対者はこうした論法に嫌な顔をするけれど、政権には献身的な多数のスタッフがいて、彼らは義務感から、経験不足で予測困難な大統領の下でも政権が機能するようベストを尽くしたのだ。レジスタンスのリーダー、ミット・ロムニーでさえ、かつてはトランプの下で働くことを企んでおり、選挙戦でトランプを糾弾したにもかかわらず国務長官の座を目指した。ニュージャージー州ベッドミンスターにあるトランプのゴルフクラブで、ロムニーが「面接」を受けているのを見たことがある。私はニューヨーク市で開かれた思い出深いディナーのためにそこにいたのだけど、そのときトランプ家の人々はロムニーの目の前にポストをぶら下げ、彼がダンスするかどうかを確かめようとしたのだ（ロムニーはダンスした！）。

最初、私はトランプを支持していなかった。二〇一二年の大統領選ではロムニーの下で、二〇一五年初頭には多数の候補者の下で働いたあと、トランプのところに腰を落ち着けたのだ。しかし、ひとたびそこに加わると、その一員になった。人は今も認めたがらないが、政治の舞台に初めて登場したドナルド・トランプにはどこか新鮮なところがあり、予想可能で支持率を落とさない、いつものくだらないことを次から次へと口に出すその他の政治家と比べると、それが際立っていた。彼は大胆で、しきたりに囚われなかった。人々が何の理由もなく受け入れていた馬鹿馬鹿しいルールに異を唱え、人々が考えてはいても口に出さないことを言い、バーニー・サンダースを含め、いかなる共和党員とも違う立場をとった。予備選ではジョージ・W・ブッシュとイラク戦争を攻撃し、我が国の軍隊を海外の「終わりなき戦争」に展開することを激しく非難した。また、いずれの党からも実質的に見放されたアメリカ中部の工業都市について話し、候補者がいまだかつて口にしたことがない奇妙な余談をしたり、ポップカルチャーについて熱弁を振るったりした。ある日、エアフォースワンの個室でトランプと同席していたときのこと、何か読んだのか、それともテレビで彼の顔を見たのか、カナダのジャスティン・トルドー首相のことが大統領の脳裏に浮かんだ。すると私を見て、「こんなことを言って大丈夫か？」と訊いた。これは厄介な質問だ。次に大統領の口からどんなことが飛び出すのか？　当然、私はうなずいた。

「トルドーの母親だが、ローリングストーンズの全員とヤッたんだぜ」（どうしてそんなことを思いついたのか、私に訊かないでほしい）そう、トランプは時として攻撃的になり、度を超えてしまうことがあるけれど、それだけでは彼の魅力を見逃すことになる。わざと常軌を逸し、道化を演じているのだ。長年にわたってテレビショーで人気を博したのには、それなりの理由がある。

しかし、大統領候補としてのドナルド・トランプは、そこまで人を楽しませる存在ではなくなった――少なくとも、長年にわたり彼の提灯記事を書き散らし、彼の大げさな言動や虚飾の人格を持ち上げてきた、マスコミ業界に巣くう昔からのファンにとっては。突然、トランプは何一つきちんとすることができなくなった。新たな暴露、新たなスキャンダル、新たな疑惑が日々噴き出るかのように思われる。だが、そのすべてが等しい重みを持つわけでなく、そのすべてが証明されたわけでなく、そのすべてが真実であるわけではなかった。実のところ、トランプに対する果てしない攻撃は、より党派的な批評家たちが望んでいたのと正反対の効果をもたらした。つまり、そのすべてを把握するのが不可能になったのだ。私たちはそのおかげで鍛えられ、何を言われても馬耳東風になり始めた。論争や苦情や危機、そして時には偽情報に日々晒されていると、それに反撃する者たちは結束を固めがちなのだ。私はある意味で、肩を寄せ合って既存の秩序と戦っている、はみ出し者一家の一員になったような気がした。トップには不完全なリーダーがいるものの、私たちの誰も、彼が実際どのくらい不完全かを知りたくはなかった。批評家たちがトランプのことを決して評価しようとしなかったように、私たちもこちらを憎む批評家のことを評価するのが嫌だった。たとえ彼らが正しくても。

そこで私たちはトランプとより固く結びつき、目を背けた。振り返ると、それは昔からよくある虐待関係のようだった——残念なことに、私は子ども時代の経験と、大人になってからの恋愛関係から、それについてずいぶん知ってしまったのだ。ここで詳細に立ち入るつもりはないけれど、私は悪い状況を最善のものに変える達人になったと言えば十分だろう。自分が抱える秘密。自分につく嘘。虐待者を怒らせない方法。ある日のある瞬間、その人物がどうなってしまうのかを予想することから生じる恐怖とパニック。

ホワイトハウスでのトランプは、よそよそしく気まぐれな父親で、私たちの全員が彼を喜ばせようとした。私は彼の罪を赦し、彼の欠点を忘れ、外部の人間が言うほどひどい人ではないと信じ込もうとした。トランプに気に入られたり喜ばれたりすると、彼の魅力と寛大さ、さらには親密さに圧倒される。また何かが、あるいは誰かが逆鱗《げきりん》に触れると、トランプは叫びだす。恐ろしいまでの気性の激しさ。そして、それは相手を選ばない。その人物がそれに値するかどうかはともかくとして。

電話が鳴ったので見ると、トランプからだった。胸の動悸を感じる。喜んでいるのか？　それとも激怒しているのか？　私はいったい何をして（あるいはしないで）彼を怒らせたのか？　彼の機嫌を取り戻すにはどうすればいいのか？　私はそのとき二四時間無休でニュース（誰もがイライラすることにCNN）を見ていたが、トランプから電話があった瞬間、やはり必死にツイッターの画面をスクロールした。ところで、私はいつもノートを手元に置いていた。「物事がどうなっているか」をトランプに伝えたり、質問をしたり、彼が私に言わせたいことをメモしたりできるように。

私は数年にわたってこのサイクルに囚われていたが、正直言って他に選択肢はほとんどなかった。シングルマザーで信託財産など一切ない。もっと早くに辞めていたら、いったいどこに行っていただろう? 「アメリカ株式会社」はトランプのホワイトハウスから来た人間を、諸手を挙げて迎えてはくれないだろう。私にはトランプ一家しかない。少なくとも、長きにわたってそう信じていた。そのため留まり、耐え、事態を最大限活用しようとしたのだが、私たちの多くがそうしていた。そして、私たちは一部始終を目の当たりにした。

本書を執筆している二〇二一年初頭、私たちは新たな大統領、新たな政権を迎えた。私はもう何ヵ月も前から、ワシントンDCとカンザスを行き来している。一月六日の辞任後、即座にトランプ一家や多数の友人、そして同僚から見放されたが、そんなことが起きると考えるだけでも、私の自尊心が許さなかっただろうと思えるほどのひどさだった。今日に至るまで、何年も一緒に働いた人々の大半からは一切連絡がないけれど、それはすべて、トランプ夫人が私に絶えず吹き込んでいた一つのこと、世界中の女性と子どもはそうすべきだと彼女が言っていた一つのことを、私が行なったからだった――「何があっても、自分に忠実でいること」

ここ数ヵ月間で、私は過去六年間のことを省みられるようになっていた。選挙戦に加わった理由、ホワイトハウス入りして、あそこまで長く留まった理由、自分が見たこと、そして何より大事なのが、自分が学んだこと。個人的な旅として始まった本書が扱うのは、単に政治やホワイトハウスだけではない。忠誠心と家族、学習と失敗、誇らしい思い出と、とてつもない後悔の数々、自己陶酔と謙遜、恋愛と破局、友情と喪失、そしてもちろん、自分の転落と、復活への必死な努力。誰かが、「ストックホルム症候群というものは、自分の拘束者と一体になり始めたとき——日々愛想が良くなってゆき、自分を殺すことはもはやないと思うとき——になるものだ」と言った通りだ。私にとって、このストーリーを語るのは簡単なことではない。本書の執筆中、一瞬、あるいは一日立ち止まり、他の何かに集中しなければならないことが何度もあった。感情が湧き上がってしまい、自分を奮い立たせてつらい経験を蘇らせるのだ。

自分は過去六年間の大半を、結局それにふさわしくない人々に捧げてしまったのだと、今となっては気づいている。友人たち、家族、そして二人の息子との時間を、彼らのために捧げたのだが、そうした人たちについて本書で触れるつもりはない。私がトランプ夫人から学んだことの一つに、子どもたちにはプライバシーの権利がある、というものがあるけれど、そこには私の子どもたちも含まれる。私は自分の人生のその部分を、きちんと切り離せるようになっていた。振り返ると、それは子どもたちを守るためだけでなく、彼らのことを毎日恋しく思うつらい気持ちと、自分が正しいことをしているのかどうか確信できないことを遮断するためだったと思う。

ところで、本書を読んで私のことを好きになる必要はない。人の気持ちを勝ち取ったり、道徳的な赦しを得たりするつもりはないのだから。けれど、人々が読む必要のある本だとは思っている。本当にユニークで恐ろしく、奇妙で時におかしく、騒々しく狂気じみていて、そして時には悲劇的だった我が国の歴史の一期間を、私はつぶさに観察した。自分が当事者でなければぶつけていただろう、トランプのホワイトハウスに関するすべての質問に、私は答えるつもりだ。人々はなぜ我慢していたのか？　あの夫妻の実像は？　ロシア人と何を取引したのか？　すべてあの通りに狂気じみ、正気を失っていたのか？

あの時代のことについては、私が世を去ったはるかあとに語られ、批評されるのだろう。私はその多くをユニークな観点から目にし、大統領とファーストレディーの下で同時に働いた。私は彼らのアドバイザーであり、手下であり、やかましい小言屋であり、噂話をする仲間であり、そして時には友人ですらあった――あるいは、自分にそう言い聞かせていた。私は彼らを好み、彼らを嫌い、そして今では彼らのことを懐かしく思うとともに、二度と会わないことを願っている。

ネクスト・クエスチョン

1　我々は勝った——さあ、どうする？

周囲の人から学ぶ謙虚さを持て。
——ジョン・C・マクスウェル

私がドナルド・トランプと初めて正式に会ったのは「惨事」のわずか数秒前、化粧室でのことだった。

二〇一六年度のアイオワ党員大会が開かれる数ヵ月前から、私はアイオワ州ステートフェアに参加していた。しばらくのあいだ、州の各地を飛行機や車で駆け回っていて、眠気覚ましにコーヒーばかり飲んでいたところ——そう、急に催してしまった。フェアの会場に着くやいなや管理棟に飛び込むと、スタッフは地下室のほうを指さした。そこの化粧室はとても狭く、手洗いと便器、そしてロックのない扉があるだけだった。

用を済ませると、外で騒ぎ声が聞こえたけれど、頭上では大規模なステートフェアが開催されているとあって、私はさして気にしなかった。ところが、手を洗っているあいだも騒音はますます大きくなる。そして、突然扉が開き、ドナルド・トランプと向き合うことになった。そこにいるのは私とトランプ、二人の警備要員、そして便器だけ。その空間はとても狭く、彼の頭が天井につきそうだった――私はトランプの下で数ヵ月間ボランティア活動をしていたけれど、その瞬間まで彼の背の高さに気づかなかった。

そのとき私は、「本当によかった。入ってくるのが二分早かったら大変だったわ」としか考えられなかった。トランプの伝説的な潔癖症のことは私も知っていたけれど、自分は「おしっこ」をしていただけだと彼に伝えなければという、子どもじみた欲求を何とか抑え込んだ。その代わりにじっと立ち尽くし、トランプの存在に凍りついていた。おそらく、彼はそれに慣れているのだろう。そしてようやく、私に脇へのけるよう手振りで伝えた。

すると目に光を浮かべ、穏やかな笑みを浮かべてこう言った。「ここが女性用だとしても、こんなトイレを使うなんて俺も落ちぶれたものだ。これは我々だけの秘密にしておこう」だが私は、笑うでもなく、返事をするのでもなく、トランプが見事に場を和ませたことを認めるでもなく、無言のまま彼の脇を走り去った。だから、気まずい瞬間を何とか耐えられるものにしてくれたというのが、その日のトランプの印象だけど、彼が私のことを間抜けと思ったのは間違いない。

ありがたいことに、時が経つにつれて、トランプは私のことをいつも報道陣とつるんでいる女として認識するようになった。私は二〇一二年にも、ミット・ロムニーとポール・ライアンの下で報道担当者を務め、それからアリゾナ州検事総長、次いで下院議長の報道官として勤務した。また、いくつかの広告代理企業で情報発信を担当したこともあり、メディアや情報発信のこと、そしてマスコミとの関係について精通していた。化粧室での奇妙な出会いをトランプがすっかり忘れることを、私は心の底から願っていたけれど、彼がそれに触れることはなかったし、そもそも思いついたことを頭の中に留めておくような人間ではない。トランプがよく言っていたのは、記者たちに対する私の「さばき方」を気に入っているということだった。「連中が君の話に耳を傾け、うまく付き合っていることに驚いている」と、トランプはたびたび口にしたものだ。下手をすれば一日二〇時間、私が報道関係者相手に時を過ごし、私にきつく当たりすぎると不愉快な一日になると彼らも知っていることを、トランプは明らかに認識していなかった。私が思うに、トランプはいつもマスコミとの関係改善を望んでいたものの、どうすればそれを実現できるかわからずにいた。リアリティ番組『アプレンティス』に出演していたころは、あれほど簡単にできたのに。これについてはあとでもっと話そう。

二〇一六年の投票日の夜のことはぼやけている。私はいつものように、報道関係者相手に働いていた。嬉しいことに、その夜の報道関係者には何名かの「大物」が含まれていた――ABCのジョン・サントゥッチ、CNNのノア・グレイとジェレミー・ダイアモンド、NBCのアリ・ヴィタリ、ニューヨーク・タイムズのソパン・デブなどである。トランプがヒラリー・クリントンを打ち負かすと予想する者など誰もいなかったので、経験豊富なベテラン記者はみな彼女の担当になりたがり、その他の記者が「トランプ一座」を追いかける余地を生み出したのだけれど、彼らはあとになって誰もが知る存在になった。ジム・アコスタ、ハリー・ジャクソン、ケイティー・トゥールなどだ。私はその大半と極めて良好な関係を築き、彼らの多くを好きになった。トランプの選挙戦に、一般的な選挙戦で見られるような物事や、意味をなしている物事などなかったし、ましてや明確な計画に従ったり、一貫したメッセージや戦略を持ったりすることはなかったので、私たちは混乱の中に放り込まれたも同然で、闇の中で手探りしていた。投票日の夜、私たちは全員ニューヨーク・ヒルトン・ミッドタウンの狭いホールにこもり、室内の多くの人が民主党の勝利を覚悟して待っていた。しかし、そうはならなかった。勝利を収めた州が増えるたび、室内の空気が呼吸しやすいものになってゆく。選挙戦の同僚たちがみな喜びと、豊富に用意されたアルコールで酔っ払う中、私はその夜の大半を、報道記者やカメラマンたちとバッファーゾーンで過ごした。バッファーゾーンとは、ステージと観衆を隔てる空間のことで、安全上の理由で設けられていたが、一〇〜一五名ほどの報道関係者が候補者——この場合は大統領当選者——に近づくことができるようになっていた。夜がまだ明けきらぬころ、当選者であるトランプと彼の家族が姿を見せた。

トランプは演壇へと歩きながら、いつものように私を指さした。私がチームの中でいつもマスコミを相手にしていることに気づいていたのだ。私はめったに泣かないけれど、その夜は泣いた。

長い時間、長い日々、長い月々の集大成、アリゾナの家、家族、そして友人などと離れて暮らしたことの集大成だったのだ。それは、自分が手を伸ばした好機にそれだけの価値があり、私に背を向けた人々――家族も友人も――が少なくとも、この男を自由世界のリーダーとして選んだのが私だけでなく、この国の半数に上ったことを認めざるを得ないだろうという、気づきの瞬間だった。

報道陣との連絡役として働いた結果、トランプ政権への移行期間の初期に多数行なわれた会見で、私にはユニークなポジションが与えられた。通常、報道陣を招じ入れるのは私の役目で、それからトランプが彼ら相手にショーを演じる中、そこから一〇フィートも離れていない場所に立つ。ここで「ショーを演じる」とあえて記したのは、いまだテレビ番組の司会をしているように見えることがあったからだ。やがて、私が記者たちを会見場に入れるやいなや、トランプが私の顔を探し出すまでになった。この報道関係者の中で彼がよく知っている顔は私だけだ、そう考えると嬉しくなった。特に初期のころ、公の場でメディアについて何か言うたび、自分がエンターテイメント界にいたときに得ていた親密さや敬意を得られないことに、トランプは苛立っていたのだろうと思う。結局のところ、彼は数十年にわたって馬鹿げたことや滅茶苦茶なことを口にし続け、記者たちもそれを笑い飛ばすか無視するかのいずれかだったが、今後はそうではなくなるのだ。

トランプはゴシップに飢えていて、ダイエットコーラを飲み干すかのごとく人についての情報を吸収した。写真撮影が終わって記者たちを解散させたあと、トランプが私に残るよう手振りで伝えることが何度もあった。どの記者が一番好人物なのか、どの記者が私を困らせたのか、誰が誰の友人なのか、そしてもちろん、彼らがトランプについて陰で何と言っているかを尋ねるためだ。あるいは、「厄介」と思える質問を記者にされた際、あの人物についてどう思っているのか、なぜあいつを入れたのかと私に訊くこともあった。私は報道関係者と彼らの職務に敬意を払っていたので、これには本当に弱った。けれど同時に、記者たちが言っていたことを一部でもトランプに伝えれば、彼はその言葉を彼らに突きつけ返す――すぐに知ったけれど、トランプにフィルターというものはない――か、飛行機から、あるいはホワイトハウスから蹴り出していただろう。報道関係者の大半は政治的に左寄りであり、ドナルド・トランプが今や大統領だという事実は奇怪なジョークだと考えているかのように思われた。彼らの考えや会話をトランプに伝えたところで何一ついいことはない。なので、私はほとんどの場合、無難な返事をこしらえ、「少々扱いづらい」記者もいると言って目を回してみせるのが常だったけれど、そんな記者も、あなたがここまでの存在になったという事実、そしてあなたが成し遂げたすべてのことに驚愕しているのだと付け加えることも忘れなかった。そう答えることでトランプは喜んでいるようだった。私が記者の誰とも親しい友人ではないとわかると同時に、その言葉が彼のエゴをくすぐったからだ。私が彼の目にそう映るように自ら意識的に試みたのかどうかはわからない。けれど、それで損になることがなかったのは確かだ。トランプはおそらく私のことを、自分のスパイだと思うようになったのだろう。

移行期間中、トランプがニュージャージー州ベッドミンスターにある自身のゴルフクラブへ閣僚候補者たちを連れて行き、カメラの前に並ばせたとき、私の役割は特に重要なものとなった。トランプは「決定的瞬間」を生み出すことやインタビューの機会をひときわ重要視しており、それぞれの候補者についてマスコミはどう考えているのかと、いつも私に訊いてきた。クリス・クリスティはポストを得ると連中は考えているのか？　レックス・ティラーソンのことを奴らはどう考えている？　その後トランプは、報道陣に別れを告げる際、自分と閣僚候補者がカメラに写り込むようにした。そんなとき、トランプが記者たちに短い言葉をかけることもよくあった。これはテレビ制作の上級者向けレッスンとも呼ぶべきもので、トランプは天性のプロデューサーだった。それはまた、彼が何よりもよく知っている世界であり、シチュエーションとしては『セレブリティ・アプレンティス』のようなものだったけれど、今回相手にするのは実際の閣僚候補者たちであり、マスコミは喜んでそれに食いついた。根本的に、トランプは記者たちに強い印象を残したがっていたのだ。たぶん、自分のことを再びよく書いてくれるはずだと思っていたのだろう。

こんなことを言えば嫌な人間に思われるかもしれないけれど、当時行なわれた面接の中で私が一番気に入っているのはミット・ロムニーとのものだ。少なくとも報道関係者の一部は、彼がトランプ政権の国務長官に就任するものと信じていたし、ロムニーもどうやらそう考えているようだった。もちろん、トランプとロムニーの確執はすでに広く知られており、深さを増していた。二〇一六年の選挙期間中、ロムニーはトランプを非難して人々の注目を集めたが、その言葉は上品な元州知事がこれまで使ったことがないような苛烈さだった。トランプには「大統領になる気質が欠けており」、「不誠実さがドナルド・トランプの顕著な特徴だ」とまで言い、彼のことを「ペテン師」「偽者」と呼んだのだ。そして共和党における他の多くの「#*Never Trump*」主義者と同じく、彼の支持者や、彼の下で働く人たちを断罪した。一方のトランプと言えば、いつものように侮辱の言葉をバズーカのごとくぶっ放してそれに応じた。ロムニーのことを「負け犬」だの「失敗作」だのとこき下ろしたのだが、そうした侮辱の中には「ロムニーはペンギンのように歩く」というわけのわからないものまであった。そのトランプが当選した今、ロムニーはそれを許し、忘れたのか？　どうやらそうらしい。では、ドナルド・トランプは？　いや、それについてはあとで話そう。

二〇一二年の大統領選挙で、私はロムニー陣営の先遣スタッフとして働いた。候補者本人と過ごす時間はとても限られていたけれど、ロムニーもポール・ライアンも、自分たちの下で働くスタッフに対していつも親切で思いやりがあった。私がトランプの下でフルタイムの活動を始めたとき、二〇一二年当時の同僚たちから多数のメッセージを受け取った。君は自分のキャリアを台無しにしている、あなたにはがっかりした、などなど。だからこそ、誰あろうロムニーが国務長官の候補者リストに突然名を連ね、本人もそのポストを目指しているようだという事実に、私が子どもじみた満足感という奇妙な感覚を抱いていたのは認めなければならない。

ベッドミンスターにおけるロムニーの最初の売り込み面接後、トランプがロムニーと会ったのは単に彼をあざ笑うためだったのではないか、あるいは、わずか数週間前にロムニーから投げつけられたすべての批判の仕返しだったのではないかと、報道関係者のあいだで臆測がずいぶん流れた。私は当時それを信じず、マスコミはトラブルを大きく書き立てているだけだと考えていた。大統領選挙に当選した人物が、なぜそんなことに時間を無駄遣いするのか？　だが、それから程なくして、トランプは本当にそうしていたのだとわかった。それは驚きであり、同時に驚きではなかった。当然、ドナルド・トランプならそうするわね。ジェイソン・ミラーやスティーブン・バノンなどトランプの主要アドバイザーにとっては、この策略全体が公然の秘密であり、ロムニーが自らを貶《おとし》めようとわざわざやって来て、選挙期間中の間違いを認めながら、それでもポストを得られなかったことに彼らは大喜びした。これらの人たちがそういったことに真剣であるという事実を、私はそのとき初めて知った。

ある日、ニューヨーク市に戻った私たちはトランプタワーを拠点とし、新大統領はホワイトハウスに移るまでそこに陣取った。すると広報責任者のジェイソン・ミラーが私を呼び、夜に街のレストランでオフレコの会見をするからマスコミの連中を集めるようにと言った。政治の世界で「オフレコの移動」というのは、私たちがどこへ向かっているかを報道陣に伝えることはできるものの、彼らはその場所に着くまでそれを報道できないことを意味する。これは一般的にセキュリティが目的だが、トランプが現われる何時間も前にそれを聞きつけたファンや抗議者たちで、その場所が混雑しないようにするのも理由である。

「いったいどうなってるの？」と、私はジェイソンに訊いた。ほとんど情報を与えないまま報道陣を連れ回すなど、容易にできることではない。私は記者たちから無数の質問（および抗議）を受ける覚悟をした。

ジェイソンによると、ミッドタウンのトランプ・インターナショナル・ホテル&タワーのジャン＝ジョルジュ・レストランでディナーが催されるらしい。写真撮影のため報道陣をダイニングルームに連れて行くのが私の役割で、その準備を整えなければならない。そしてジェイソンは出席者の名を明かした。トランプとミット・ロムニー。

ジェイソンは言葉こそ多くなかったものの、このディナーを企画したのはトランプだとはっきり言った。その目的はつまり、あの男をもう少々苦しめることに他ならない。場所はトランプの庭――彼の建物の中にある、街で最高級のレストラン。ミシュランの三つ星、ニューヨーク・タイムズの四つ星（たぶん、ニューヨーク・タイムズがトランプの資産を高く評価したのはこれが最後だろう）を獲得しているこのレストランは、世界的に有名なシェフ、ジャン＝ジョルジュ・ヴォンゲリヒテンが経営している。しかし目的はロムニーに最高級のもてなしを提供することではなく、誰がボスかを見せつけることだ。ロムニーをはるばるニューヨークにやって来させ、彼がかつて

「ペテン師」とか「偽者」などと呼んだ男と同じ席に着かせて仕返しするのを、トランプはすべてのマスコミに見せようとしているのだ。ドナルド・トランプには色々な面があるけれど、テレビショーの名手であることは批評家さえも認めるところだ。これもまたショーであり、かなり以前から企まれていたのである。

トランプのソーシャルメディア責任者であるダン・スカヴィーノや、選挙アドバイザーを務めたジェイソン・ミラーなどチームの数名は、そのシャッターチャンスをひときわ誇らしく思っていた。しかし、トランプによってホワイトハウス首席補佐官に指名されたラインス・プリーバスもディナーに参加することが決まると、催し全体が私の覚悟していた事態よりも上品なものになるのではないかと思われた。トランプがステーキを食べ終わるやいなや、「お前はクビだ！」などと叫び、ロムニーが「ペンギンのように」レストランからこそこそ抜け出す様子を想像していたのだが。

ニューヨーク市のほとんどのレストランと同じく、狭い店内のダイニングルームはぎゅうぎゅうで、テーブル同士の間隔はほとんどなかった。運営上、極めてゆゆしき事態である。何しろ報道関係者が二〇人もいて、その一部はテレビカメラやブームマイクを担ぎ、みなこの場の様子を記録しようと、できるだけ近くに寄ろうとしているのだ。他の客が浮かべる冷笑や忌々しそうな顔つき——ニューヨークへようこそ！——から判断すると、彼らはまったく喜んでおらず、それはレストランのスタッフも同じだった。彼らは怒れる常連たち、新大統領が座るＶＩＰ席、シークレットサービス、そして攻撃的で短気な報道陣のあいだを、トレイや食器を持ってせっせと駆け回っている。フラッシュが光り、質問が飛び交い、機器やバックパックに頭を直撃される人が続出する中、私たちはこの薄暗いレストランに一〇分間ほど留まった。全員がストレスを感じ、困惑し、汗をかき、ひどい表情をしている。いや、ほぼ全員と言うべきか。困惑も怒りもせず、まったく平気な顔をしている人物が室内に一人だけいた。新大統領はこの様子を心底楽しんでいたのである。彼の席は報道陣に向かい合っており、彼らの一人ひとりとアイコンタクトをとったり、大きな笑みを浮かべて親指を立てたりしている。自分が注目の中心、政治の中心、そして世界の中心にいるという栄誉に浸っていたのだ。しかも、隣に座る哀れな男が彼のメインコースになろうとしている。やがて、カエルの脚のスープを皮切りにディナーが始まった。誰のアイデアかはわからない。たぶん、ロムニーのような変わり者——彼の妻は馬に踊りを教えている——はこういったものが好物だろうとトランプが判断し、それで注文したのかもしれない。あるいは、ジャン＝ジョルジュの名物を見せびらかしたかったのか。けれど、トランプ自身の食習慣が一六歳のそれだと知っていた私は、それが彼のアイデアとは思えなかった。

報道陣はテーブルの前に座る彼ら三人の姿を撮影したが、それはトランプ時代を象徴する一枚となった。誰もが記憶している写真にはトランプとロムニーの二人が写っていて、プリーバスはフレームから完全に外れている（彼がホワイトハウスにいた期間の適切な比喩だ）。トランプが満面の笑みを浮かべる一方、隣のロムニーは気まずくぎこちなさそうで、ペンギンのように歩くというよりペンギンを飲み込んでしまった人のようだった。

その光景が展開されてゆくのを見ていると、先ほどの狭量な感覚が即座に消え去った。動物園の動物のごとく座り、不安げに、それでいて礼儀正しく周りを見渡しているロムニーを、私は気の毒に思った。デザートを受け取ろうとしつつも、目の前の光景に気まずさを感じているのは明らかだ。残酷だった。トランプチームの誰かがそのように思っていたとしても、あるいはこの光景にほんの少しでも後悔を感じていたとしても、その人物はそれを心の中にしまっていただろう。私の中のどこかで、これは間違っていると囁きかける小さな声が聞こえたけれど、次の瞬間には消えてしまった。私にはすべき仕事があるし、たとえ正しいやり方ではないと思っていたとしても、それを行なうつもりだった。

写真撮影のあと、新大統領が立ち去るまで記者たちを室内に留め、それから歩道に移動させるよう、私は命じられた。それにも目的があった。ロムニー知事が痛ましい表情を浮かべ、一人で歩き去る姿をカメラに収めさせるためだ。ディナーの途中、トランプはロムニーに君のポストはないと告げたうえで、自分が選んだわけではない報道関係者にその事実を伝える役目をロムニー本人に任せようとしたのだろう。少なくともこれで終わったと、私は思った。ところがロムニーは歩道の脇に一人で立ち、ポストを得ることについて自分はいまだ「望みを捨てていない」、トランプとの会話は「素晴らしいものだった」と言ったのである。それは、トランプは悪い知らせを自ら伝えることを好まないのだと、私が知った最初の瞬間の一つだった。そうする代わりに、ロムニーの苦悶をもう少々引き延ばしたわけだ。それから二週間近く経って初めて、ロムニーはフェイスブックで、自分が国務長官を務めることはないと言明したが、トランプ政権については「望みを持っている」と付け加えた。トランプが彼にわざと緩慢な拷問を加えていたことや、トランプがひときわ復讐心の強い人物であることを、ロムニーがその時点で気づいていたかどうかはわからない。とは言え、その後の年月の中で、彼はトランプに報復する方法を見つけてゆく。

それから数日間、私はいつものようにすっかり忘れ去られた。常に報道関係者と一緒にいたので、トランプチームの幹部は誰も、私がいったい何をしているのかを知らず、報道記者室の準備を整える作業計画の内訳についても知らずにいた。過去の選挙活動で共に働いたことがあり、私の役割を理解していたジョージ・ギギコスやケリーアン・コンウェイは例外として、私は単に「マスコミ担当の女」としてしか認知されていなかった。トランプが大統領に当選した今、私の仕事はより公的なものになったけれど、チームの全員にとってこうした事態は初めてである。なので、新大統領が移動するたび、誰かが記者たちをさばいたりエスコートしたりする必要があるという事実に気づいている人、あるいは立ち止まって考える人は誰もいなかった。チームのほぼ全員が移行チームに任命されるか、ワシントンDCに移って政権内部で働く準備をすべく故郷に戻る一方、私はニューヨークに留まっていた。何をすればよいのかわからず、指示などもない。これもトランプワールドの教訓だった。自分がしたいことをして、それがうまくいくことを祈れ。

だから、私はそのようにした。新大統領がどこかへ行くと聞けば、報道陣全員を駆り集めて車の列へと連れて行く。誰かにそうするよう言われたわけではなく、自らそうしたのだ——例外は一一月のある日、トランプ一家が誰にも告げずニューヨークの有名な「21クラブ」へステーキを食べに行ったときのことである。報道陣は機嫌を損ねていたけれど、私たちはトランプ一家に追いつき、通りを隔てたタコス料理店に陣取った。ところが、その夜は何の収穫もなかった。

一方、私には考えるべき未来があり、やがてパズルのピースがはまりだした。選挙戦の事前活動責任者を務めたジョージ・ギギコスが、ホワイトハウスでも同じ職務に就くことを受け入れたと私に知らせたうえで、広報活動副責任者のポストを私に提示した。基本的には、私がホワイトハウスですでに行なっていた職務である。ジョージは私を「ダンスに連れ出した」人物、私を最初に選挙活動へと巻き込んだ人物であり、この分野で最も優秀な人間の一人だった。私たちはいずれもロムニーの選挙戦で事前活動に携わり、良き友人となっていたので、ホワイトハウスで一緒に働けることに胸が躍った。私は即座にイエスと答えた。

私は実際に見ないままワシントンDCのアパートメントを借り、自分の衣服、そして過去一年半の旅で収集したものを手当たり次第箱に詰め込んだ。そして就任式の数日前、新大統領と同じタイミングでワシントンDCに移った。しばらくのあいだはエアマットが寝床で、新居のロビーから使い捨てのコーヒーカップを「拝借」したものである。

ワシントンには素敵な伝統があった。党派に関係なく、新政権のスタッフに仕事のコツを教えるホワイトハウスの退任パーティーである。トランプが勝利を収めたあと、バラクとミシェルのオバマ夫妻はトランプ一家をホワイトハウスに温かく迎え、またオバマ政権の様々なスタッフも、自分の職務を引き継ぐトランプの関係者たちに対して同じようにした。彼らの誰一人としてトランプの勝利を喜んでおらず、他の誰より苦い思いをしている人もいたけれど、彼らの多くがそうしてくれたのは厚意の表われだった。私もオバマ政権の報道担当者の一人と会い、ホワイトハウスを案内してもらったうえで業務の流れを聞いた。さらに、彼は私を列柱《コロネード》に案内し、オーバルオフィスで執務にあたっているオバマを指さすほど親切だった。これは色々な意味で信じられない経験であり、階級がどうあれ、ここを去るチームメンバーにとってはつらいことに違いないと心から思った。

就任式の数日前、トランプ政権の初代報道官に指名されたショーン・スパイサーから私のもとに電話があった。最初に会ったときから彼のことは好きだった。ショーンは私について質問したうえで、報道がらみの様々なことに関する私の考えを聞き出したのだけれど、政界の多くの人と違って本当に答えを求めているようだった。またユーモアのセンスも大いにあり、噛んだガムをそのまま飲み込んでしまう習慣の持ち主であるなど、愉快な人物でもあった。何しろ一日一箱以上のガムを噛んでは飲み込むのだ。

ショーンはラインス・プリーバスの「一味」で、共和党の政治や言葉遣いに関して実によく知っていた。逆に言えば、長年そこにいたからこそよく知っていたのである。彼は「エスタブリッシュメント（体制）」に属し、連邦議会や共和党全国委員会（ＲＮＣ）のスタッフを務めるなど、一九九〇年代からワシントンＤＣで働いていた。トランプと近い関係にある人の中には、ホワイトハウスの「ＲＮＣスタッフ」の数が多すぎると不満を漏らす（特に『アクセス・ハリウッド』スキャンダルのあと、ＲＮＣがトランプを実質的に見殺しにしたため）者もいたが、それは主にショーンのような人を指していた。

このボスの下で働くには、ショーンは「あまりに伝統的」かもしれないと私は感じ取り、新大統領を代弁するこの「新入り」に対し、残りのスタッフがどう反応するだろうと疑問に思った。トランプは自分自身の報道官であって、彼がよく知らず、信頼もしていない他の誰かが、向こう見ずにも自分の代わりに話すという考えに順応できるとは思えなかった。

ショーンは私に副報道官のポストを提示した。ＲＮＣ出身のリンゼイ・ウォルターズにもその肩書きが与えられ、筆頭副報道官にはサラ・ハッカビー・サンダースが指名された。私にとって、このポストが提示されたのはまさに夢の実現だった。記憶にある限り、私は「成長途中」からホワイトハウス報道官になることを夢見ていたのだ。ダナ・ペリーノやアリ・フライシャーなど、この職務を立派にこなす多くの人をテレビで目にしたものである。大統領の紋章をつけた演壇の後ろに立ち、全国的、あるいは国際的なスケールの事柄について、彼らの後を継ぐ自分の姿を想像した。私はＲＮＣ関係者の多くと近い関係になかったので、夢にまで見た仕事へと自分を導く電話を受けたことに、驚きもしたし光栄に思いもした。私はその場でショーンの提案を受け入れ、それからジョージに電話をかけ、「よく考えたけれど、他の仕事をするつもりはない」と彼に伝えるという厄介な仕事に取り掛かった。私は罪の意識を感じ、彼が怒るのではないかと不安に思った。だがジョージは逆に、そのポストを受けないのは馬鹿だと言ったうえで、私の後任について話し合ってくれた。

電話を切ったとたん、心が沈んだ。アリゾナにいたころ摘発された二件の飲酒運転のことを思い出したのだ。もちろんそのことは、経歴書とセキュリティクリアランスの申請書に説明付きで記している。けれど今の私は副報道官という、政権内のはるかに公的な役職に就こうとしている。それに摘発された背景など、誰も気に留めないだろう。報道記者や民主党員たちは五年前にそれを気にも留めなかった。私は制限速度が時速四五マイルから三五マイルに変わっていたことに気づかず、車を停めさせられ、ワイン二杯を飲んだことを認めさせられたけれど、その結果容赦なく告発されてしまったのだ。アリゾナの飲酒運転禁止法は国内で一番厳しい（それについて反対するつもりはない）という事実に、彼らは目を向けようとしなかった。そしてもちろん、第二の出来事についての話を信じてくれる人はいなかった。当時、クリスマス・パーティーの会場で仕事していた私は、他の誰かに家まで送ってもらおうと自分の車を駐車場へと移していた。そうするには、路上に駐めていた車をバックさせ、通りを隔てた駐車場に入れる必要があったのだが、ヘッドライトが点いていないことに警察官が気づき、私の車を停止させた――皮肉なことに、その夜車を駐めようと思っていた駐車場の中で。私のあとをついて来て、私を家まで送ろうとしていた同僚が近づき、その警察官に自分たちの意図を伝えたものの、やはりアリゾナ州の政策は容赦がなく、私は告発された。

過去五年のあいだに、私はすでに自分を恥ずかしく思い、自分に失望していた。そして、ショーンに電話をかけようと準備していた際も、自分への怒りがさらに募るだけだった。私が一緒に暮らした家族の中には、薬物やアルコール関係の問題を抱える者もいて、自分はああなるまい、あるいはそのように見られまいと、ずっとつらい思いをしてきた。背景がどうあれ、そんな事実が記録に残っている状態で合衆国大統領の代弁者を務めるなど無理なことはわかっていた。新政権を無様に見せてしまう人間になどなりたくない。そこで私は電話を手にしてスパイサーにかけ直し、一切合切を彼に伝えた。私が夢にまで見た仕事は、現われたと思った瞬間消えてしまうかのようだった。

スパイサーは温情に溢れていたと言っても、まだ言い足りない。経歴確認情報で嘘をついておらず、逮捕履歴にすべての状況が反映されていれば、たぶん問題ないだろうと告げてくれたのだ。私はその夜のことを決して忘れない――そして、それぞれ理由は大きく違うけれど、ジョージもショーンも理解してくれたことを。それに、興奮が罪悪感に、天にも昇る心地が恐怖と失望に入れ替わったことや、ついに望みが生まれ、与えられたチャンスに感謝したことを忘れない。そしてこれは、続く四年間で私が経験することになる、ありとあらゆる感情に向けての優れた実地演習だったのだ。

2 「滅茶苦茶なことになる」

カオスというものは、放っておけば何倍にも増えがちだ
——スティーブン・ホーキング

ホワイトハウスにおける初日はもやの中にいるようだったが、オバマ政権の末期にそこを訪れたときも同じだった。記憶に残し、あらゆる瞬間を堪能しようと必死に努力したけれど、その日聞いたことの大半はすでに忘れていた。初めてウエストウイング〔ホワイトハウス西棟。大統領の執務室であるオーバルオフィス、閣議室、定例記者会見室などがある〕の内部に入り、ほとんどの人が絶対に見られないものを見せてもらうと、このようになるのだろう。私は歴史の中を歩いていて、方向感覚を保つのも一苦労だった。

広報チームの大半は、アイゼンハワー行政府ビルに陣取った。道を挟んでホワイトハウスと向かい合う、帝政フランス風の巨大な灰色の建物だ。一八七〇年代から八〇年代にかけて建設されたこのビルは、そこに入居していた省庁にちなみ、当初は国務・陸軍・海軍ビルと呼ばれていた。

近年では、ホワイトハウスのスタッフのおよそ九〇パーセントを収容している。

この建物はまさに威風堂々と呼ぶにふさわしい。大理石でできた白と黒のチェック模様の床が私の目を引いた。階段は急で、いつか転がり落ちるに違いない（そうはならなかったけれど）。そして背の低い小ぶりな扉――扉の向こうに何があるのか、どうしてこんなに小さいのか、今になってもわからない。しかし、この建物の細かいところに目をこらすと、素晴らしいものがたくさんあった。たとえばドアノブ。その扉が国務省、陸軍省、海軍省のどれに属しているかによって、鷲か剣か錨が刻まれているのだ。

私たちはみな列に並ばされ、ブリーフィングを受けてから、セキュリティバッジ、アクセスバッジ、ノートパソコン、そして携帯電話を受け取り、指紋を採取された。政府を円滑に運営すべく、ホワイトハウス警護室が数百名の人々に研修を行なう――そのプロセスを目の当たりにし、自分もその一員になると思うと、夢を見ている気分になった。

ウエストウイングで勤務する私たちには似たような経験があった。私は一度ならず、テレビシリーズ『ザ・ウエストウイング』の制作陣は十分にリサーチしなかったのではないかと怒りを覚えたことがある。その番組の熱心な視聴者だったので、自分の夢想を彼らのせいにしてしまったのだ。私たちは例外なく、いつも迷子になっていた。コンセントや照明のスイッチを探すという滑稽な光景が展開される。さらに、私にとって化粧室は謎だった。そのどれかをたまたま見つけるたび、帰り道がわからなくなってしまう。また、行政府ビルには温かい食事や軽食を提供するカフェテリアとコンビニエンスストアがあり、ウエストウイングの最下部にも海軍食堂があったけれど、私たちの誰も一週間くらい、生存に必要なこれらの大事な場所について知らずにいた。

その日のハイライトは、ホワイトハウス歴史協会が机の上に置いてゆくフォルダーだった。中身は歓迎の手紙と、『The White House: An Historic Guide』という書籍。様々な部屋の歴史や、自分の前にオフィスを占めていた人物のリストといった歴史的背景を、新スタッフ全員に提供するのが目的だ。

一日目、私たちは何枚かのメモ（そしてロシア産ウォッカのボトル数本と、バラク・オバマの書籍がびっしり詰まったキャビネット）も見つけた。前政権の誰かが残したものに違いない。その一枚には、「滅茶苦茶なことになる」と記されていた。私はそれを見て腹が立ったけれど、政権交代にはこうしたことがつきものだと考え、あまり気にしなかった。

数年後、オバマ政権のスタッフが去り際にこうした「贈り物」をしたと私から聞いても、記者たちは信じなかった。オバマの国家安全保障問題担当補佐官を務めたスーザン・ライスはそれを評して、「新たな厚顔無恥の嘘」と言った。また別の国家安全保障担当スタッフも、「恥知らずで吐き気を覚える」と言ったうえで、特に私は解任されるべきだと公言した。

しかし年月が経つにつれ、私の話はとてもあり得そうにない人物によってその大半が裏付けられた。俳優兼コメディアンのデイヴ・シャペルだ。彼はそのメモが実在することを認めたものの、残したのはスタッフではないと言った（私も当時、それはもっともな仮説だと思った）。シャペルは二〇二一年四月にＹｏｕＴｕｂｅでナオミ・キャンベルと行なったインタビューの中で、多数の有名人を招いてホワイトハウスで催されたオバマ政権の退任パーティーの途中、そのメモを記して隠したのは誰もが知る人物（名前を明らかにするのは拒んだ）だったと振り返っている。「現場を目撃したんだ。誰の仕業か、言うつもりはないけれど。でも、このくだらないメモを書いてあちこちに隠したのはセレブたちだ。俺はそれを見たし、ニュースにそれが映ったとたん、大笑いしたよ」

少なくともシャペルのユーモアのセンスは、スーザン・ライスのそれを上回っている。しかし、「滅茶苦茶なことになる」というメモを記したハリウッドのリベラルが誰であれ、腹を立てるのはもっともだが、その言葉はやがて現実になった。

一月二一日の午後早く、ショーン・スパイサーは最初の記者会見を行なったが、私たちが行なった他のあらゆることと同じく、カオスそのものだった。テレビで見るより狭い記者会見室は人で一杯だった。「主流派」の記者たちは割り当てられた席に座り、部屋の両脇と後ろはその他大勢の記者でひしめき合っている。カメラマンたちは最初の一枚を撮影しようと、人混みをかき分けている。私は報道陣に一番近い室内の片隅に席を占めていたけれど、ファインダーを覗いているカメラマンの視界には撮影対象しか入っていなかったので、巨大なカメラに頭を直撃されるという幸運に恵まれた。『アプレンティス』に出演したオマロサ・マニゴールトは広報チームの一員ではないものの、私の左側に座っている。彼女はやがて、超新星のごとくすぐに燃え尽きると、型破りなやり方で大統領を攻撃することになる。いつも親しげで話しやすかったので、私はある意味でオマロサのことが好きだった。だが一方、彼女はリアリティショーのスターであり、ドラマがかる傾向がある。しかも、通院に利用するなど、ホワイトハウスの自動車部門を不正使用した疑惑も持たれている（私はそのように聞いた）。また、彼女はホワイトハウスで自分の結婚式の写真を撮ろうと試み、ファーストレディーのオフィスからその許可が得られないと、門の前で挙式を行ない、一悶着を起こしたと聞いたこともある。私はこの目で見たわけではないけれど、ありそうな話だと思った。オマロサはいつも悶着を起こしていたが、もちろんそれが彼女をテレビスターの座に押し上げたのだ。

彼女の隣にはホープ・ヒックスとケリーアン・コンウェイが、そして部屋の反対側の隅にはサラ・サンダースが座っている。ショーンを支える報道担当チームの全員が女性であることに、私は誇りを感じた。それは今なお記憶に残っている。スパイサーが何を言おうとしているのかはわからなかったものの、この記者会見の開催日は土曜日で、妙に思った。自己紹介的な楽しい記者会見になることを期待していたが、ショーンは姿を見せない。そして数分が過ぎたころ、私はトラブルを感じ取った。就任式に集まった人数がオバマのそれより少なかったという報道に、大統領が激怒していたのだ。その時点で、大統領の機嫌を損ねた原因を知ろうと私はもうずいぶん歩き回っていた。そして、オバマとの好ましくない比較、とりわけトランプの人気のほうが低いという声が、原因リストのトップだった。ショーンのことを考えると、不安にならざるを得ない。彼は窮地に立たされている――ドナルド・トランプの群衆のほうがオバマより多かったと人々に納得させる魔法の言葉などないのだから。

その後の記者会見のことは、今でも全員が記憶している。事実は私たちがこの目で見、じかに知っているにもかかわらず、トランプの就任式には史上最多の人数が集まったと、ショーンは主張したのだ。それ以降、ショーンに対する一部メディアと大衆の信用にひびが入ったものの、彼にできることは何もなかった。これを言えと大統領から命じられたことを言うのが、彼の仕事だからだ。広報官は大統領の意向に沿って発言するのが仕事だが、ドナルド・トランプは喜んでいなかった。

ショーンのことを弁護して、この悲劇については終わりにしよう。私も結局、トランプの報道官という同じ職に就くことになったので、彼がかけてくるプレッシャーの強さは身をもって知っている。トランプは記者会見を観察し、あなたの衣服や発言から、あなたがどの記者の質問を取り上げ、どの記者の質問を無視したかに至るまで、あらゆることにコメントする。真実かどうかに関係なく、あなたが特定の発言をすることを彼は期待し、要求するのだ。時として、発言内容を一言一句口述させ、繰り返させることもある。就任式に集まった人数がオバマのときより多かったと主張するよう、トランプはショーンに強制した。ショーンもそれは戯言《たわごと》だとわかっていただろうけれど、トランプがそう命じたのはテストだった。自分の指示に相手がどこまで従うのかを、トランプはいつも見ようとしていた。それが忠誠心を測る彼の方法なのだ。そして、そうしたことに巻き込まれていると、一貫した態度を保つのは難しい。後に広報官のポストを引き継ぎ、トランプがショーンにさせたことを、自分は何としても回避しようと決意したとき、私はその教訓を思い出した。いつも成功とはいかなかったが、それでも試みた。

ショーンはまた、一部の人たちからよそ者だと思われていたので、その立場はひときわ脆弱だった。最初の数週間、人々が新聞で読んでいた政権内部のゴシップは本当のことであり、「RNC出身者対トランプの身内」という雰囲気が濃厚だったのだ。それは誰のせいでもないと私は思う。二つのまったく異なるグループ、そして一連の政策が混じり合ったものの、それらが協調して連邦政府を円滑に運営する結果にならなかった、ということなのだ。トランプの選挙活動は小規模であり、常に一匹狼で断片的だった。彼が勝利した大きな理由は、官僚機構にメスを入れ、ビジネスのように物事を処理し、伝統に抵抗すると約束したことにある。その計画の唯一の問題こそが、選挙活動を素晴らしいものにした。つまり、あまりに小規模な活動ながら、あまりに多くの規範を打破したのだ。政権中枢に入った私たちは、連邦政府の規模と範囲、そして円滑な政権運営に必要な専門家の多さに圧倒された。数千名の職員を抱える数十の省庁が、新しい政策を実施するだけでなく、現行の政策が確実に実行されることを目指して機能している。私の思うところ、多くの高官にはそれについての認識がなく、それが政権を最初から傷つけていたのだ。私たちはワシントンDCの「正常な」共和党員を多数疎外してしまい、その多くは政権に加わろうとしないか、トランプワールドの誰かによって排除リストに入れられていた。

共和党全国委員長を務めたラインス・プリーバスがトランプの首席補佐官に指名された。スティーブ・バノンにも同程度の権限が与えられたものの、「トランプ側」の多くの人は、ラインスにこれほど大きな発言力が与えられたことに不満で、バノンこそがトランプ派にとって事実上の首席補佐官だと思っていた。仕事や注目という点で、ラインスはトランプ関係者よりもRNC出身者を優遇するのではないかと彼らは恐れていたが、その通りになった。今振り返ると、関係がずっと深い人々のほうをひいきするのは当然だけれど、今後四年間続くことになる『ハンガー・ゲーム〔アメリカの小説および映画。くじで選出された一二歳から一八歳までの男女が、最後の一人が生き残るまで殺し合う〕』的な雰囲気が根を下ろしていたのだった。

上司と顔を合わせる時間こそがすべてであるという市井の言葉が、トランプのホワイトハウスにすぐさま広まった。大統領の視界にいなければ、忘れ去られてしまう。結果的に、ショーンはトランプに会う権利を死守し、テレビでのやり取りのほとんどを支配した。副報道官としての最初の二ヵ月間、私はインタビューを一切行なわず、報道関係者の一斉攻撃（記者やカメラマンたちがオーバルオフィスに入り込み、写真を撮ったり、一つか二つ、または多数の質問を試みたりする瞬間のことだ）をさばくという以前の職務に追いやられた。

それは実のところ、私にとって幸運なことだった。そのときはまだ知らなかったが、ドナルド・トランプをいつもご満悦にできる人はほとんどいなかった。でも、私はそのカテゴリーに入っていたのだ。ショーン・スパイサーと違い、マスコミの報道ぶりが悪かったといって大統領に責められることはない。それどころか、彼が一日数回は大喜びする瞬間――メディアの注目を集めた瞬間――をもたらす人物、また彼がうんざりしたタイミングで記者たちを追い払う人物だったのだ。しかるべきときに報道陣を部屋から追い出すという私の「強硬な」スタイルを、大統領は気に入っていた。彼のボキャブラリーに、「強硬」「どう猛」「殺し屋」以上の褒め言葉はないのである。だからこそ、私の地位が上がったずっとあとも、ショーンは私を報道陣のさばき役に留めた。大統領を満足させ続けることが、何より大事なのだ。

それはまた、事態を最前列で見る機会を私に与えた。誰がオーバルオフィスに入り、誰が入らなかったのかを観察することで、権力が誰の手にあるのかを容易に突き止めることができたのである。また、バノンとプリーバスとのあいだの力学は、奇妙だが興味深い光景を生み出した。彼らほど正反対の二人もいないだろう――トランプ政権初期におけるフェリックスとオスカー〔アメリカのテレビシリーズおよび映画『おかしな二人』の登場人物〕だ。ラインスは少々野暮ではあるものの、いつも落ち着き払い、身なりも立派だった。一方のバノンは――まあ、それとは違う存在で、お気に入りのシャツを何枚も重ね着し、頭髪はくしゃくしゃに乱れている。ホワイトハウスの高官がこれほどだらしない身なりをしていて、そのうえ大統領もそれを許しているという事実に、私はショックを受けた。ちなみに、トランプ自身はほとんどいつもスーツにネクタイだった――あれらのネクタイを、彼はどれほど大事にしていたのだろうか。

普段、バノンはオフィスに引きこもっていた。室内にはホワイトボードがあったのだが、彼はそれに夢中らしく、色んなことを書きつけては何やら企んでいた。それに、就任当時は大見得を切っていて、アメリカをトランプ流に作り直すという計画を携えていた。しかし、私に対してはいつも友好的で、多少内向的ですらあったけれど、一年あまりでポストを追われることになるのだった。

プリーバスについて言えば、彼の後任となる首席補佐官（四年間で合計四人）と共通のパターンが見受けられた。まず、トランプはファンファーレでもって首席補佐官を迎え、自分の思うようにホワイトハウスを運営してもよいという白紙委任状を約束する。「好きな人間を起用し、好きな人間のクビを切れ。お前が責任者だ」と、そんなところだ。これはハネムーンの段階で、私たちはその新任者に敬意を払い、注目する。娘婿のジャレッド・クシュナー（真の首席補佐官）でさえ、それにしばらく付き合うほどだ。それが数週間ほど続く。すると突然、トランプは新任者のルールに飽きだし、首席補佐官を棚上げにする権限を他の人たちに与える。彼らは実際それを行使した。その後、首席補佐官は不満と失望を募らせ、やがてポストを追われる。そして私たちは別の新任者を迎え、再びファンファーレが鳴るというわけだ。同じことは閣僚にも当てはまった。私もしばらくして、彼らに注意を払うのをやめてしまった。せいぜいサポート役に過ぎないのだから。まず登場したのは、かのレックス・ティラーソン。そしてジム・マティス将軍がそれに続く。やがて二人ともクビになり、別の人物、そしてまた別の人物がやって来る。誰がいたかを思い出すには、リストを見る必要があるだろう——ぼんやりと記憶に残るそれら人物の大半は中年の白人男性で、正直に言わせてもらえば、その最終的な影響力は束の間のものだった。トランプ政権の閣僚はそんな存在だったのである。

しかし、トランプ政権の椅子取りゲームをメディアが批判し、それは間違いなく彼の閣僚に当てはまっていたにもかかわらず、トランプに信頼され、ずっとそのポストに留まった中核グループが存在していたのも事実だ。そうした「忠臣」グループをここに挙げてみよう。まずはピーター・ナヴァロ。彼は貿易政策のアドバイザーを務めていたが、もっぱらトランプの忠実な部下を自任し、他人にもトランプへの忠誠を誓わせていた。大統領の首席スピーチライターだったスティーブン・ミラーは、マスコミの一部、そして時には自分自身が生み出したパロディー以上の存在だった。次に国家経済会議委員長のラリー・クドロー。そして最後に、大統領のソーシャルメディア責任者だったダン・スカヴィーノ。彼はホワイトハウス全体で最重要の人物と評されることもあるが、それはトランプの最も貴重な所持品、つまりツイッターのアカウントを彼が管理していたからだ。私が働いていた広報チームでは、ホープ・ヒックスとケリーアン・コンウェイの二人が、トランプ政権時代の大半を通じてポストに留まった主要アドバイザーだった。

私は本人に会う前からホープ・ヒックスの名前を知っていた。最初に顔を合わせたとき、彼女はびっくりするほど鮮やかなオレンジ色のドレスを着ていた。ズボンをはいた真面目そのものの中年女性をなぜか予想していたので、私はすっかり面食らった。ホープ、メラニアとイヴァンカとララとティファニーのトランプ一家、そしてオマロサ。この世には魅力的で美しい女性がいったい何人いるのだろう。ホープはいつも友好的で物腰も丁寧だったけれど、彼女から見て私の優先順位は低かった。一方で、自分にとって何より重要な存在のことは決して忘れない。大統領、ジャレッド、そしてイヴァンカ。結局はそういうことで、それについて彼女を責めるつもりはない。ホープはもっぱらこの三人に集中し、自分の時間と関心を他の人たちに向けることはほとんどなかった。私は最初、彼女に認めてもらおうと必死に努力したものの、やがて自分の努力が報われないことを頭から振り払おうとするようになった。そしてようやく、彼女の真摯な態度に気づき、それに敬意を払った。知らぬ間に人の機嫌を損ねることもあったけれど、それについて謝ることもない。ホープは極めて賢明で機転が利き、大統領も彼女のアドバイスを暗黙のうちに信頼していた。さらに彼女は、他の誰もそうできないときに大統領の気分を静め、アイデアの一部を取り下げさせる術を心得ていたが、相手がドナルド・トランプだとそれは大きな資産だった。

ケリーアン・コンウェイは、私が知る中で最も強く、知恵が働く人間の一人だ。言葉こそが彼女の武器で、機関銃のごとく発射する名人だった。この女性と会話すると、自分に力が与えられ、主導権を握っているように感じられるけれど、そこに辛辣な意見が一つか二つ投げ込まれ、彼女にハグしてそのオフィスを出るまで、それを飲み込むことすらできない。彼女に切りつけられても何の痛みも感じないものだから、出血に気づいたときにはすでに、彼女は廊下の向こうで別の人物と会話している。しかも、ケリーアンは真剣そのものだった。状況が本当にきつくなると、彼女は部下のため、そして私のために必死に戦った。また、医療、オピオイド中毒、女性に関する諸問題、そして電子タバコの危険性といった事柄に情熱を燃やすとともに、テレビにおける大統領の最も忠実な擁護者の一人だった。結婚生活に関する記者からの絶え間ない質問をうまくかわし、私たちが仕える人物についての考えを隠そうともしない配偶者に対処し、それでいて瞬き一つしないケリーアンの姿を、私はずっと見ていた。自分の上司の弾劾と辞任を大声で支持する夫に対して冷静さを崩さない彼女に、私は驚嘆したものだ。聞きたくはないけれど必要不可欠な厳しい愛と視点を、ケリーアンは与えることができた。私たちの多くと同じく、彼女もいくつかの層に分かれていた。テレビにおける勇士、女性として初めて勝利を収めた大統領選挙活動マネージャー、複雑な結婚生活を送る女性、母親、友人、そしてプロフェッショナル。ホープの場合と同じく、大統領は彼女の視点を高く評価し、彼女を情報漏洩源と確信していたジャレッドとイヴァンカの策動にもかかわらずポストに留めた。そしてもちろん、去ることは決してないであろう二人の人物がいた。ジャレッドとイヴァンカだ。

ホワイトハウスの報道担当オフィスで勤務していた当時、予期していなかった事態の一つに、大統領の長女夫妻に対して何らかの役割を果たすよう期待されたことがあった。

これから明かすように、ホワイトハウスを去ったときの私は二人のどちらも好きではなかった。

しかし、第一印象は両者ともに好ましいものであり、ナイーブなまでにそうだったかもしれない。イヴァンカとジャレッドに会った瞬間、私は二人に好かれたいと思った。ぴったりした衣服に身を包み、完璧な歯と頭髪をしている二人はとても魅力的で、着こなしもよかったけれど、同時に地に足がついていて、偏見などないように見えた。朝早くから華々しい印象をさりげなく与え、一日中そのままの状態でいられることに、私は驚いた。話し方にも品があり、その場を支配していた。

ジャレッド・クシュナーはハンサムで魅力に溢れ、冷静かつ気さくだった。人を笑わせることもあったけれど、頭がいいのは明らかだ。また若手スタッフの全員に優しく、彼らの名前だけでなく、細々とした詳細まで記憶していた。自分は重要な存在であり、自分のアイデアは尊重されてしかるべきだと、人に感じさせることに長《た》けていたのだ。上級スタッフばかり重視されがちなホワイトハウスで、廊下で時々すれ違うだけの人たちを気にかけているジャレッドに、私は敬意を抱いた。声はとても低く、抑揚も極めて控えめだったので、彼が一度ならず「ファック」という言葉を吐くたびに驚かされた。ホワイトハウスの他のブレーンは即座に、ジャレッドとイヴァンカこそ真の権力者、考慮すべき人物、対立したくない人物だと気づいた。

ホワイトハウスの報道担当オフィスがリソースの一部を割き、自分を守って支えることを期待していると、イヴァンカは最初から明らかにしていた。Ｇｏｏｇｌｅが彼女の名前に反応してアラートを送るようにしているのは明白で、気に入らない記事（すなわちほとんどの記事）が現われるたび、私たちに反撃させようとショーン・スパイサーのもとへ赴く。記事の九〇パーセントが真実であってもだ。自分が気に入らない、あるいは真実ではないと主張している小さな事実をぼやけさせることに彼女は集中していた。

彼女をひときわ怒らせた記事の一つに、マンハッタンの名門校チャピン・スクールに通っていた一〇代のころ、教室の窓から歩道のホットドッグ屋台に向かい、友人たちと下半身を露出していたという噂話がある。私にとって、事実と見なされているその噂はまったく害のないものだった。多くの女性と同じく、私も時として羽目を外すことがあり、年端もいかない女子がするような馬鹿げたことをしていた。そんなことに反応するなんて、その重大さを際立たせ、火に油を注ぐようなものだ。しかし、イヴァンカはそのように考えていなかった。トランプ一家にとってはイメージがすべてで、イヴァンカはハンサムでスリムな夫（大盛りのサラダを食べているのを見た覚えがある）、そして本当にかわいい子どもたちと一緒に、自分は完璧であるというイメージを植えつけようと必死に努力していた。大事なところを露出する？　そんな噂話は許さない。イヴァンカはいつものように強硬手段をとるよう要求し、そのためショーンは彼女のために最善を尽くした。

当然ながら、マスコミによるトランプ政権の報道は最初から最後まで悲惨なものだった。その中には私たち自身の過ちもあったけれど、マスコミにも責任の一端がある。トランプ―マスコミ戦争のさなかに書かれた記事の多くは、その後誤りだったと証明されている。私たち広報チームの多くにとっては初めての経験だったので、矛盾する情報を与えることもあれば、何の情報も与えないこともあった。あるいは、私たちが何か言ったあと、トランプがそれをひっくり返すことも。その一部は避けられず、当然のことだった。しかし、大統領に嫌がらせを加え、彼がそのポストにふさわしくないことを証明しようと、記者たちが日々目を皿のようにしてネタを探し求める中、自分たちには正しいことが何一つできないと感じる瞬間もあった。おかげで彼らはケーブルテレビのニュースショーに注目されることが保証され、大勢のホワイトハウス担当記者が「勇敢にも」トランプに食いつき、「権力者に真実を告げた」ということで、一夜にして有名人になった。私はそうした見せかけの行為を憎み、今なおそれらのフレーズを嫌っている。現実を言えば、彼らの多くは、公の場での態度とは裏腹に、個人的には付き合いやすく、私がオフィスで、あるいは電話で伝えた要点の多くに賛成するほどだった。実際、他の誰より遠慮がなく、見たところ攻撃的な記者の中にも、舞台裏では穏やかで、理性的な人もいた。「私にも上司がいるんだよ、ステファニー」と釈明されたことも一度ではない。その言い訳を彼ら相手に使いたかったものだと思う。

過去のホワイトハウスの慣習として、私たちは政権の「メッセージ」週間を計画していた。大きな政策目標に大衆の注目を集め、その目標を議会で達成すべく努力するのが目的だ。そうしたものとして、教育週間、就業週間、そして悪名高いインフラストラクチャー週間がある。ここで悪名高いと言ったのは、インフラストラクチャーに焦点を当てる計画だと私たちが報道関係者に伝えるたび、トランプが狂った内容のツイートをしたり、スキャンダルやミニスキャンダルが発生したり、私たちが送っているメッセージを大統領がぶち壊したりするからだ。「インフラストラクチャー週間」はホワイトハウス内ではやりのジョークとなり、計画済みの簡単なことさえもできないようにする、絶えざる騒動と混乱の印として、マスコミにも伝わるほどだった。

また、私たちのホワイトハウスは未熟なスタッフで満ち溢れ、異なる派閥に分かれていたけれど、多くの人がそれを遠慮なく記者たちにリークしていた。大統領が激怒するのももっともで、主犯者捜しの調査をせよといつもせっついていた。そのいくつかはピーター・ナヴァロの主導で行なわれ、最も有名なものの一つに、ニューヨーク・タイムズに掲載された「匿名」コラムの著者捜しがある。しかし「漏洩源捜し」を最初に任されたのは、ショーン・スパイサーだったかもしれない。職務を引き継いでからわずか一ヵ月後の二〇一七年二月後半、広報チームと報道担当チームの全員が、「五分以内に」ショーンのオフィスに集合するようメールで命じられた。理由は記されておらず、言葉遣いもよそよそしい。私がオフィスに入ると、チームの半数がすでに集まっており、デスクの後ろに座るショーンの横には、私の知らない二人の人物がいた。程なく、彼らはホワイトハウス法律顧問オフィスの弁護士だと紹介された。

チーム全員がオフィスに集合したところで、ショーンが話しだした。彼によると、朝の広報活動ミーティングからのリークがあまりに多いという。そのミーティングは報道官のオフィスで毎朝行なわれており、その日のニュースに続き、情報発信に関する予定事項を確認することになっていた。彼を怒らせているらしいリークは、マイケル・ダブケがホワイトハウス広報部長に起用されたという事実で、マスコミはそれを公式発表の前に摑んでいた。ショーンが激怒している理由を、私は理解した。ホワイトハウスの広報チームが個人に関する内部決定さえも秘匿できないなんて、いい印象は与えまい。もう一つ、ダブケが複数の意味で物議をかもす選択だったという問題がある。彼もまたワシントンDCで古くから活動する共和党員であり、その起用は「RNC出身者」がトランプワールドを乗っ取るのではという警戒心を強めることになった。

先ほど述べたように、私はショーンの（そして大統領の）苛立ちがわからなかったわけではない。職務を始めてからというもの、リークの数は前例のない水準に達していた。私たちが固く結束した少人数グループの出身ということもあり、トランプ周辺の人々はRNC出身者を非難した。一方のRNC出身者も主としてトランプの側近たちを責めた。私たちは物事を正しく行なう方法を理解するほど「洗練されて」おらず、記者の前であまりに開けっぴろげに話していると、彼らは思い込んでいたのだ。リークの主犯を見つけるよう、大統領はショーンに要求した。前述の通り、続く四年間で多数のホワイトハウス職員が「リークの主犯捜し」を任された——私もやがてその一人になる——けれど、ショーンがその一人目だということに私たちはほとんど気づかずにいた。私自身も、記者から聞かされてリークのいくつかを知ったほどだ。不幸なことに、私はそのせいで嫌な立場に追い込まれてしまった。その記者を名指しして捨てるのが忍びなく、そのため同じことの繰り返しとなったからだ。

事情を説明したあと、ショーンは私たちに向かい、自分か、あるいは二人いる弁護士のいずれかに、今すぐ携帯電話——私物とホワイトハウスから支給されたものの両方——を渡すよう告げた。テキストメッセージと通話記録を確かめ、特定の記者の名前を見つけるためだ。「個人の携帯電話を渡すことは求められていない」と彼は言ったものの、拒否した場合は記録に残るだろうと付け加えた。

一言で言って、私は激怒した。必死に働きリークなんかしたこともないのに、RNCの人間（ごめんね、ショーン！）にこのような扱いを受けたことが、私をさらに立腹させた。私はショーンに携帯電話を直接渡そうと、列に並んだ。彼に携帯電話を見させ、家族、病気の親友、そして忌々しい産婦人科医にどれだけの頻度でメッセージを送っているかを確かめさせたかった。私の怒りの深さを彼に思い知らせ、記者に情報をリークしたければコーヒーにでも誘うはずだという常識を教えたかったのだ（そのときは暗号化アプリのことは知らなかった）。

私は心の中で、ショーンには指示が与えられているのだとわかっていたし、自分の携帯電話にやましいところは何もないと知っていた——それでも怒りは消えなかった。すべてを捨てて自分自身を理想に捧げながら、あとになって情報をリークし、自分の職務と無関係の人物に屑扱いされようとする人なんかいない。これが正気なのか、公平なのかは今もってわからないけれど、私はそのときそう感じていた。たぶんこれは、自分は特別だとなぜか思った無数の実例の最初だったかもしれない――忠誠心を示し、時間を捧げたのだから、一〇〇パーセントの信頼こそがふさわしい、と。その瞬間、信頼という点でこれ以上ひどい扱いを受けることはあるまいと、考えることができなくなった。今振り返ると、自分のエゴ、そしてみんなで問題を解決しようとしているだけなのだという、自分の強烈な想いは、ただ自身の直感を無視していただけなのだ。だからこそ、「すべては後知恵」という戯言が生み出されたのだろう。それは何も、私がそれを受け入れなければならないということではないのだ。

ショーン・スパイサーによる調査は私に後味の悪さを残した――そしておそらく、次に起きることを知るうえで役立った。二〇一七年三月八日、ファーストレディーの総務部長を務めるティム・トリペピが一階にある私のオフィスに立ち寄り、クロスホールの図書室に一緒に行かないかと言った。クロスホールはエグゼクティブ・レジデンスの最下層に位置する由緒ある廊下だ。ロムニーとトランプそれぞれによる選挙活動の両方で、ティムと私は一緒に働いた。実際、ロサンゼルスでの資金集めという私の最初の事前活動に彼も同行し、色々なことを教えてくれた。道すがら、彼には私と個人的に話し合わなければならないトピックがあるのだと、私は感じた。しかし、図書室に通じる扉に近づくと、「合衆国ファーストレディーオフィスのメンバーが、君がイーストウイング〔ホワイトハウス東棟。ファーストレディーの執務室などがある〕に加わることについて話したがっている」と告げた。

その情報を咀嚼するより早く、廊下を歩くショーン・スパイサーの姿が目に入った。医療部門へ向かっているに違いない。上級スタッフを務めるからには、それだけのエネルギーが必要だけれど、それはつまり、医療部門に行ってウォルター・リード国立軍事医療センターに予約を入れる、健康面のアドバイスや薬をもらう、あるいは単にアスピリンをリクエストする、といったことができることを意味する。医療部門の職務の一つに、大統領一家に近い人たちの健康を守るというものがある。それが彼らにとって、そして国家にとって最善だからだ。ティムはあたりに人がいなくなるまで、私をヴァーメイル・ルームに留めた。その部屋はホワイトハウスが所有する黄金のヴァーメイルのコレクションと、歴代ファーストレディーの肖像画を所蔵するのに使われている。ショーンは私の上司であり、今でも大事にしている仕事を与えてくれた人物なので、忠誠心がないと思われたくはなかった。そもそも、その話し合いの目的が皆目わからない状態ではなおさらだ。ショーンの姿が見えなくなると、ティムは私を図書室に招じ入れた。そこで私の人生を変える話し合いが始まるのだった。

3　ラプンツェル

不意の好機にはイエスと答えよ――たとえそれが怖くても。

――トリー・バーチ

トランプ政権のその他ほぼ全員、そして外部のほぼ全員と同じく、私にとってメラニア・トランプはまったくの謎だった。あとでわかったことだが、それは意図的にそうしていたのである。彼女は自分のことを誰にも知られたくなかったし、人が何を考えているかを気にすることもめったになかった。自分はメラニア・トランプのことを本当に感じ取っている、彼女が考えることや行なうことについて真の洞察があると言える人が数名はいただろうが、私もその排他的で用心深く囲い込まれた人々のリストに加えられようとしていた。

かつてホワイトハウスの洗濯室として使われていた図書室は、ホワイトハウスの地階にある正方形の一室で、周囲の壁にはアメリカの文学書と歴史書が二七〇〇冊も並んでいる。備え付けの家具はいずれもダークウッドでできていて、赤い内張りが施されている。ファーストレディーのスタッフとの即興面接に呼ばれた私は、彼女の首席補佐官を務めるリンゼイ・レイノルズと、おそらくはアシスタントの姿しか予想していなかった。その代わりに私を迎えたのはリンゼイだけでなく、印象的で、人に怯えを感じさせる女性たちだった。ホワイトハウス社会事業担当官のリッキー・ニセタ、服飾デザイナー兼モデルとして知られ、トランプ夫人のアドバイザーを務めるレイチェル・ロイ、そして何より驚いたことに、アメリカ合衆国のファーストレディー本人。

メラニア・トランプをじかに見て最初に思ったのは、この女性はゴージャスだ、ということだった。その感想は当然のように思えるけれど、近くで見るとますます驚く。みんな気になるのは知っているから言うが、漂う香りさえ信じられない。デザイナーブランドの服に身を包む姿は申し分がなかった。その詳細は覚えていないし、記憶していたとしても十分言い尽くすことはできないだろう。彼女が身にまとう一つひとつの品物は、入念に考え抜いた選択の賜物だった。それでいて、快適そうで自然な着こなしなのだ。

私を何より驚かせたのは、彼女が話しやすかったこと、何度も笑みを浮かべて笑ったこと、そして水かコーヒーはどう？　と何度も訊いてくれたことだった。また、二〇年以上にわたって合衆国に住んでいる割りには訛りが強かったものの、それも素敵に聞こえた。時々奇妙な語彙を使うことがあるけれど、言っていることは難なく理解できる。その後、一緒に過ごした期間ずっとそうだったように、何か間違いがあってはいけないからと、彼女は言葉の端々に「私の言ってることがわかる?」といったような質問を織り交ぜた。長年合衆国で暮らしたにもかかわらず、こうまで違って聞こえるのはチックのせいではないかと思う。

テーブルの周囲には四人の女性が座っていて、彼女たちの前には明るい色をした楕円形の物体が六つある。どうやら私は、その年のホワイトハウス・イースター・エッグ・コレクションの最終選考会に足を踏み入れたようだ。彼女たちは、それが人生で一番大事な決定であるかのように、様々な候補の色具合を観察していた。ファーストレディーはいつもこうしたことに携わらなければならないのだ。私にとっては、どれも馬鹿らしいことだった。イースター・エッグ? つまり、色の選択肢はいくつあるのだろう——赤、黄色、あるいは青? しかし、後に知ることとなるのだが、美的センスや装飾に関係することは何であれ、ファーストレディーにとって極めて大きな重要性を帯びていた。イメージ、ファッション、デザイン——これらが彼女の知る世界なのだ。それを反映してか、イーストウイングのチームは非の打ち所のない服装センスと、総合的なスタイルや輝きで知られており、私の前にいる女性たちはその現実を具現化していた。トランプ夫人と同じく、レイチェル・ロイも実際息を呑むほど美しい。リンゼイのユーモアのセンスとトランプ夫人への気遣いは私に強い印象を与えたし、リッキーのことは即座に好きになった。彼女は温和で感じがよく、私が口にする一つひとつの言葉に耳を傾けてくれたのだ。彼女が社会事業担当官として並外れているのは、これが理由だった。

富裕な女性たちがいるその美しい室内で、私は人生でこれほど自分の魅力のなさを感じたことがなかった。身体に合わないズボンとすり切れたフラットシューズを履き、ともすればみすぼらしいシャツの周りには青と白のショールがぶら下がっている。その日早く、大統領との面会チャンスを求めて報道関係者とあちこち駆けずり回っていたからだ。私の前にいる女性たちはシャネルやラルフローレンに身を包んでいるが、私はいつもＴＪマックスの特売コーナーからセーターを摑み取っていた（今でもそうしている）。それに加えて汗にまみれ、髪もぞんざいに束ねていた。雑誌の表紙から歩いて出てきたような美女が居並ぶこの部屋へ私を連れて来たティムを、殺してやろうかと思った。しかし、彼女たちの誰も、私の貧相な姿や、顔に浮かぶショックを気にしている様子はなかった。こんなことには慣れていて、気まずい思いをさせまいとしたのだろう。

私が席に座って自己紹介すると、彼女たちは一人ずつ質問を始めた。そのほとんどは面接という意味で言うならありふれたものだった。トランプ夫人は即座に、そして無邪気そのものに、あなたはホワイトハウスに来たばかりなのと訊いた。私が最初からここにいたことを彼女が知っていなければならない理由はないけれど、これから雇おうとしている人物の基本情報さえ教えられていないことが、いささか奇妙に思われた。あとでわかったのだが、彼女たちが私との面接を望んだ理由の一つに、トランプ夫人が日本国首相夫人の安倍昭恵に一人でワシントンＤＣ巡りをさせたという記事が出回ったころ、私がエアフォースワンの機上でリンゼイを手助けしたというものがあった。それは明らかに、まったくの手違いだったけれど、ファーストレディーチームは広報担当スタッフにその処理をまだ任せていなかった。大統領夫妻に叱責され、顔面蒼白で飛行機を降りたリンゼイに対し、私は選挙活動中に知り合いになった記者に電話をかけると申し出た。機内で手助けを申し出た人物が私だけだったので、ファーストレディーチームは私のことを優れた候補者と考えたのだ。

レイチェルからは一番きつい質問をされた。彼女はビジネスウーマン、そして慈善活動家として成功しており、ニューヨーク市にいたころからトランプ夫人と知り合いだったものの、私はそれを知らなかった。また、ビヨンセの「Ｓｏｒｒｙ」という曲に出てくる「きれいな髪のベッキー」は彼女のことらしい、という噂も聞くことになるが、本当にそうだと確信したわけではない。今振り返ると、彼女がした質問、特にファーストレディーのブランドをいかにプロモートし、保護するかに関する質問の理由がわかるような気がする。友人を守り、よそ者を入れることを警戒していたのだ。

しかし、それも問題だった。彼女たちはワシントンＤＣにまったく馴染みがなく、とりわけ政治がらみの広報活動がどういったものかわかっていなかった。その瞬間、私がこの職務を提示され、受け入れることは、目の前の一団にとって大きな学習曲線になるのだと気づいた。彼女たちがそれまでいた世界は、党派間の争いや危機広報と無縁なのだ。突然この場に放り込まれ、すでに自意識を感じ始めていた私は、彼女たちは私を悲しいピエロとして観察しているのだろうと思いながらも、その仕事を受け入れた。

「尊敬しているからこそ申し上げますが、あなたの才能は無駄遣いされていると思います」と、私はファーストレディーに言った。「私たちのファーストレディーがここまで独立していて素晴らしい存在であることを、私は個人的に誇りに感じています」そう、私はこの言葉を放り込んだ。

トランプ夫人は無表情だったが、顔にかすかな笑みが浮かんだような気がした。彼女はそれに直接答えず、面白がっているのか、それとも感銘を受けたのか、私にはわからなかった――おそらくその両方だろう。

簡単に実施できる政策の例を、私はいくつか挙げた。どれもインパクトがあり、極めて短期間で好ましい注目を集められる方法だ。政策――一般的には児童がらみの政策――に関して好みが合う州の法案を見つけ、公に支援するのが一つ。法案が通過したらその州に赴き、新しい法律を祝ってから、別の州でも同様の法律が制定されるように促す。そうすることで目に見える成果を上げられるし、彼女が子どもたちのために真のインパクトを与えていると、アメリカ国民に示すことができる。

そのときは、私だけが外国語を話しているように感じられた。ワシントンDCのマスコミ界がどのように機能しているか、記事に反応したり注目を集めたりする方法としてどういったものがあるか、政策案をいかに提示すべきかについて話していると、他のメンバーの顔には困惑の色が浮かび、率直に言って退屈しているようだった。この女性たちの誰一人として、どうすれば大統領の政策課題を支援できるかなどとは、質問しなかったし、そのサポート戦略について訊くこともなかった。また、ファーストレディーのための戦略について話し合うことすらなかったけれど、それはたぶん、彼女はまだ何の取り組みも発表していなかったからだろう。自分はこのチャンスを台無しにしているかもしれないと考えたものの、面接に向けて準備する時間は与えられていなかったわけで、だから率直であればそれでいいと思っていた。

ありがたいことに、トランプ夫人は相手を気楽にさせる術を心得ており、自分が今すぐ「クラブ入り」するかのような感覚にしてくれる。彼女は心から関心を持ったように見え、私の家族、経歴、目標、考えについて多くの質問をした。正直言って、私は驚いた。大半の人が見ているメラニア・トランプは極めて堅苦しく、めったに笑わず、いつも無口だからだ。だが、あの日図書室で会った人物はそれと違っており、時間が経つにつれ、私はその職務をオファーしてもらいたいと望むようになっていた——彼女を知り、彼女から学び、彼女のためにいい仕事をしたい。

それと同時に、大統領とファーストレディーの関係について好奇心を抱いたことは認めよう。他のあらゆる人と同じく、色々な噂——便宜的な結婚や不仲の噂など——があったものの、真相を知る人は誰もいない。このエレガントで美しい女性が、必ずしも最高の美男子とは言えない年上の男性に惹かれたのはなぜだろうと思ったが、昔はきっとハンサムだったのだろう。本当にただの金目的だったのか？　最初の面接中、彼女は当然ながら一切のヒントを与えなかった。とは言え、その謎はやがて明らかになる。

面接の終了後、ティムに「見事だった」と言われたが、私はそこまで自信がなかった。どう考えるべきかもわからない。けれどその日のうちに、ファーストレディーが自ら私に電話をかけてきた。まず「ご機嫌いかが」と言って話し始めたのだが、どんな会話もその一言から始めるのだとあとで知った。それに対する返事に彼女が関心を持っているかどうかは常にわからない。そして彼女は率直に切り出した。「あなたに私の広報を担当してほしいの」。つまりファーストレディーの報道官だ。

私が光栄ですと伝えると、彼女は職務をざっと説明した。「プレスリリースを出し、記者と話し、彼らと知り合いになる。そしてソーシャルメディアや私の取り組みについてサポートをするのよ。あなた、テレビ関係の仕事もしてる？」

そしてすぐ、彼女の報道官として私の名前を発表する計画に話題を変え、すぐに始めなさいと言った。しかし、私はショーン・スパイサーに敬意を払うべく、彼のため一ヵ月の猶予を与えてほしいと答えた。誰かをホワイトハウスのスタッフに起用するのは、本当に大変なことだ。厳しく吟味し、経歴をチェックし、緩慢なことで有名な連邦政府の官僚機構を相手に手続きを進めなければならない。

「二週間よ――それ以上はだめ。彼らにそんな必要はないわ」トランプ夫人は鋭く言った。「かしこまりました」という返事以外は受け入れないかのような口調だ。現に、やがてそうなってゆく。彼女の声のとげとげしさに、私はびっくりした。けれど、そう、二週間後には始まったのだった。

ファーストレディーとの面接の場にいなかった人物の一人に、ステファニー・ウィンストン・ウォルコフという名前の女性がいた。トランプ夫人は私に、できるだけ早く彼女と会うよう言ったうえで、彼女は自分のアドバイザーであり、「取り組みを一緒に進めている」と付け加えた。何の取り組み？　と思うだろう。はっきり知る者は一人もいなかったと思う。ステファニーという名前の女性が、トランプ夫人によるイーストウイングの準備を支えており、臨時の上級アドバイザーを務めつつ、オフィスの立ち上げと運営に携わっている、ということしかわからなかった。ウォルコフはニューヨーク市に住んでいて、背中の手術で最近入院したという。そこで私は彼女にメールを送って挨拶するとともに、一緒に働くことを楽しみにしていると伝えた——少なくとも私にとっては社交辞令であり、ファーストレディーから伝えるように求められたメッセージだった。

数年後、ウォルコフが自身の著書を発表したあと、私が雇われたことに彼女は動揺していたのだと、私は知った。メッセージが送られてきたせいで、「すでに痛んでいる脊椎に悪寒が走った」という。私と会ったことは一度もないにもかかわらず、彼女はどういうわけか、私が誠実でないことはわかっていたと主張すると同時に、マスコミとのつながりが深すぎると指摘した。その目的は、私が信頼できない情報漏洩源であるとファーストレディーにほのめかすことだったけれど、報道関係者とつながりを持ち、共に働くというのが私の仕事の本質なのだ。彼女はまた、私の「過去の法的問題をファーストレディーが知っているのかと首をひねった」と記すことで、愉快げにジャブを放ってきた。何てお上品なこと。

本書では何とか彼女の話は抑えるつもりだけれど、それは難しいだろう。さらに、読者の皆さんは彼女について知る必要がある。まさに最初からトランプ一家を取り巻いていた人々の一部について、何かがわかるからだ。要するに、そうした人たちの多くはニューヨーク出身の富裕な詐欺師、自分が何をしているのかはわかっていると主張したうえで、実現できない大きな約束をする人たちなのだ。それはトランプ一家に政治経験が一切なかったためであり、また金持ちやエリートから成る特定の小集団が操ることのできたエゴを、彼らが持ち合わせていたためでもある。トランプ政権の登場人物――時として、本当にテレビ番組のキャストのように思われることもあった――の中で、ステファニー・ウィンストン・ウォルコフは私にとって最も謎めいた人間の一人だった。直接顔を合わせたのはたぶん三回――あくまで、たぶん。彼女はそのうちの一つで、まだ進展していなかったトランプ夫人の「取り組み」について話し合うべくミーティングを呼びかけた。ステファニーは「心の知能指数」とよく言っていたけれど、それは実際子どもの福祉にとって極めて大事である。問題は、それに情熱を燃やしているのがトランプ夫人でなく彼女だということだった。トランプ夫人は、ネット関連の問題や薬物乱用こそが自分の関心の的だと私たちに繰り返し言っていた。ウォルコフはタフで容赦がなく、当日はその話題に関するプレゼンをまとめたうえで、彼女自身理解していないと思われる、長たらしくて一般大衆には決して響かないであろう単語を並べた。なお、私としては異なる視点や発想は喜んで受け入れるが、自分の声しか聞こうとしない人物を受け入れるつもりはない。

しかも、ステファニーはあらゆるところに陰謀の機会を見出しているように思われた。おそらく彼女の最大の伝説は、自分は大統領のスタッフから不当に扱われ、傷つけられているとファーストレディーに吹き込んだことだろう。彼女とのわずかなやり取りで私の印象に残ったのは、イーストウイングとウエストウイングを対立に陥れる雰囲気を、彼女が最初から作り出していたことである。しかもその後の四年間で、その対立が完全に解消することはなかった。

ステファニーによる大半の陰謀において、中心人物は長女イヴァンカだった。彼女はどうやら、私がイヴァンカのスパイだと確信していたらしく、トランプ夫人と私は後に、それについて何度も笑ったものだ。とは言え、ステファニーのイヴァンカ嫌いは彼女一人のものではなく、イーストウイング全体に浸透していた。大統領の母娘間の潜在的な緊張関係を私が感じ取ったのはそのときが初めてだったものの、当時主にそう主張していたのはステファニーだった。

ステファニーには最初から大きな役割が与えられており、ファーストレディーのオフィスを立ち上げるのに必要な情熱の持ち主であることは、私にもわかった。そして、彼女にこの言葉を贈ろう――後に自著の中で、トランプ一家が行なうことはすべて「取引」だとあなたが記したのは正しい。あらゆる問題は「他の全員」のせいであり、自分たちは決して悪くないのだと、トランプ一家はいつでも世界中の人々を言いくるめてきたけれど、私は四年以上にわたってそのやり口を見ていた。オマロサ・マニゴールト、ジョン・ケリー将軍、レックス・ティラーソン、アンソニー・スカラムーチ、ステファニー・ウォルコフ、クリフ・シムズ、マーク・ミリー将軍、ジョン・ボルトン、ビル・バー、ミッチ・マコーネル、マイク・ペンス副大統領、等々――何があろうと常に彼らのせいであり、忠誠心がないか、注目を浴びようとしているかのいずれかであって、トランプの名前を利用し、無能か、情けないか、あるいは負け犬なのだ。そして、私もたいてい場合、トランプ一家の言うこと――他の全員が間違っている――を信じがちだった。それは違うと直感が告げていたとしても。

ファーストレディーの広報部長という私の新しい職務は二〇一七年三月二七日に発表され、ウエストウイングから圧倒的な支援を受け取った。ショーン・スパイサーとサラ・サンダースはいずれも驚くほど寛容で、選挙活動当時の友人や、事前活動の仲間たちもみなそうだった。最大のハイライトは、就任翌日に自分のオフィスに入ったとき、席の上に新聞が置かれているのを見つけたことだった。それは『ワシントン・ポスト』紙で、私の就任についての記事が載っていたが、そこに大統領が「STEPHANIE――YOU WILL DO GREAT!!」と、マーカーペンを使ってすべて大文字で記していたのだ。中でも面白かったのは、私の写真に向かって矢印が引かれていたことである――それが自分だと、私がわからなかったときのために。
ファーストレディーオフィスでの初日は、混乱と喜び、そして正直言ってリラックスした気分が入り混じるものだった。それは何度も一緒に笑い転げる緊密なグループだった――そして、一日一〇時間働いていたウエストウイングでの日々は消え去った。イーストウイングのスタッフはみなトランプ夫人の熱狂的な擁護者で、彼女の成功をサポートすることに専念していた。チームは少人数で構成され、彼女の個人的なスタッフも務める首席補佐官、業務および事前活動チーム、二、三の管理職、そして社会事業担当官とスタッフ二名が所属する社会事業オフィスから成っていた。私の着任当初、政策関連の専属担当者はおらず、ステファニー・ウォルコフとパメラ・グロスに任されていた。パメラもトランプ夫人のニューヨーク時代からの友人で、以前はＣＮＮのプロデューサーだった人物だ。

一日、そして一週間と経つにつれ、報道官という私の職務をトランプ夫人が実際には理解していないことが明らかになった。公平に言えば、大統領をはじめトランプ一家の全員がそうだった。先ほど述べたように、彼らは政治でなくセレブの世界からやって来たのである。そのため報道官という役職を個人の宣伝担当者と見なしていたのだが、それは過去、他のセレブたちが日常的にしているように、新聞のゴシップ欄や『ピープル』といった雑誌に好意的な短編記事を掲載させるべく彼らが利用していた人物と同じだ。「トム・ハンクスは何というナイスガイか」というような記事が、すべて偶然掲載されるとお思いだろうか？　これは有名な話だが、トランプは政界入りする前、自分自身の宣伝担当者を務めており、ジョン・バロンなど架空の人物をこしらえたうえで、あるいは雑誌や新聞の芸能担当記者や金融担当記者に電話をかけ、時に話に尾ひれを付けたり、ありもしないことをでっち上げたりして、自分の望みの記事を掲載させていた。トランプの新しい物件に記者たちを連れて行き、こりに凝ったフルーツやチーズを提供し、無料でゴルフをプレイさせると、特に重要性が高くなくても、提灯記事が載るものだ。マスコミが『セレブリティ・アプレンティス』のホストに課す基準は、大統領やファーストレディーに対するそれとは違う。その力学はまったく異なるが、トランプ一家がそれを理解するまで長い時間――本当に長い時間――がかかった。たぶん、理解などしなかったのかもしれない。

同様に、ファーストレディーのマスコミ経験も、主としてモデルとしてのキャリアによって形作られていた。その世界では、活字の記事やテレビに映る内容よりも、写真のほうがはるかに重要である。凄腕の宣伝担当者であれば出来映えの悪い写真を葬れるものだが、トランプ夫人には、自分が記者たちに何を発言するかについて承認する能力があった。インタビューには台本があり、回数はごく少ない。トランプ一家の全員が、自身のブランドを売り込むうえでマーケティングや広告宣伝を広く活用していたことに、私は程なく気づいた。つまり、彼らや彼らの製品について聞き心地のよいことを言うコマーシャルや宣伝を流すべく、出版社やテレビネットワークに金を払っていたのだ。このことを批判するつもりはないけれど、ホワイトハウスでは物事の流れがまったく違うのだ。

そのため、トランプ夫人は当初から、私が記者に対して何を言い、何を書くよう命令できないのはなぜなのか、理解するのに苦労した。それではプロパガンダになってしまうと説明しようとしたものの、彼女を苛立たせるだけだった。私は彼女に――そしてイーストウイングのスタッフ全員に――基礎を教えることから始めなければならなかった。オフレコ、匿名、オンレコ（公表前提）それぞれの意味、プレスプールにできることとできないこと、などである。これは「コミュニケーション入門編」のコースそのものであり、それから三年経っても、彼女もスタッフの大半も理解していなかった。あるいは、受け入れようとしなかった。

彼女には時間厳守という感覚がなかった。年中無休の政治ニュースの世界は、彼女にとってまったく別の世界だったのだ。必死になってプレスリリースを仕上げることが、かえってその目的を損ねてしまうことを、トランプ夫人は理解していなかった。完璧な声明文を考え出そうとしたところで、記者たちはそれを待ってくれない――ニュースの世界はいつも待ってくれない――からである。彼女が返答する準備を整えたときには、記事はすでに掲載され、ダメージを受け、マスコミは先へと進んでいる。どの政治記者に注目すべきか、どの報道が問題か、実は重要でないものはどれかについて、彼女に判断する術がないことを、私は見て取った。比較されるのは二人とも嫌だろうけれど、彼女はその点においてイヴァンカと似ていた。夫や子どもたち全員と同様、トランプ夫人は青写真を見つめる建築家のように、記事の切り抜きを吟味した。どんな詳細も無視せず、何事も見逃さない。また、自分の名前に反応するようＧｏｏｇｌｅのアラートを設定しており、あらゆるものに目を通した。新聞記事に腹を立て、私自身がまだ見ていないというのに、「至るところに載っているわ」と私に言うこともあった。マスコミからの問い合わせは残らず彼女に伝えるよう期待されているのだと、私はすぐに悟った。はじめのころは、私が記した声明文を彼女に送り、編集してもらうか承認してもらうかという流れだったが、彼女がそもそも回答したがっているのかを確かめたほうがいいと、私はすぐに気づいた。と言うのも、七五パーセントの確率で「Don't replay（繰り返さないで）」と告げられるからだ。これは彼女が時々起こす一種の文字化けで、本当の意味は「Don't reply（返事しないで）」だ。

そうした振る舞いや誤解、そして政治メディアの活動形態に影響された他の人たちは、彼女のイメージを決定的に悪い方向で形作ることとなった。二〇一七年にテキサスで大規模洪水が発生した際、トランプ夫人は現地を訪れて被災者を見舞い、支援を提供することにした。それはファーストレディーがとる通常の行動である。しかし、私が公表を前提とした場で、ファーストレディーは「自然災害に被災したすべての人への支援を続ける」つもりだとある雑誌に告げようとしたところ、彼女はそれに反対した。その雑誌は彼女の現地視察についての記事を書いており、私としては無害そのものの回答だと思っていた。しかし、ノーはノーだ。

その代わり、トランプ夫人はマップルームで会いたいと私に言ってきた。マップルームはホワイトハウスにいくつかある小規模なセレモニールームの一つで、地階に所在しており、天井は低く、なんだか落ち着かないコロニアル調の家具が並んでいる。また、第二次世界大戦中、フランクリン・D・ルーズベルト大統領は将軍たちと戦略を立てるためにその部屋を使っていたが、そのころ掲げられていた二枚の地図がいまだ残っている。その日、私たちは少しだけ異なる戦略会議を開くことになった。

ファーストレディーは私の記した声明文が気に入らず、「自分の声を失ってるみたい」と言った。誰かが自分を代弁することを、彼女は望んでいなかった。それが私の職務なのだが。問題は、彼女が決して自分の言葉で話さないということだった。結果として、善意によるせっかくのテキサス訪問も、スチレット・ヒールを履いてホワイトハウスを出発し、エアフォースワンに乗り込むという内容の記事で占められることになった。これはもちろん、彼女は世事に疎く、他人のことなど無関心の鼻持ちならないエリートであるという最近の論評にまんまとはまることだった。そうしたイメージにも一片の真実——私の経験から言っても、大半の金持ちは世事に疎い——はあるが、彼女が苦しんでいる人々に無関心だったというのは真実ではない。

それはどれも、奇妙で困難な調整を私に強いた。広報担当者、それも政治関連の広報担当者として、オンレコだろうと、匿名だろうと、あるいはオフレコの背景情報を与えるためだとしても、主人に代わって記者たちの質問に即答することは第二の天性だからだ。それはPRの初歩中の初歩である。しかしこれについても、トランプ夫人には当てはまらない。そしてここでも、彼女が持つマスコミとのこれまでの経験が指針を与えることはほとんどなかった。モデルというものは自分のために語る傾向があり、またそれ以上に、語らないものである。

その後、ステファニー・ウォルコフの著書で知ったのだが、私が報道陣の前でファーストレディーの代弁者を務めているのは、自分のイメージと世間体を築き上げるための試みなのだと、ウォルコフはトランプ夫人に確信させようとしていた——彼女を踏み台に、私がスターになろうとしているのだと。その一件のあと、相手の立場がどういったものであれ、私は彼女の許可を得ないまま記者に回答するのをやめた——そして、特に大統領と同席している場合、自分がそのせいで業務上難しい立場に置かれるようになったことは、読者の方々に信じてもらいたい。

報道官として発言する権限が絶えず抑えられていたにもかかわらず、沈黙していたほうがいい場面に送り込まれ、何か言わざるを得ない状況が時々あったのは皮肉だった。実のところ、厳しい声明を次々と出す戦闘的な報道官という評判を私は得ていたのだが、そうした声明は通常、トランプ夫人が私に回答を任せたつまらないこと、重要でないことがほとんどだった。悪名高い実例の一つに、三番目のトランプ夫人から最初のトランプ夫人に対しての、苦労して考え出した声明文がある。これは、この職務に就いた私が最初に経験した危機——危機と呼べるのであれば——であり、メラニアの世界では物事がどう動いているかに関する貴重なレッスンとなった。

二〇一七年の秋、ドン・ジュニア、イヴァンカ、エリックの母親であるイヴァナ・トランプが、『Raising Trump』というタイトルの回顧録を刊行した。私はその時点までイヴァナの名前を聞いたことがなかったし、大統領の二番目の妻であるマーラ・メープルズについて耳にすることもなかった。しかし最初のトランプ夫人は、もはや黙っていなかった。自身の新刊、そして宣伝ツアーの中で、あろうことかマイケル・ジャクソンのところへ遊びに行くよう子どもたちに促していたなど、彼女はおかしなことをあれやこれやと言い立てた。

だが、これが私の問題となったのは、イヴァナがABCに出演し、自分はホワイトハウスの「直通番号」を知っていると自慢したときのことだ。しかし、彼女が主張するには、「メラニアがそこにいるから」使いたくないとのことだった。そして、こう続けた。「嫉妬みたいなことは嫌なの。だって、私はトランプの最初の妻だもの。わかる？　私がファーストレディーなのよ」

三番目のトランプ夫人はテレビやソーシャルメディアでその場面を残らず観察——そう、彼女は絶対に何一つ見逃さない——し、激怒した。イヴァナ・トランプは「注目を集めようとしているだけ」の馬鹿で、大統領との会話にどれだけ時間を費やしているかを誇張していると、彼女は考えているように思われた。「最初のトランプ夫人」がいったい何を意味するのかはともかく、イヴァナは自分に肩書きをつけようと出演していた。しかし、「私はトランプの最初の妻」という発言をメラニアが心底憎んでいたのは明らかで、それについて彼女を責めるつもりはない。

トランプ夫人三号がトランプ夫人一号に反撃するのかどうか、多数の記者が固唾《かたず》を呑んで見守った。私たちはイヴァナについて多数の問い合わせを受けたが、ファーストレディーはもちろんそのすべてに目を通し、無視するよう私たちに指示した。「Don't replay（繰り返さないで）」

しかし、マスコミの注目がますますイヴァナに集まるにつれ、トランプ夫人は考えを改め始めた。「何か言うべきかしら?」と、彼女はある日私に尋ねた。

私はそれを受け、沈黙を保つことが最善の行動だと答えたが、それから数年間、トランプ関連の書籍が出版されるたびにそう言うようになる。「本の売り上げに貢献するだけですよ」と。彼女はそれに同意した。いや、少なくとも同意したように見えた。

どこかの時点で彼女は我慢ができなくなり、私名義で声明文の草案を書くよう求めたうえで、自分が編集すると言った。その文章――ある出版関係者が「辛辣」と呼び、全世界が予想通り飛びついた文章――はこうだった。「トランプ夫人は、ホワイトハウスを息子のため、大統領のための家にしました。ワシントンDCで暮らすことを愛し、合衆国のファーストレディーという自分の役割を光栄に感じています。また、本を売るためでなく子どもたちを助けるために、自分の肩書きと役割を使おうとしています。元夫人の発言には明らかに内容がありません。残念ながら、注目を集めようとする利己的な騒音に過ぎないのです」

皮肉なのは、最初のトランプ夫人が大半の時間を、自分の結婚生活をぶち壊した二番目の夫人、マーラに反撃することに費やしていたことである。どっちもどっちだ。イヴァナは同情を示す場合を除き、三番目のトランプ夫人のことはおおよそ無視していた。「正直言って、メラニアのルブタンを今身につけようとは思わない」と、イヴァナはかつて記している。「いや、ワシントンと何の関係も持ちたくない。ホワイトハウスにいて何が楽しいの? セキュリティスタッフにあらゆる行動を見られながら、地下室でボウリングをしているの？　そんなのどうでもいいわ」自分の新しい上司がそれにどれだけ共感しているか、当時の私にはわからなかった。

イーストウイングに所在するファーストレディーの個人オフィスが持つユニークな属性として、そこにファーストレディーが含まれないという事実が挙げられる。最初に一連の部屋を案内されたとき、私はメラニア・トランプ用の広々とした美しいオフィスに通された。そこはミシェル・オバマ、ローラ・ブッシュ、そして彼女たちの前任者が活動拠点としたオフィスである。室内には机、椅子二脚、ソファがあり、しみ一つない白いカーペットが敷かれている（「しみ一つない」と言ったのは、めったに誰も足を踏み入れないから）。リンゼイたちによると、ファーストレディーがここを訪れることはほとんどないという。実際、ファーストレディーだった四年間、トランプ夫人が実際に自分のオフィスに入ったのは片手で数えられるほどだった。彼女はテキストメッセージや電話で物事を処理するほうを好んでいたけれど、政策を決めたり、緊密な職場関係を築いたりするのは、そのせいで当初から難しかった。国全体がそうなるずっと前から、トランプ夫人は在宅勤務をしていたのだ。必要とあれば、私たちも顔を合わせて会うものの、それは通常、レジデンスへのエレベーターの向かいにあるマップルームで行なわれた。そこでスケジュールを立てたり、マスコミに対応したり、目標を話し合ったりする。それ以外にも、ファーストレディーはレジデンスに自分の部屋を持っていた。それが彼女を知る人たちのあいだではやりのジョークになった。シークレットサービスは密かに、彼女に「ラプンツェル〔グリム童話の主人公。魔法使いによって塔に閉じ込められる〕」というあだ名を付けていた。自分の塔に閉じこもり、決して下りてこないからだ。実際、エージェントの中には、彼女の護衛に割り当てられることを望む者もいた。このファーストレディーは移動や旅をあまりしないから、家で家族と多くの時間を過ごせるとわかっていたからである。

ファーストレディーは絶えず私たちに、自分は「極限まで忙しい」と言っていた。いつも一緒にいる息子や両親のことで忙しい。ホワイトハウスやキャンプ・デイヴィッドの改装で忙しい。イースター・エッグ・ロール、クリスマスのレセプション、公式晩餐会、あるいはイーストルームでの催しなど、ホワイトハウスで次に開かれるイベントの計画立案に忙しい。ずっと後になって、彼女は自分の写真アルバムにも忙しいのだとわかった。結果として、ホワイトハウスから外出しなければならない公的行事があっても、出席に同意することはめったになかった。また一部のミーティングでも、一週間につき一つの活動に彼女を同意させれば成功だと私たちは考えており、それがずっと私たちの目標だった。たくさんの単独行事に出席する旨の署名をもらったあと、私たちは喜び勇んでその場を後にしたものだが、同意したばかりの行事を一つまた一つとキャンセルされ、落ち込むのが常だった。やがて、私たちは行事を積み重ねることを学んだ。つまり、きれいに着飾り、髪とメイクを整えた「ラプンツェル」が塔から下りることがわかっているとき、その週、またはその月に彼女にしてもらいたいすべてのことを、その一日に詰め込むのだ。

二〇一七年六月、年に一度開催される議会野球ゲームの練習中に発生した悲劇的な銃撃事件の数週間後、姿を見せないという彼女の習慣の極端さを示す実例が発生した。銃撃された被害者の一人に、下院の多数党院内幹事を務め、大統領の主要支持者だったスティーヴ・スカリースがいた。回復後、スカリースは家族とともに予告なしでホワイトハウスを訪問した。彼らがブルールームに集まった際、私たちはトランプ夫人に、レジデンスから下りて一家を迎え、写真撮影に応じてはどうかと訊いた。すると返事は、「いいえ、もう挨拶してるから」。数週間前、入院中のスカリースを大統領と一緒に見舞った事実を言っていたのだ。これもまた、イーストウイングではやりのジョークとなる。ファーストレディーが何かにノーと言うたび、私たちはお互いに「ねえ、彼女はもう挨拶したのよ！」と言い合ったものだ。イヴァンカとジャレッドについてあなたがどう思おうと——私だって、本書が続く限り言いたいことは山ほどある——彼らは少なくとも、ほぼ毎日オフィスに来て働いていた。

トランプ夫人が実際に公的行事を引き受けると、私たちは例外なく何らかの理由で後悔した。彼女がファーストレディーの役割に就いたとき、ミシェル・オバマが育てた野菜農園を、トランプ夫人は撤去する意向だという臆測が報道関係者のあいだでなされた。その噂の出所はわからないけれど、ファーストレディーはその場所を更地にして黄金の像か何かを建てるつもりだと、多数の記者が確信しているようだった。だが、それは事実と反しており、私たちは農園に対する彼女の姿勢を見せようと、地元の児童グループを招いてそこで会う手はずを整えた。そうすることで、子どもたちを心から愛するトランプ夫人はホワイトハウスの庭を案内し、ガーデニングや健康な食習慣の大切さについて話すことができた。ところが、報道の焦点が彼女の汚れ一つない白い靴と、五千ドルするフランネルのシャツに集まったことに、トランプ夫人も私もがっかりした。誰も彼も私の服が気になるなんてどういうことなのと、ファーストレディーは疑問の声を上げた。彼女は間違っていない。しかし、公の場にできるだけ姿を見せまいとする彼女の決意がさらに強まったのは確かだ。

トランプ夫人の下で働いた最初の一年間、私はますます彼女のもろさに気づくようになった。私に対して心を許し、自分の不安や心配事を明かしたことも一度ではない。彼女のアクセントはエキゾチックで、美しいとさえ私は思っていたものの、彼女はそれを強く意識しているようだった。自分の発音が「普通のアメリカ人」らしくないことは自覚していたし、深夜のテレビ番組や『サタデー・ナイト・ライブ』などで話し方が真似されているのも見ている。口にすることはなかったけれど、それに悩んでいるのは明らかだった。彼女はこのうえなく魅力的で、人々も内心それを羨み、快く思っていないうえに、彼女自身がマスコミや大衆と継続的に関わろうと努力しないものだから、相手が他の女性であればとてもできないようなやり方で、彼女のアクセントを貶めても問題ないと、人々は考えていたのだろう。こんなことを言うのは嫌だけれど、立場が逆になり、共和党員が誰かの外国訛りをからかうなんて想像できるだろうか？　この偽善は明白だった。プライベートの場では、彼女も自分の話し方をジョークの種にしていたけれど、大衆の前で自分を貶めることは固く自制していた。また、イディオムや表現に自信がなかったので、自分で何か書こうとすることはほとんどなかった。そこで、感謝のメモ、ツイート、返答、スピーチ、意見、さらにはお悔やみの手紙まで、私が彼女の代わりに書いたものだ。彼女に時間がなかったからでも、無関心だったからでもなく――そんな理由のときもあったけれど――文法に自信がなかったからである。自分で何かを記すというまれな機会が訪れると、たいていの場合それを私に手渡し、文法的に正しいかどうか確かめさせてから発信するのだった。

二〇一七年七月、ポーランドを訪れたトランプ夫人は、ワルシャワのクラシンスキー広場でスピーチを行ない、夫を紹介したが、そこからの帰途、私はトランプ夫人とエアフォースワンに同乗した。搭乗した彼女は隣に座るよう私に言うと、スピーチの内容を一言一句繰り返し、発音が間違っている単語はないかと訊いた。それは結局、スペリング、発音、文法、そして句読点の打ち方に関する、一時間にわたる英語のレッスンになった。自分が完璧でないと感じ取っていることを自ら認めた貴重な瞬間の一つだったけれど、それを見せるほど信頼してくれているのだと、私は感じた。実際、このことを今書くのはつらい。でも、これもまた人々が知るべきことだと思う。そうしてくれれば、彼女との結びつきがほんの少しだけ好転すると信じているからだ。私がそうだったのだから。

「ラプンツェル」はシークレットサービスによる非公式の呼び名であり、ファーストレディーの実際のコードネームは「ミューズ」だったけれど、それもまた違う理由で彼女にふさわしかった。ミューズはインスピレーションの源だが、少なくとも私の考えるところ、それは実在の人物というよりも、客観あるいは観念である。その点、メラニア・トランプがどんな人物かは、人々の願望によって違っていた。彼女は話し好きでも内省的でもなく、自分の内なる感情や思考を明かすことはほとんどない。私は彼女の沈黙、目の動き、ため息、すくめた肩、そして頭の動きを解読しようと努め、部屋に入って彼女を見るだけで、彼女が上機嫌か不機嫌かがわかるまでになった。私たちが彼女に反応するのでなく、自分が私たちの言うことに反応するほうを、彼女は好んだ。たぶん自分の英語に自信がなかったので、五つか六つの決まり文句や定型文に固執し、いつもそれを繰り返していた。私は他のスタッフと同じくらい、彼女の近くにいた――あるいはそう信じていた――ものの、彼女のことを突き止めたという自信は決して持てなかった。

政権の一年目にイーストウイングで催された行事は散発的なものだった。最初のイースター・エッグ・ロールに向けた計画が進行中だったころ、彼女は国務省主催の「国際勇気ある女性賞」でスピーチし、私たちは教育長官のベッツィ・デヴォスやヨルダンのラーニア王妃とともに地元のチャータースクールを訪問した。報道陣がいる場合といない場合とで、ファーストレディーのやり取りが大きく異なることに、私はすぐ気づいた。報道陣がいる場では、特定の形で顔を上げ、立ったり座ったりするよう努めていることがわかる――彼女は徹底的にモデルであり、おかげで素晴らしい写真が撮れたけれど、相手に冷たい雰囲気を与えてもいた。しかしカメラがなくなると、彼女はリラックスする。笑って質問し、膝をついて子どもたちに話しかけるなど、私が知っている本当の彼女として振る舞う――それは、私が見ていて嬉しくなるメラニア・トランプ、国民にもっと見てもらいたいメラニア・トランプだった。

私たちが初めて開催した大規模な社会事業イベントは、ホワイトハウスで年に一度催されるイースター・エッグ・ロールである。この伝統的なイベントは一八七八年に遡り、大統領夫妻がホワイトハウスの芝地に子どもたちを招き、卵を転がしたり、ゲームに興じたり、保護者たちと歩き回ったりする。それは政権にとっても、最初の大規模な社会事業イベントだったが、ニューヨーク・タイムズの見出しは、卵と一緒に目がすでに回り始めていることを示唆していた。「ホワイトハウスにとっての新たな試練？ イースター・エッグ・ロールを成功に導けるか」他の媒体でも、これはホワイトハウスで毎年行なわれるイベントの中で「最も注目を集めるもの」であり、大統領とファーストレディーがそれによって判断されるのは間違いない、という言葉が紹介されていた。ま、そんなの楽勝じゃない（なぜイースター・エッグの色があんなに重要なのか、そのとき少しは理解した）。このイベントではワシントンDCの「意地悪女子」的な面が垣間見られた。識者や上流階級の人たちが集い、メラニア・トランプと彼女の黒子たちがこのようなイベントを成功に導けるかと見守っているし、失敗に終わるのをあからさまに望んでいるかのように感じられたのだ。

トランプ夫人もそれはわかっていた。彼女はプレッシャーを感じ、周囲の全員も同じだった。しかし、彼女が得意なこと、彼女にとって経験豊富なことが一つあるとすれば、それは何かを壮観に見せることだ。結局のところ、ドナルド・トランプ夫人として多数の社交行事を何度も主催してきたのだから。イースター・エッグ・ロールの計画を立てていたとき、彼女はいくつかリクエストを行ない、おかげでイベントを予想以上の成功に導けたのだが、その一つに、参加者の規模を例年より抑えるというものがあった。イースター・エッグ・ロールの参加者数には関心がなく、その代わりに子どもたちやその家族に与える思い出の質を大切にするよう求めた。彼女の心の中では、立ったまままいつまでも並び続けるのは誰にとっても楽しいことではなく、それが正しいことはやがて立証された。トランプ夫人はありとあらゆることに細かく注意を払いつつ、イースター・バニーさえもその目で確かめた。着ぐるみ姿の男性がバルコニーに立って子どもたちに手を振ろうとすると、ファーストレディーの顔が曇った。そして、バニーが着ている格子縞のベストを見つめたまま、「彼が着ているもの、気に入らないわ」と言った。品がなく、気が散ってしまうと感じたのだ。彼がホワイトハウスの芝地に飛び出そうとする数分前、メラニア・トランプはその場でイースター・バニーの衣装を脱がせた。

その日はトランプ一家の他のメンバーも出席していたが、それは今後四年間続く緊張感をはらんだ駆け引きの一例だった。ドン・ジュニア、エリック、そして彼らの子どもたちはみな、自分が前面に、あるいは中心に立とうとした。他の子どもたちの前に立ち、一般大衆の子どもでなく自分の子どもが大統領夫妻と一緒に写るように。子どもたちやその親の中には、大統領に会おうと長い列に一時間以上並んでいた人もいるのに、後ろのほうに追いやられてしまった。私はトランプの子息のほとんどと良好な関係を築くことになるけれど、この一件は尊大さを感じさせる不快な一幕であり、ファーストレディーもリンゼイも、そしてイーストウイングの他のスタッフもまったくそれに驚いていなかった。

これはまた、ファーストレディーと、トランプの年長の子どもたちとのあいだにおける緊張関係の可能性を、私が感じ取った最初の瞬間だった。ホワイトハウスでトランプの子どもたちが見せる振る舞いを、トランプ夫人が不適切だと見なすこともあった。適切な振る舞い、あるいは自分が適切な振る舞いと見なす行為が、彼女にとっては非常に大事なことだった。エリックとララがホワイトハウスで息子の洗礼式を執り行なおうとした際、彼女は世論に関する懸念を口にした。彼女には優れた本能があるのだ。しかし、洗礼式はともかく行なわれることになった。

一年、また一年と経つにつれ、イースター・エッグ・ロールは私の好きな祭日行事の一つになった。その計画立案は熱心に行なわれたが、そんな機会は二度とないだろうし、どの政権がそれに取り組んでも、私は決して評価しないだろう。毎年、それぞれ異なる困難がつきまとった。雨が降った年もあれば、卵を固くゆでて串に刺し、子どもたちに提供してはどうかと誰かが提案する年もあった。そんなもの、誰も喜ばない。

また別の年、私がたまたま芝地に出たところ、大統領夫妻がこれから訪れる場所の近くで男性が心臓発作を起こしたと、イヤホンから聞こえてきた。病気や死に関することに直面するのを、トランプ夫妻は好まない。シャツを脱がされ、パドルを当てられているその男性は口から泡を吹いていた――胸が痛む光景だ。そこで私は、大統領夫妻がそこへ行ってしまう事態を避けることにした。大統領がイースター・エッグ・ロールのスタートを告げる笛を吹いた直後、多数のカメラや報道関係者の前に立つ大統領夫妻のもとへ急ぐ。そして二人に声をかけ、救命活動が行なわれているのとは反対の方向を指さした。トランプ夫妻も本能的に、そちらのほうへ視線を向ける。私は笑みを浮かべたまま、こう言った。「大統領、あちらのほうへ行きます。後ろには男性が横たわっているので。心臓発作を起こし、救命活動が行なわれているのです。違うルートをとります」

すっかり困惑したトランプは、「それは本当か？　本当なのか？」と訊いた。

もちろん本当よ、私は心の中でそう言った。何の理由もなく、そんな話をでっち上げるわけがない。

しかし大統領は、その男は大丈夫なのかとは尋ねなかった。私の知る限り、それが彼の脳裏をよぎることはなかったのだ。

4　シャングリラ

さっさと出かけ、しばらく帰らないことにしよう。
——不明

最初の年が過ぎゆく中、私たちのスケジュールと旅は特定のリズムをとるようになり、私は週末の多くをマー・ア・ラゴ〔フロリダ州パームビーチに所在するドナルド・トランプの別荘〕で過ごした。ファーストレディーか大統領がそこへ行くたび、私もほぼ毎回同行していた。「オンシーズン」にはほぼ毎週そこへ出かけたし、祭日も赴いた。イースター、感謝祭、クリスマス、そして私の好きな大晦日。大統領はマー・ア・ラゴを「冬のホワイトハウス」と好んで呼んでいたけれど、そこは美しく独特の場所だった。母屋は敷地の中央にあり、片方は海を、もう片方は沿岸内水路を見下ろしている。母屋の部屋はとても古びているものの、やはり異彩と魅力を放っている。その建物には海辺やプールに面したカバーナ〔海辺やプールに直接出られる客室〕もある。また母屋の近くには、複数の寝室と小型キッチンを備えたコテージも建っていたが、それらコテージの一つは首席補佐官専用だった。セキュリティ通信回線につながっていたからである。

建築様式はタイル屋根が特徴的なスペイン風で、一九二〇年代半ばに建てられた。二人の著名な建築家、マリオン・シムズ・ワイエスとジョセフ・アーバンが、シリアルで財をなしたマージョリー・メリウェザー・ポストから建築を請け負った。フロリダ州で二番目に大きな邸宅であり、国内でも最大級だ。

選挙活動の初期からそこへ行っていたこともあり、マー・ア・ラゴは私にとって第二の家のようだった。スタッフはとても素晴らしく、私をハグで出迎えてくれるし、可能なときは海辺に面したカバーナを使わせてくれた。私はそこで働く二人のハウスキーパーや、「邸宅の表側」で勤務する他の数名と仲良くなった。大統領とファーストレディー両方のスケジュールやゲストに関して認識を一致させ、夜のディナーコースに至るまでしっかり足並みを揃えようと、私たちの全員が力を合わせた。火曜日から土曜日の夜まで、母屋のパティオは人で一杯になる。その多くは風変わりだがとても高価な衣服に身を包んでいた。週末になると歌手が訪れ、大統領一家が食事する横でパフォーマンスを行なう。彼女は大統領のお気に入りの曲をすべて知っていて、その多くはスローな曲調だった。映画『キャッツ』の「メモリー」、『エビータ』の「ドント・クライ・フォー・ミー・アルゼンチーナ」などだ。

また、たいていの場合、トランプ夫人は息子、そして父親のヴィクトル・クナウスと母親のアマリヤを伴っていた。クナウス夫妻は素晴らしい人たちで、トランプ一族が夢中になっている政治やマスコミがらみのつまらないことにはまったく無関心だった。トランプ夫人の父親は英語をあまり話せなかったので、一人ひとりの前に行き、「どうも、ヴィクトルです。ミューズ（シークレットサービスによるファーストレディーの呼び名）の父です」と挨拶していた。母親のほうは人目を引く女性で、メラニアの美貌の由来がわかった。トランプ夫人は両親のことを大切にしていたが、それは息子も同じだった。クナウス夫妻は二人にとって安心できる存在だったのだ。彼らはマー・ア・ラゴで専用のスイートを与えられており、クナウス夫人が自ら料理することもあった。またヴィクトルは車を所有し、たびたびバケツとスポンジを持って洗車していた。当然、自ら洗車する必要などないのだが、それが彼のやり方で、私は好感を持った。

私と同じくらいの頻度でトランプの別荘を訪れる人物の一人に、リンゼイ・グラハム上院議員がいた。まあ、それは言い過ぎだけれど、まったく違うというわけでもない。もちろん違いは、私がそこに行くのは働くためだ、ということである。トランプワールドにおける様々な登場人物や取り巻きの中でも、リンゼイは最高に奇妙な人物の一人で、ここで語るだけの価値がある。トランプの最も熱心な擁護者だったかと思うと、次の日には辛辣な批評家になるという具合に、二重人格ではないかと思われた。大統領周辺の人々は、グラハムを信用してはいけないと大統領に進言していたものの、トランプはなぜか彼を気に入っているらしく、私はいつも、大統領はリンゼイの同意を欲しているのではと首をひねった。で、リンゼイ・グラハムのほうは？　そう、まるで明日がないかのように、トランプを利用して無料サービスを楽しんでいるという印象を私に与えた（今もそうしているようだ）。マー・ア・ラゴやベッドミンスターに姿を見せては、無料でゴルフをプレイし、無料の食事を口いっぱいに頰張り、トランプや彼のセレブ仲間とつるんでいる。私はある日、ベッドミンスターでリンゼイと出くわしたが、彼はその部屋に泊まりたいからと言って、ホワイトハウスのスタッフを追い出していた。物乞い上院議員はプールサイドの席に座り、大きな笑みを顔に浮かべながら、提供されたごちそうをまるで独裁者のようにガツガツ食べている。そして気味悪く微笑んで、私に「すごくないか？　なあ、これが人生さ」と言った。それに私は、「そうね、だけどあなたの人生じゃないわ——大統領の人生なのよ」と内心考えたことを覚えている。そのときの彼の振る舞いは粗野で下品そのもので、その印象が私の脳裏にいつまでも残った。

二〇一七年四月、中国の代表団がマー・ア・ラゴを訪れることになった際、私は先遣チームのサポート役を務めた。公式訪問ではなかったものの、トランプ政権の発足以来初めてとなる、外国人の大規模訪問で、当然ながら大統領は、ウエスト・パームビーチにある自身の有名な地所に代表団を迎えたがっていた。しかし、そうするには多数の困難が予想された。その一つに、中国代表団をホワイトハウスのセキュリティの範囲外へと連れ出せば問題になりかねない、というものがあった。国務省は、それはプロトコルに反すると考えていたのだが、結果的に生じた輸送面の課題のおかげで、私はセキュリティ活動に携わるという魅力的な経験を初めてできた。

その訪問が正式に発表されるやいなや、ウエスト・パームビーチのホテルは街で行なわれる「中国人の結婚式」のために、いきなり予約で一杯になった。それはつまり、中国政府のスタッフの半数が、情報収集を試みるべく街に滞在するということだ。マー・ア・ラゴの各部屋でも、シークレットサービスが絶えず盗聴装置探しをすることになり、私も一度ならず、報道関係者に目を光らせるよう告げられた。中国人のカメラマンが、公式行事ではなく私たち全員のほうにレンズを向け、情報収集を試みることが予想されるからだ。

その訪問中、業務担当首席補佐官代理を務めていたジョー・ハギンが面白い意見を出した。二人の国家元首、つまりトランプと習近平が裸足で浜辺を歩く姿を撮ってはどうかと提案したのだ。そのアイデアはすぐさま却下された――ドナルド・トランプが誰かに裸足を見せることなど絶対にあり得ない。代わりに採用されたのは、大海原を背景に、プライベートクラブの芝生を横切る二組のカップルの愛情こもった写真というアイデアだった。

先遣チームによる活動が終わったあと、中国側のスタッフが私たちを昼食に招いた。しかし、それぞれ特定の席に着くよう主張したのが妙に感じられたし、同席した人物が私の個人情報を残らず知っていたのがわかってぞっとした。私だって、業務や社交の場で誰かの隣に座る際は、Ｇｏｏｇｌｅでざっと検索するけれど、その情報ははるかに深かった。同じテーブルに座る女性たちは、私の家族の名前、私がアリゾナでしていた仕事、さらには私が住んでいた通りの名前までも知っていたのだ。

公式訪問自体は順調に進んだ。トランプ夫人は音楽の専門学校に習近平夫人を案内したが、音楽こそ習夫人が大事にしていることだと私たちは聞かされた。マー・ア・ラゴで催された華麗なディナーでは、トランプ大統領が「あなたがたの誰も見たことがない、最高に美しいチョコレートケーキ」――実際のところ、それは確かに美味しく、サイズも大きかったけれど、平均的と言えばそれまでだった――を自慢しつつ、彼が一週間前に開始したシリアへのミサイル攻撃について話している姿を、私は目にした。これもまた意図的なことだった。この一件を地政学的な観点から見れば、大統領は中国人に力を誇示し、おそらくは脅迫したいと考えていたのだろう。

キャンプ・デイヴィッドはマー・ア・ラゴと異なる、より素朴な雰囲気の贅沢さをかもし出していたけれど、それは真に特別な場所だった。ホワイトハウスから車なら一時間、ヘリコプターなら二〇分の距離にあるキャンプ・デイヴィッドは、ドワイト・D・アイゼンハワーが孫のデイヴィッドにちなんで名付けた場所だが、彼はソビエトの指導者ニキータ・フルシチョフをここに招き、冷戦期の重大な会談を行なった。二つの主要な中東和平会談もここで行なわれた――一九七八年にはジミー・カーター、二〇〇〇年にはビル・クリントンによって。またリチャード・ニクソンはここにプールを設け、ロナルド・レーガンはイギリス首相マーガレット・サッチャーを招待した。ジョージ・W・ブッシュもトニー・ブレア首相をここに四回招いている。キャンプ・デイヴィッドは、大統領とゲストたちがワシントンの喧噪から離れ、自分自身になれる場所――少なくとも多少リラックスできる場所――なのだ。

私は幸運にもキャンプ・デイヴィッドを何度か訪れることができたけれど、かくも由緒ある場所に滞在することで、自分が小さく感じられた。キャンプ・デイヴィッドに居住し、そこで勤務する軍人たちは、大統領一家と上級スタッフに献身している。ここは静寂の中で執務にあたり、休息し、数日間メディアから逃れられる場所なのだ。また、大統領が報道陣を引き連れずに赴く唯一の場所でもある。その代わりに、大統領が到着するとカメラマンが一人待機している。あちこち写真を撮ることは許されておらず、大統領が無事到着したことを記録するのが目的だ。

私が初めてキャンプ・デイヴィッドを訪れたのは二〇一八年九月で、トランプ夫人の首席補佐官が一緒だった。私たちは近くへ赴き、キャビンや様々な会合の場所を残らず見ておきたいと思った。トランプ夫人がそこへいくと決めた場合に備えてのことである。大統領一家のキャビンは極めて「素朴」だが広々としており、専用のプールやゴルフ練習場が併設されている。私たちはそこを入念に調べるだけでなく、ゲスト用のキャビンも見た。それはどれも改修され、装飾が施されたばかりだった。ゲスト用のキャビンは美しく、コーヒーメーカーや化粧室の備品に至るまで設備がしっかり整っている。それぞれのクローゼットには多種多様なコートやスウェットシャツがあり、滞在中の訪問者が着用できるようになっているが、ここを離れる前に購入することも可能だ。私にとって、ゲスト用のキャビンで一番素晴らしいと思ったのは、一九六〇年代まで遡るゲストの滞在記録だった。それを見れば、このキャビンに泊まった人物と訪問目的がわかるようになっている。そこにはウラジーミル・プーチン、ヨルダンのアブドゥラ国王とラーニア王妃、ビヨンセ・カーターと娘のブルー・アイヴィといった名前が記されていた。そこを数度訪れたあと、記録書に自分の名前が載っているのを見ることになったが、その瞬間、自分も歴史の一部になったのだと実感した。

しかし、トランプ夫人はキャンプ・デイヴィッドを気に入っていないようだった。キャンプ・デイヴィッドの歴史に敬意を払ってはいるが、「素朴」や「野外の開放感」といった単語など、彼女のライフスタイルを表わすものではないし、これからも決してないだろう。彼女にとって自然と触れ合うとは、マー・ア・ラゴやベッドミンスターの自分専用のバルコニーに時おり座ることなのだ。

キャンプ・デイヴィッドはそうした感情に対し、できる限りの仕返しをしているように見えた。そこを最初に訪れたファーストレディーがシャワーの栓をひねったところ、出てきたのは氷のような冷水だった。大統領が温水を独占していたのだ。そうしたことは、トランプ所有の物件では起こり得ない。二度とそんな事態にならないよう、すぐさま温水ヒーターが設置された。しかし後の祭りで、ファーストレディーはそれ以来、キャンプ・デイヴィッドの存在を我慢こそしたけれど、決して気に入ることはなかった。

キャンプ・デイヴィッドの水事情については、大統領も問題を抱えていた。私たちがそこへ行くたび、彼は「軟水」について、そして水の出の悪さに文句をつけ、どちらも頭髪にとって悪く、すぐに髪を梳かすことができないと言い張った。頭髪をあの形に整えるべく、彼が毎日耐えている苦労を考えると、それも正当な不満のように思われた。完璧になでつけられていないドナルド・トランプの頭髪は見物だ。あの壮観でワイルドなたてがみを彼がどう整えているのか、正確に説明するのは不可能である。とは言え、櫛、ドライヤー、そして大量のヘアスプレーを使っているのは確かだ。大統領の頭髪は私が想像していたよりもずっと長く、端から端まで数インチ〔一インチは二・五四センチメートル〕はあっただろう。それを自ら巨大なはさみで切っていたが、もしかすると自分の物件のオープニングセレモニーでも、そのはさみでテープカットをしていたのかもしれない。

前述のように、大統領は水質と水圧に不満を持っていたが、それはシャワーに留まらず、化粧室についてもそうだった。彼はとにかく化粧室によく行く。そのため大統領の指示で、当時の業務担当首席補佐官代理だったダン・ウォルシュが、マー・ア・ラゴ、ベッドミンスター、そしてトランプタワーで採取した水のサンプルを持ってきた。そうすることで、スタッフは理想的な水の軟度／硬度を判断したうえで、キャンプ・デイヴィッドで——理想を言えばホワイトハウスでも——それを再現できるし、その後はトランプ・オーガナイゼーションが、彼のクラブ全体で同じプロセスを繰り返せるというわけだ。結局どうなったかはわからないけれど、水事情というのはこれほど大きなことだったのだ。

大統領がいつキャンプ・デイヴィッドを訪れても、スケジュールはほぼ同じだった。日中にいくつか仕事をこなし、それから一緒に夕食をとり、その後は映画。キャンプ・デイヴィッドの映画室は広々としていて、巨大で快適なリクライニングチェアが並んでいる。またポップコーンがいつでも用意され、命じればブランケットを持ってきてくれる。家で大家族と一緒に映画を観ているような感覚だ。大統領はいつもダイエットコーラとポップコーンを手に、最前列に座っており、その横にはキャンプの指揮官と彼の家族が座る。トランプ夫人が同席していた記憶はない。私がキャンプ・デイヴィッドで大統領と最初に観た映画は『サンセット大通り』だ。それまでに観たことがなく、また古い映画のファンではないから不安だった。大統領は夕食のときから興奮しており、私が観たことがないのを信じられずにいた。ここで認めなければならないが、私はその映画を大いに気に入り、トランプ大統領と映画の主人公、ノーマ・デスモンドとの類似に衝撃を受けた。ノーマはサイレント時代に活躍した元映画スターで、自分の見た目と、スクリーンへの復帰に取り憑かれている。そこにいたのは、誰もが自分を愛していると確信し、自身の生み出したファンタジーの世界で暮らす女性だった。とは言え、自分が彼女とどれだけ似ているか、トランプにはまったくわからなかったに違いない。それでも、私が映画を楽しんでいることにトランプは大喜びし、その後の年月の中で話題になることがよくあった。

その映画室で合衆国大統領と観た他の映画の一つに、エルトン・ジョンの半生を描いた『ロケットマン』がある。その夜のことで記憶に残っているのは、おそらく一二歳だったキャンプ司令官の娘が大統領の隣に座っていたことだ。その映画にはナイトクラブの乱交パーティーというひときわ猥褻《わいせつ》なシーンがあり、私は不安になった。両親とテレビを観ていたら、セックスシーンが映し出されたような感覚だ。映画が終わったあと、大統領は気に入ったかとその少女に訊いた。さらに、あのシーンの話を直接彼女にして、その場の雰囲気をさらに気まずくしたのだ。「あれはたぶん、君には早すぎたかもしれないな」もちろん、人で一杯の部屋の前で、彼女は困った表情になったけれど、トランプが相手ではよくあることだ。映画が終わった直後、大統領はいつものようにお休みを言い、「楽しんでくれ、みんな」と付け加えたうえで、キャンプ・デイヴィッドのバーであるシャングリラに私たちを追い払った。シャングリラでは飲み物や軽食を一晩中供しており、立派なゲームセンターだけでなく、キャンプ・デイヴィッドのグッズ売り場まであった。

映画の夜について私が何より驚いたのは、電話で話したり、ツイートを送信したり、テレビのチャンネルをあちこち切り替えたりしている場合を除き、決してじっと座っていることのない大統領が、映画の上映中は座ったまま夢中になっていることだ。大統領がリラックスして口数少なくなる、数少ない場面の一つだった。それはたぶん、一緒に観た映画がたまたま彼のお気に入りだったからだろう。あるいは、この世界を映画と見なしていたのが理由かもしれない。そこでは彼がいつもスターであり、映画の中の言葉こそ、彼に最もよく響く言葉なのだ。

5　トランプ外国に行く

旅とは、見知らぬ地をよろめき歩く華やかな感覚のことをいう。
――アンソニー・ボーディン

二〇一七年春、ホワイトハウスは大統領夫妻による初の外国訪問を発表した――五月二〇日から二七日までの八日間、サウジアラビア、イスラエル、イタリア、バチカン市国、ベルギーの五ヵ国を訪れるのだ。

この外国訪問は一大イベントであり、新大統領が世界各国の国家元首と会い、世界における合衆国の役割をどう見るかについて、新たな基本姿勢を打ち出す機会だった。トランプの「アメリカ・ファースト」政策はすでに多数の外国指導者を怒らせ、そして悩ませていた。場所とスケジュールという観点から言えば、今回の旅は華々しくも過度に野心的であり、移動計画の立案は厄介そのものだった。もう二度と、あんな思いはしたくない。

ファーストレディーと外国を旅した私は、彼女の人生観に一瞬で感銘を受けた。セルフケアが、彼女にとっては極めて大事だった。美を保つにはリラクゼーションが不可欠で、温浴療法や美顔術も当然そうだ。美しい品に囲まれ、快適に感じることが重要だと、彼女は考えていた。もちろん彼女には、それを可能にするだけの財力があり、国内各地にそのための施設を保有している。誰でもできることではない。長距離フライトのために飛行機に乗ったり、ホテルに落ち着いたりしたとたん、贅沢なローブに着替え、高価なスリッパを履くというのがその一例だ（私も今ではこの考え方に全面的に賛成で、できるだけローブを羽織るようにしている）。

しかし大統領のほうは、飛行機があまり好きではないようだった。いつものスーツとネクタイ姿のままでいることがほとんどで、時々ネクタイを外すことがあるくらいだ。機内で眠ることはめったになく、代わりに新聞を読んだり、仕事をしたり、スタッフのもとを訪れたり、テレビを観たりしている。言うまでもなく、ファーストレディーにその方面での問題はなかった。睡眠もまた、彼女のセルフケア生活の重要な一部なのだ。ホワイトハウスにいるとき、一〇時前に呼び出しがかかることはほとんどなかった。

就任したばかりの大統領夫妻に対し、外国訪問は緊張を強いた。トランプ夫妻は家にいるのが好きで、快適な生活が好みだ。私が覚えている限り、ワシントンDCにいるあいだ、二人がホワイトハウスの外で食事するのはトランプ・ホテルが唯一だった。大統領にはいつものメニューがあり、どこにいようとほぼ変わらなかった――ウェルダンのステーキ、チーズバーガーとポテトフライ、あるいはスパゲティとミートボール（そして、デザートとしてバニラアイス二個）。トランプ夫人の食事はそれより少しだけバリエーションに富み、はるかに健康的だ。スープ、フランスパン、オレンジチキン、そして魚料理が好物である。ともあれ、複雑で繊細な外国料理は二人の好みに合わないはずだ。

私はこれら五ヵ国を訪れたことがなかったので胸を躍らせ、同行できる特権を噛みしめていた。エアフォースワンに乗り、安全な車列で移動し、セキュリティの保たれたホテルに滞在する――これ以上に、そうした旅を経験する良い方法はないだろう。

大統領夫妻がホワイトハウスの敷地を離れるたびに仕事が山ほど生まれるので、外国訪問ともなればとてつもない量の作業と、移動関係の調整が必要になるのは想像できるだろう。大統領先遣チームのメンバーは訪問日のずっと前に現地を訪れ、その国の相手方と作業や交渉を行なう。それはシークレットサービスや様々なセキュリティチームも同じで、大統領とその使節団を守るべく、あらゆる措置をとってゆく。セキュリティ面で言えば、その確保が難しいことで悪名高い国もあり、シークレットサービスによる銃の持ち込みを許可していない国もいくつか存在するので、私たちが到着する以前から緊張が高まる可能性があった。

ワシントンＤＣに戻った私たちのスタッフはウエストウイングと協力し、トランプ夫人が大統領を伴って適切な行事に出席するだけでなく、単独訪問も行なうことができるよう、スケジュールの調整を始めた。極めて几帳面なプランナーであるトランプ夫人は、大統領のチームがリクエストする土壇場の変更を嫌っていた。その半分は大統領自身が原因であるにもかかわらず、あの人たちはいい加減でだらしないと、彼女は不満を漏らした。その後の数年間で、イスラエルのベンヤミン・ネタニヤフ首相やフランスのエマニュエル・マクロン大統領などの外国指導者たちは、先遣チームが事前に行なった交渉が気に入らなければ、大統領に直接電話すればいいと知るようになる。つまり、大統領を特定の行事に出席させるには、まず本人にリクエストするというわけだ。するとトランプ大統領は必ずと言っていいほど賛成してくれる。そうなるたび、業務チームや軍、シークレットサービスはてんやわんやになるのだが、スケジュールが一杯に詰まっていたり、車やヘリコプターなどの移動手段が不足したりしていても、大統領はお構いなしだった――私たちが現地に着くまでは。到着すると、大統領は自分が適当に賛成したスケジュールを見て、それがいかに込み入っているかを悟り、「非人道的」だと文句を言うのだった。

私が「ルックブック」なるものに初めて接したのは、この外国訪問のさなかだった。いつか着ることになる衣服のデッサンやプラン、およびアクセサリーのつけ方がぎっしり描かれたファーストレディーのルックブックは、ニューヨーク地区でトランプ夫人のスタイリストを務める才能豊かな男性デザイナー、エルベ・ピエールによって作成された。ソルボンヌを卒業するなど、パリで教育を受けたエルベはきらびやかな高級ファッションの道に進み、オスカー・デ・ラ・レンタ、ヴェラ・ウォン、キャロライナ・ヘレラといった世界最高のデザイナーの下で働くとともに、そうした人たちから学んだ。また他のファッションブランドを通じ、過去のファーストレディー三名の衣服を担当しているが、エルベとトランプ夫人とのあいだには長期にわたる関係があり、彼にとってもファーストレディーは特別な顧客だった。

エルベはおそらく月に一回、ニューヨーク市かホワイトハウスでトランプ夫人と会い、彼女のスケジュールを綿密に調べる。さらに、彼は試着用の衣服を持参しており、スタイルを整えたうえで、彼女が参加するすべてのイベントのファッションを決定する。そして、それぞれのファッションのスケッチや写真を私たちに送ってくれるが、上部には旅行や行事の日付、下部には衣服とアクセサリーの詳細が記されている。こうして、ルックブックは私の生活で大きな比重を占めるようになった。エルベはまた、デザイナーの出身地と、ファーストレディーが心変わりした場合の選択肢を記したメモもそれに加えた。ルックブックは私が仕事をこなすうえでも非常に役立った。たいていの場合、報道陣の口から最初に飛び出す質問は、「彼女が着ているのは誰の作品ですか?」だったからだ。スケッチそれ自体が美術作品で、私は今も、エルベがそれに捧げたであろう時間の長さに驚嘆している。そうしたファッションには細部への気配りが山ほど注がれていた。特定の国々ではどの色が攻撃的と見なされるか、着用するのがふさわしいデザイナーがその国にいるか、身体の特定の部分を覆うことについてどんなプロトコルがあるのか、などである。

トランプ夫人はルックブックに強く傾倒していた。これもまた、彼女がかつて所属し、知悉《ちしつ》していた世界の遺物なのだ。「彼女は自分の好みを知っている」トランプ夫人のスタイリング過程を説明しながら、エルベは言ったことがある。「今も昔も、とても気楽に会話できるんだ。元モデルの彼女は、ファッションのことを知っている。組み立てについての認識があるから、ドレスのデザインという点では同じボキャブラリーをすでに共有しているのさ」

エルベと働くのは本当に楽しかった。高級ファッションのデザイナーはきっとこうだろうと私が考えるものをすべて兼ね備えており、いつも陽気で前向きだし、それでいてとても慎み深い。彼とはすぐに意気投合した。私の知識のなさを一度も批判せず、色んなことを教えてくれた彼に私はいつまでも感謝する。ファーストレディーが着ているブランドのうち、私が知っていたのは三割くらいで、衣服のスタイリングや合わせ方については何も知らなかった。エルベと私のあいだには映画『プラダを着た悪魔』で見られる親密さがあり、絶望的なまでにファッションセンスがない人間の面倒を、才能溢れるデザイナーが見ていたのだ。エルベ・ピエールから「高級ファッション入門編」の講義を受ける前、トランプ夫人の隣に立つ自分の写真を見ていると、背筋に悪寒が走る。

外国でエアフォースワンを降機した際に経験するカオスは、筆舌に尽くしがたいほどすさまじい。それでも説明してみよう。スタッフであるあなたは時差ぼけ状態にあるが、航空機の後部通路を通って素早く降機できるよう、自分の持ち物を急いでまとめ、必要な身分証明書類を残らず集めるとともに、大統領夫妻が「ビースト」という名の大統領専用リムジンに乗り込むより早く、車列の中の自分の車を見つけなければならない。ファーストレディーチームの一員であれば、彼女のハンドバッグが確実にリムジンへと届けられ、すべての衣装バッグが航空機から無事降ろされるように、手はずを整える必要がある。その間ずっと、車列に急げと先遣チームにどやされるが、メインタラップの下では歓迎セレモニーが執り行なわれており、私たちの大半は急げという怒鳴り声にもかかわらず、立ち止まって写真を撮る。おそらくほとんど睡眠をとっておらず、しかもエアフォースワンの床で横になっていただけなのに、こうしたことが起きるのだ。機体そのものは素晴らしいが、スタッフ用の寝台設備は貧弱で、自分の身は自分で守らなければならないのである。

二〇一七年五月、サウジアラビアに着陸したときのことで覚えているのは、もうもうと舞い上がる埃、そして機内から現われたトランプ夫人の姿である。彼女が着ていたのは、私が最も好きな一着だった――そして、そこには深い意味がある。大統領がいつものダークスーツ、白いワイシャツ、そしてモノカラーの長すぎるネクタイという出で立ちなのに対し、彼女はステラ・マッカートニーの黒いジャンプスーツと、イヴ・サンローランの巨大な金のベルトを選んだ。私はその姿に息を呑んだ。メッセージを送っているという点では完璧だ――敬意、エレガント、そして同時に、自分を見よという要求。女性が大衆の目から隠されている国において、これは重要なメッセージだった。

車列は埃と砂を巻き上げながらリヤドの通りを疾走した。ハイウェイの両側には、合衆国大統領とサルマン・ビン・アブドゥルアズィズ国王の写真が数フィートおきに並んでいる。最初に立ち寄ったキング・アブドゥルアズィズ会館では、公式の会談と顔合わせが行なわれた。建物の内部は華麗な装飾が施され、色鮮やかな天井から水晶のシャンデリアがぶら下がり、背の高い列柱や壮観なアーチが至るところに建っている。この建物の隣にはリヤド・リッツ・カールトンが所在していたが、私たちの訪問のわずか数ヵ月後には「黄金の監獄」として知られることになる。ムハンマド・ビン・サルマン王太子が自らの力を誇示すべく、富裕層やかつての有力者を数百名、そこに投獄したのだ。

しかしその日は、王族が着る伝統的なサウジ衣装に身を包んだ男性たち、それに政界関係者で部屋は一杯だった。みな大統領に会おうとここへ来たのだ。ちなみに白いローブは「トーブ」、頭に巻く赤と白の格子模様のスカーフは「シュマグ」という。

使節団の全員にそれぞれ席が割り当てられていた。私には諮問評議会メンバーの隣の席が割り当てられ、その人物と女性の権利や彼の妻たちについて率直な会話を交わした。自分には複数の妻がいるが、その一人ひとりがそれぞれの個性とアイデンティティを持っていると、彼は誇らしげに言った。それに気づいたのは立派なことだ。また、この国は女性により多くの自由を付与しており、自分もそれを支持しているとも言った。私はそうした発言を聞きながら、ＡＰ通信の記者にホワイトハウスで撮影されたのと同じ表情を浮かべた。「あなたを信じていいかどうかわからない」という表情だ。しかし、彼は真剣なように思えたし、私としては彼の言うことを信じたかった。とは言え、私に何がわかるだろう？　サウジアラビアは女性にとって過酷な場所なのだ。

そこに座ってそうした会話をしていると、現実とは思えない感覚に襲われた。サウジアラビア人の理想の一端を知り、理解したいと心から思う一方、率直になりすぎず、プロトコルで定められたすべての規則（左足の靴底を見せない、身体のできるだけ多くの部分をスカーフで覆う）を遵守しようと気を配る。

大統領とファーストレディーが室内に入ってきたとき、私はやはり彼女の外見に驚嘆した。だが今回、彼女がいるのはサウジの有力者が居並ぶ一室であり、彼女こそが室内を支配していた——独立したアメリカ人女性が、すべての男性の注目を集めている光景だ。彼女と大統領は部屋の最前列の席に着き、その隣には国王と王太子が座る。すると、私はあることに気づいて驚いた。ジャレッドとイヴァンカもそこに座っているではないか。それは奇妙なだけでなく、極めて不適切だ。ジャレッドが王族と緊密なつながりを持っていることは知っていたが、詳しいことは知らなかった。彼らがスタッフとしてそこに座っているなら、他の上級スタッフ、特に首席補佐官はどこにいればいいのか？　大統領の子息としてそこに座っているなら、トランプ家の残りのメンバーは招待されているのか？　それはとても考えられない。後に、スタッフと家族の境界がぼやけ、その時々で自分たちに一番有利なことを望むという「ジャヴァンカ」現象が絶えず問題となるが、私は初めてそれを直接垣間見た。私にとってイヴァンカは、ふさわしいと思えばいつも、自分の注意を引いた問題について上級スタッフとして扱われることを望み、大統領の娘だからと退けられるのを嫌っているかのように見受けられた。だが別のときには、それと正反対の態度をとるのだ。

二〇一七年三月の終わりごろ、大統領アドバイザーという自身の立場が非公式なものから公式なものに変わったあと、イヴァンカはCBSのゲイル・キングとのインタビューに臨み、自分の言うことを真剣に捉えてもらいたいと明言した。「自分が政権のどこで戦力になれるのか、父を支え、最終的にはこの国を支えるにはどうすればよいかを突き止めたいんです」と、彼女はキングに言ったうえで、これから焦点を当てる特定の問題をいくつか挙げた。「民間人だったころにしていた権利向上のための活動を続け、女性の経済力上昇を後押しします。私は教育の役割に強く注目しているんです」

しかし、彼女は今回も針に糸を通そうとしていた。「私はやっぱり、父の娘です」そう言って笑みを浮かべると、「自分が強い関心を持つ問題について、父と話し合うつもりです」と付け加える。「政権にとって、そして最終的にはこの国にとっての戦力」と「父の娘」という、本来ははっきりしている境界線が曖昧になっていたが、私たちはみな常にそれをはっきりさせようとしていた。言い換えれば、彼女は二股をかけようとしていたのだ。自分のイメージを輝かせるような問題があれば、公式スタッフとしてそれに関与する。しかし、大統領が巻き込まれている論争の中で距離を置きたいものがあれば、大統領の娘として振る舞うだけなのだ。

自分の望みがかなえられず、「父」――彼女はオーバルオフィスの大統領をそう呼んでいた――に文句を言いに行くこともあった。成人した子どもたちはみな、大統領のことをそのように言っていた――「父がそう言ってたわ」とか、「父さんにそう言ったよ」とか。プロトコルの問題を別にすれば、それは大統領とファーストレディーを完全にないがしろにする行為だった――自分たち以外の誰かを重視するなど許さない、とでもいうように。

私はその時点ですでにトランプ夫人のことをよく知っており、彼女が苛立ってはいるものの、驚いていないことは見て取れた。トランプ夫人がジャヴァンカの出しゃばりに腹を立て、戦ってきなさいと私たちに求めることがあると思うと、肩をすくめて「どうしようもないわ。どうせ何も変わらないから」と口にし、私たちに放っておくよう命じることもあるという、不規則なサイクルがここから始まった。そして、この旅のこの場面では、後者の結果になった。ジャレッドは、おそらくファミリービジネスのつながりの賜物だろう、サウジアラビア人と奇妙なまでに近い関係にあり、メラニアとしては文句を言っても意味はないとわかっていたのだ。

妻と娘のあいだで繰り広げられる神経戦に、大統領は気づいていない様子だった。あるいは、私たち全員にそう思い込ませようとしていた。私が大統領の下で働いていた期間中ずっと、彼はイヴァンカとメラニアの緊張関係に気づいていることを一度もほのめかさなかった――私と大統領は何でも話し合う関係だったのに。後に知ったのだが、大統領が言うところの「君は俺の子どもたちを嫌っている」という事実について、大統領とファーストレディーのあいだで口論になることがたまにあったという。しかし私の印象では、そうなることはめったになかった。大統領はほとんどの場合目をそらしている、というのが私の考えだ。二人の女性、メラニアとイヴァンカはいずれも彼にとって重要な存在であり、どちらかの肩を持つつもりなどなかったのだ。そのため何も見なかった振りをしたのだし、彼女たちのほうも賢いから、大統領にプレッシャーをかけすぎる真似はしなかった。メラニアとイヴァンカの駆け引きは紛れもない事実であり、それが演じられるのを私は何度も目にした。そう、何度も何度も。

スタッフの滞在費用はサウジアラビア政府が負担しており、ルームサービスのメニューに載っているものは何でも注文していいと私たちは言われていた。だが、こういったことが許されたのはこれが最初で最後だった。規則違反だと判明したからである。結局、国務省がスタッフの滞在費用を負担することになったのかどうかは知らないけれど、そうしていると思う。当時の私たちは、それが禁止されているということも、受け取った贈答品はすべて報告し、その価格を評価すべく提出しなければならないということも知らずにいた。いや、たぶん気にしていなかった。ちなみに価格を評価したあと、私たちにはそれを購入するかどうかの選択肢が与えられる。最終結果がどうなったのか、それが本当なのか、私にはわからないが、ジャレッドと彼のスタッフがロレックスの時計、装飾用の剣、それに様々な織物を贈られたという話を聞いたことが、今も記憶に残っている。

滞在中にトランプ夫人が学校訪問に向かった際、私はサウジアラビアのカメラマンと大立ち回りを演じることになってしまった。そのカメラマンは立ち位置についての指示を女性——つまり私——から受けるのが嫌だったらしく、憤然とその場を出て行った。また、あるとき一人で外を歩こうとしたところ、それはよくないことだとすぐに悟った。ホテルの外に足を踏み出し、駐車場を横切ってコンベンションセンターに向かおうとしたとたん、制服姿の男性五人に取り囲まれた。彼らはホテルを指さし、中に戻れと告げている。何が起きているのかまるでわからなかったが、幸い私たちのシークレットサービスの一人が私に気づき、行かなければならない場所までエスコートしてくれた。これら二つのエピソードのおかげで、私たちがアメリカで享受している自由のありがたさを実感できた。

その日遅く、大統領は湾岸協力会議で演説した。だがこれは、私がファーストレディーに代わってささやかな反逆を行なう最初の舞台となった。私はトランプ夫人にきちんと説明できるよう、ステージと、彼女が座ることになっている場所を見に行った。すると程なく、イヴァンカの席がその後ろ、演壇に立つ大統領の左側で、ジャレッドがイヴァンカの隣に座り、トランプ夫人は右側であることがわかった。これではファーストレディーよりもイヴァンカのほうが写真に入ることになると、私はすぐに気づいた。これはイヴァンカの希望なのか、それとも何気なく決められたのか？　先遣チームのスタッフが知らされているかどうかはわからない。だが、どっちでもいい。この外国訪問で、ジャヴァンカは何度も割り込んできていたが、ともかく他の上級スタッフと一緒に聴衆側に座るべきなのだ。そこで私はすぐさまステージに登り、名前の記されたカードを動かした。

小賢《こざか》しいとは思ったけれど、その小さな行為が終わったあと、私はそれをトランプ夫人に打ち明けるべく、控え室に赴いた。ジャレッドとイヴァンカが二人ともそこにいたので、化粧室に来てほしいとファーストレディーに伝える。そこの腰掛けに座るよう私から言われた彼女は、不思議そうな顔をしている。それはそうだろう。そして私は声を潜め、カードのことを話すとともに、ステージに登った彼女がどこに座ってほしいかを告げた。イヴァンカを出し抜こうとする私の努力に耳を傾けながら、彼女は微笑んでいた。私がイヴァンカにしたことではなく――先に記したように、イヴァンカは彼女にとって人生の現実なのだ――、自分のために目配りし、こうした状況で何が正しいかを理解しているスタッフを抱えていることに笑みを浮かべたのだ。「右側の席ね？」と確認した以外、トランプ夫人は多くを言わず、話はそれで終わった。

私は座席カードが並び替えられていないことを確かめるべく、ステージに戻った。現場の様子を眺めていると、大統領の付き人であるジョン・マッケンティーが近づいてきた。ジョンは当初から大統領の側におり、最後の最後まで忠誠を尽くした。私は彼のことを友人だと思っていたけれど、ホワイトハウスでの最後の年に大きく変わることになる。長身のジョンは色が黒くハンサムで、上司が言うには「配役部門から直行してきた」男だった。「フェイスパウダー持ってる?」彼は私にそう尋ねた。自分の顔が「テカっている」と、大統領が思っているらしい。ところが、いつもの備品をジョンは持参していなかった。トランプの日焼けした(あるいはオレンジ色の)顔つきについてコメントする多くの識者は、ホワイトハウスに日焼けマシンがあるのだと思い込んでいた。だが、そんなものはないし、私はやがて真相を知る。大統領の見た目は、これからテレビ番組に出演するかのように、毎朝顔に塗るメイクによって作られていたのだ。ある意味では、出演していたのかもしれない。

大統領に自分のメイク用品を使われるのがどんな感覚なのか、私にはよくわからなかった。そしてすぐ、コンパクトが汚れていることに不安を感じた。バッグからパウダーを取り出したものの、これは使用済みだとジョンに説明した。そんなもの、潔癖症の大統領が使うはずはない。しかし、ジョンは笑みを浮かべ、「大丈夫だよ。君は十分きれいだから」と、妙なことを口走った。正直に言えば、政権発足以来最も重要な演説の一つで、合衆国大統領が自分のメイク用品を顔に塗っていることに、私は興奮を覚えた。

五月二二日、私たちはサウジアラビアを離れ、次の訪問地イスラエルに向かった。到着するとすぐ歓迎セレモニーで迎えられたのだが、大統領がその後四年間、このセレモニーのことを口にするほどの素晴らしさだった。エアフォースワンのタラップの下から赤いカーペットが延びていて、ルーベン・リブリン大統領やネタニヤフ首相をはじめとする人々が壮麗なステージまでずらりと並び、トランプ夫妻を出迎えようと待ち受けている。またその中には、旗を持つイスラエル軍の軍人もいる。アメリカとイスラエル両国の国歌が演奏される中、タラップの下に立った全員がその旗に迎えられた。そして大統領が歩きだすと、楽団は行進曲に切り替えた。まずリブリン、次いでネタニヤフと歩きながら、大統領は歓迎演説の舞台へと向かってゆく。そこには大統領が愛し、ファーストレディーが賞賛する華やかさと、整えられた状況があった。

悪名高い「平手打ち」事件が起きたのもこのときである。トランプ夫妻の結婚生活に関する果てしない臆測の原因となった事件だ。二人が赤いカーペットの上を一緒に歩いている途中、トランプ大統領が夫人の数歩先を行くことがあった。その際、大統領は左手を後ろのほうへ少しだけ伸ばした。どうやらトランプ夫人の右手をとろうとしているかのようだ。すると彼女は立ち止まることなく、歩き続けたまま手首をさっと動かし、それを払いのけたように見えた。イスラエルの『ハアレツ』紙がズームアップしたスロー映像をツイートしたが、それはあたかもジョン・F・ケネディ大統領の暗殺場面を再生しているかのようだった。そのとたん、世界中のメディアが一気にそれに飛びついた。『ヴァニティ・フェア』誌は「夫の手を払いのけるメラニア・トランプ、世界中が目撃」という見出しの記事を掲載し、イギリスの『インディペンデント』紙も「メラニア・トランプが大統領の手を払いのけたのは、子ども扱いされるつもりはないというメッセージであると、ボディランゲージの専門家が語る」という記事で独自の説明を加えた。

政権発足以来、メラニアは基本的に夫の人質であると、大統領を批判する人たちは一様に確信していた。魅力的な外国生まれのモデルがトランプと結婚したのは金が目的で、折に触れて夫を軽蔑していると、彼らは信じ込んでいたのだ。この仮説を支持すべく攻撃ネタが果てしなく生み出され、その中には、夫に背中を向けられた瞬間、トランプ夫人が大統領をにらみつけたように見えたという、就任式での印象深い一コマもあった。「平手打ち」事件もまた、メラニアがドナルドを憎んでいて、彼に触れられるのさえ耐えられないことの新たな「証拠」だったのだ。「フリー・メラニア」はソーシャルメディアを席巻するスローガンとなった――ひとたびメラニアが、自分を夫に縛りつける悪魔との取引から解放されれば、夫のことを公に非難するはずだという期待がそこには込められていた。

ところが、真実はそれほど面白いものではない。真相を知りたい人のために言っておくと、その日トランプ夫人が夫の手を「平手打ち」したのは、こうした正式なセレモニーの場で手をつなぐことはプロトコルに反していると考えたためだ。メラニアは規則を守る人であり、時には度が過ぎることもあるけれど、大統領もそのことは知っていた。カメラの前で彼女にちょっかいを出そうと、彼女の手を握ろうとしたり、いたずらしようとしたりすることもよくあった。私は面白いと思ったけれど、報道関係者は私からその説明を聞かされたときでさえ、まるで納得していない様子だった。「フリー・メラニア」の呼び声を簡単に打ち破ることはできなかったのだ。

イスラエルでの主要な訪問先として聖墳墓教会があり、それから私たちは西の壁、すなわち嘆きの壁を訪れた。それは信じられない体験だった。嘆きの壁の歴史は紀元前二〇年ごろに遡ると考えられており、ユダヤ教の最も神聖な場所である神殿の丘の西端に位置している――それゆえ「西の壁」という名が付けられたのだ。壁の両側は性別によって分離されており、そのため大統領とファーストレディーはそれぞれの側へと同時に近づき、巻物にした手書きの祝福の言葉を、伝統に従って壁の奥深くに置いた。ファーストレディーは自分の英語に自信がなかったからだろう、祝福の言葉を記してほしいと、エアフォースワンの機内で私に頼んでいた。

残念なことに、その日はイヴァンカも壁を訪れ、そこにいるというアピールを当然ながら行なったので、トランプ夫人は機嫌が悪いように見えた。何かに腹が立ったところで、メラニアが長々と罵倒することは決してない。目を回しながら「彼女も壁にいるのを見た？ いつもいるのよ。適切じゃないわ」と短く言うだけだ。そして、「あなたが苛立つのももっともで、彼女がいるのは適切ではありません」という私の返事を待つのだった。イヴァンカはユダヤ教徒なので、そこを訪れたいという思いは私も尊重するけれど、テレビカメラがある限り、彼女はどこにでも行く人間なのだ。

その時点で、私もイーストウイング・チームの他のメンバーと同じく、イヴァンカの振る舞いにうんざりし始めていた。彼女はいつも、本来は大統領とファーストレディーが被写体となるべきマスコミのカットに映り込もうとしていた。これもまた、クシュナー夫妻が自分たちを大統領夫妻と同列に置こうとした実例であり、実に見苦しかった。この一件は、トランプ夫人にとってはプロトコルと規則の問題、私たちスタッフ全員にとっては、ファーストレディーが自分の役割を果たし、威厳と品位をもってアメリカ合衆国を代表していることを国民に示すという問題だった。その日がクシュナー夫妻にとって重要かつ感動的な体験になったのは間違いないけれど、カメラが回っている中、大統領とファーストレディーの横に並んで訪問する必要などなかったのだ。目立たずに壁の前で時を過ごすこともできたはずだし、そうすべきだった。義理の娘に対する苛立ちを私も共有しているのを知り、トランプ夫人は安心している様子だった。やがて彼女は、イヴァンカに密かにつけている「お姫様」というあだ名を私に打ち明けるまでになった。その後、彼女が山のように蓄えていた文句の一つ――「お姫様はいつだって父親のもとに駆け込むのね」――を、私は何度も耳にした。

私たちのほうも、ジャレッドとイヴァンカにつけたあだ名をファーストレディーにこっそり教えた。対象が何であれ、二人は専門家として振る舞っているように思われた――ジャレッドはメキシコとの交渉や壁の建設で主導権を握り、イヴァンカは突如として、世界中の女性の権利と自立に関する権威になった。しかし、自分が何をしているのか、彼らには見当もついていなかったのだ（付け加えておくと、私たち全員もそうだった）。クシュナー夫妻はあらゆることに手を出し、早熟で自分のことしか考えないこともあったので、私たちイーストウイングの人間は二人のことを「インターン」と呼び、そのあだ名が定着した。トランプ夫人も面白がり、そのあだ名を使うことが時おりあった。

　五月二三日、私たちはイスラエルを離れてローマに向かった。大統領とファーストレディーはそこで教皇フランシスコと会談することになっている。カトリックであるトランプ夫人は旅のその部分について大いに胸を躍らせており、念には念を入れて衣服を選んだ——ドルチェ＆ガッバーナの、白と黒のシングルコートを基調に、それに合うドレスとパンプス。頭にはD＆Gシャンティのレースでできたマンティラを被っている。

　教皇への謁見は貴重かつ特別な機会であり、私たちのチームに数多くいるカトリックの人たちはこれをとても重視していた。当然ながら、私たち随行団の中でバチカンへの立ち入りを許されたのは数名で、教皇と面会できるとなるとその数はさらに少なかった。上級スタッフであるというだけでなく、敬虔なカトリックでもあったショーン・スパイサーは、同席を許可してもらえるのではと期待を抱いていたが、それは裏切られた。それどころか、今や私の生活につきまとう一幕になっていたけれど、カトリックでも何でもないジャレッドとイヴァンカ、つまり「インターン」たちがショーンの代わりに謁見し、その間彼は外のバンで待たされた。この一件に私は心から激怒した。信仰心が篤いショーンこそ、その特別な機会にふさわしい。それでも、彼は文句一つ言わず、誰か自分のロザリオを持ち込み、祝福を受けてほしいと頼むだけだった。ショーンはジャレッドとお姫様に腹を立てていたのだろうか？　たぶん、そうだろう。腹を立てていたに違いない。とは言え、彼は温厚な人物だし、そのころには大統領と微妙な関係にあるように見受けられたので、敵を作る余裕はなかったはずだ。特に、あの二人を敵に回すことはできない。全体的に訪問は成功で、教皇フランシスコとトランプ夫人とのあいだで屈託のない会話が交わされるほどだった。教皇はファーストレディーに、「大統領にポティツァを食べさせていますか」と訊いた。ポティツァとはスロベニアのよく知られたデザートだ。だがトランプ夫人は、教皇が何を言ったか確信を持てず、「夫にピザを食べさせていますか」と、教皇に訊かれた――ちなみに、彼女はそんなものなど食べさせたことはない――と思い込んだのだが、通訳者を介したやり取りのあと、みんな声を上げて笑った。

教皇への訪問が終わったあと、大統領とファーストレディーはそれぞれの単独行事に向かい、ファーストレディーと私たちのチームはバンビーノ・ゲス子ども病院を訪れた。その病院はイタリア初の小児科病院であり、一九二四年に教皇庁に寄贈されて教皇の病院となった。私たちが案内された病室は、様々な病気を抱えた子どもたちで一杯だったけれど、トランプ夫人は子どもたちを元気づけ、さらには彼らとイタリア語で話した（彼女は英語、スロベニア語、フランス語、ドイツ語、イタリア語の五ヵ国語を話せる）。私たちはこの病院のＩＣＵも訪れたが、そこで受けた衝撃は想像をはるかに上回るものだった。医療スタッフとともに部屋へ立ち入るのを許されたのはトランプ夫人と私だけで、いったん入るとその理由がわかった。子どもたちは重い病気にかかっていて、その多くはあまり長く生きられないだろうと思われた。ＩＣＵに収容されていたのは一〇名ほど。トランプ夫人はその一人ひとりに近づき、彼らの病状を聞きながら一緒に時を過ごした。子どもたちに対するトランプ夫人の本物の温かさと思いやりを見た瞬間だった。彼女はいつも子どもたちに優しく、一つひとつの訪問を真剣にこなしていたけれど、今回の訪問が彼女に深い影響を与えているのは私にも見て取れた――私のほうを一度も見ようとしないのが妙だったが。

最後に訪れたのは慢性的な心臓疾患を抱える幼い男の子だった。予後が悪く、家族と一緒にドナーを待ちわびていた。年齢は一〇歳くらいだが、見た目は五歳児のようだ。筋肉を動かすのも大変な苦労を伴い、何も話さない。トランプ夫人はしばらくのあいだ、その子のそばに座った。物語を読み、話しかけ、おかしな顔をし、両手を握る。病状と、考えられる結果を医者から聞いたあと、私の目に涙がこみ上げてきた。しかし、その子と一緒にいるトランプ夫人の姿を見て、私は感情を抑えきれなくなり、落ち着きを取り戻そうと部屋の外に出た。あとになり、あなたが感情的になるのを見てしまったと、トランプ夫人は私に言った。「あなたが泣きそうになるのを見たの。だから、あなたから視線を外したのよ。だって、私もきっと泣いてしまうから。それに、子どもたちのために強くならなきゃね」自分も強い感情に襲われることがあるということを、トランプ夫人が私に話したのはこれ一度きりだった。そして私は、彼女の内側にそうしたものがあることに驚き、同時に安心した。

病院への訪問が終わってブリュッセルに向かう途中、チームの全員がその病院のことと、そこで起きたことについて話し合った。私たち一人ひとりが、何らかの形で自分に影響を与えた人物を見た、または会ったというように。ファーストレディーが長い時間を一緒に過ごしたその少年に心臓のドナーが見つかったと、私たちは着陸後に知った。これは奇跡だと、私は心の底から確信した。トランプ夫人はまず教皇に会ってから、長いこと待ち続け、残り時間があまりないあの男の子に会った。そして突然、男の子に心臓が与えられたのだ。この一件は今日に至るまで、ホワイトハウス時代の最も深遠な瞬間、何より素晴らしい瞬間の一つとして私の記憶に残っている。

ブリュッセルを訪れたあと、私たちはシチリア島のタオルミーナで開催されるG７サミットへと向かった。私が今まで訪れた中で、一番気に入っている場所の一つだ。こぢんまりとしていて古風なこの町は、石畳の通りとかわいらしい商店が特色だが、何より素晴らしいのは非の打ち所のないイタリア料理だ。山の中腹から見る海の風景は息を呑むようで、単なる地理的な位置を「ロマンチック」と形容してもよい理由が理解できた。

二〇一七年五月二六日金曜日、私は初めてＰＲ上の大失敗を経験した。その日の大統領夫妻の予定として、カターニアのエレファント・パレスへの訪問があった。信頼できるエルベのルックブックのおかげで、トランプ夫人が何を着ようと考えているかはわかっている。そこには写真付きでコートのスケッチがあり、その隣にはエルベによる説明が記されていた。「ドルチェ＆ガッバーナの、全体的に刺繍の施されたコクーンコート。シルク製の色とりどりのフラワー付き。その下にはＤ＆Ｇのバニラ色のフローラル・ジャカードドレス。および、それにふさわしいバニラ色のパンプスとハンドバッグ」その説明とエルベによるスケッチは、実物のコートの写真よりもはるかに魅力的だった。私から見ると、そのコートは祖母が着るジャケットのように思われたのだ。しかし、それをまとうメラニア・トランプの姿をこの目で見ると、やはり驚嘆せざるを得なかった。

パレスに向かうべくヘリコプターに乗り込む際、トランプ夫人はジャケットを脱いだ。機内は混み合っており、ジャケットのフラワーを台無しにしたくなかったからだ。結局そのジャケットは私の膝に置かれたのだが、その重さにびっくりした。こんなものを着て快適なのか、吹き出す汗をどう我慢するのかと、ファッションについて初心者の私は不思議に思った。ファッションとはこういうものなのか。

歓声を送る群衆に出迎えられる中、トランプ夫人はあの花付きの重たいコートを「さりげなく」肩にかけながら、群衆に笑みを浮かべて建物の中に入った。大統領夫妻がレセプションに加わり、その後ランチをとるあいだ、私は他のスタッフと一緒に外側の一室で待機していた。フランス人の「紳士」による挑発的な誘いの言葉をかわしていると、マスコミからの問い合わせが入り始めた。それらはみな、あの重たいジャケットの値段についてのものだった。値段は五万一五〇〇ドルとのことだが、心臓移植を受けたあの男の子への訪問を含む、各地への訪問と旅程のあと、それはマスコミの耳目を引いた。

「金曜日、イタリアのシチリア島に姿を見せたトランプ夫人は、平均的なアメリカ人家族の年収に相当するものを肩にぶら下げていた」と、『USAトゥデイ』紙は非難している。CNNも、「トランプが今回の外国訪問全体で着用した中で、最も高価な物品」と執拗に報道した。少なくとも、CNNは値段を正しく把握していた。他のほとんどの報道機関は、怠慢にも五万一〇〇〇ドルに切り下げていたのだ。しかし、『ワシントン・ポスト』紙のファッションライターであるロビン・ジヴハンはトランプ夫人の味方についた。「衣服は非常にシンボリックなものになることがある」と、彼女は指摘する。「そして、シチリア文化に大きな影響を受けたイタリアのブランド、ドルチェ&ガッバーナを、シチリア島を訪れるトランプが選んだのは意味が通る」そのうえで、彼女はこう付け加えた。「なお率直に言わせてもらえば、あのフローラルコートは美しい」

まず何より、自分の膝に載っていたあの馬鹿重く、おそらくは暑苦しいコートが家の値段とほぼ同じなんて、私はまったく知らなかった。なお悪いことに、トランプ夫人が今回の旅で行なった素晴らしい仕事や興味深い物事が、一切なかったも同然になってしまった。私たちは確かに過ちを犯したけれど、勝利を収めるなんてしょせん無理だと感じられた瞬間だった。ミシェル・オバマやローラ・ブッシュが麻袋に身を包んで歩き回るのとはまるで違う。トランプ夫人の場合のように、二人の衣服が他の記事を吹き飛ばしてしまうなんて考えられない。ジヴハンは記事の中で、ミシェル・オバマは五四〇ドルの靴を履いてフードバンクを訪れたことがあると記したうえで、「デザイナーズブランドのスニーカーと、国内の特定の場所なら家を買えるほどのコートとのあいだには、大きな値段の差があるものの、大事な点はどちらも同じだ。つまり、ファッションの恥である」

衣服のことでファーストレディーを非難するのは気楽で怠惰な報道だが、それはいつも、視聴率を上げようとトランプ一家の攻撃ネタを必死に探し求めるテレビネットワークで、大きな注目を集めるのだった。当然ながら、衣装に関するこのミスを懐かしく振り返る日々がやって来る。事態がますます悪化してゆくからである。

6　首席補佐官二号

些細なことであっても、厳しくなければならない。
——ジェイムズ・ボズウェル

二〇一七年七月二八日、国土安全保障長官を務めるジョン・ケリー将軍を大統領首席補佐官に任命したと、トランプ大統領はツイッターで発信した。退任する首席補佐官について、大統領はこう述べている。「国家への奉仕と献身に対し、私はラインス・プリーバスに感謝したい。我々は一緒に多くのことを成し遂げ、私は彼を誇りに思う！」

現実はもう少し過酷だった。ロードアイランドを訪れた大統領はスピーチを行なったが、私たちはそこからワシントンに戻ったばかりだった。車列をなして走るスタッフ用のバンの中に座っていると、そのツイートが表示され、私たち全員、つまりトランプによる初期の粛清の生存者のあいだで噂話が始まった。大統領専用機から降りて車に乗り、ファンファーレも何もなく走り去ってゆくラインスの姿を、私は眺めた。それで終わり。彼はおよそ半年間にわたり、ワシントンで誰もが欲しがる最も強力なポストの一つ、大統領首席補佐官を務めていた。続いて降機した大統領は主翼の下に立つと、ラインスが行なった仕事を短く褒め称えたうえで、ジョン・ケリーがいかに素晴らしく、強力な人物であるかに話題を移した。「ジョン・ケリーは素晴らしい仕事をしてくれるだろう。彼はスターで、とてつもない仕事をやり遂げ、みんなに尊敬されている、偉大な、偉大なアメリカ人だ」私もこのころには大統領のことをよく知っていたので、「そうね、どれだけ続くか見てみるわ」と思った。ラインスが実質的にはツイートで解任されたことについて、ケリー将軍は不安を感じていないのか？　他の多くの人と同じく、自分にそんなことは起こり得ないと考えていたのだろう。

当時、ケリー将軍のことはあまりよく知らなかったけれど、虎視眈々と獲物を狙うマスコミのあいだをラインスが引きずり回され、タイヤから空気が抜けていくかのごとく、大統領の信頼を徐々に失っていく様子を、私はつらい気分で眺めていた。だからこそ、私たちの全員がリーダーの交代を歓迎した。そして率直に言わせてもらえば、「トランプ側近」はこの解任劇を、「ＲＮＣ出身者」を排除する好機と見なしていた。ラインスがあっさり解任されたことは、残るＲＮＣ出身者の多くにとって不意打ちであり、当然ながら不安を感じていた。

事実、ラインスのお気に入りだったショーン・スパイサーはすでに辞任していた。「自分たちの父」の政権がマスコミに不評だと判断したジャヴァンカが、アンソニー・スカラムーチを広報部長として引き込もうと手配している旨の報道が原因らしい。この企みがうまくいったわけだ。だが「ムーチ」の在任期間は一一日間で終わった。『ニューヨーカー』誌の記者と、オフレコとオンレコの両方で長たらしい罵倒づくしの会話が行なわれたあと、解任されたのだ。ムーチは流れ星のように、一瞬明るく光ってから消え去り、後任にはホープ・ヒックスが就任したが、彼女は賢明にも、自分の肩書きにずっと「臨時」の一語を加えていた。ちなみにショーンの穴を埋めたのは、私のマスコミ時代からの旧友にして同僚であるハッカビー・サンダースだった。

なお、記録のために言っておくと、トランプ政権の発足から七ヵ月足らずで、私たちはすでに二名の首席補佐官、二名の国土安全保障長官、三名の広報部長、二名の報道官、そしてその他諸々のスタッフを迎えていた。

ケリー将軍がホワイトハウス入りしてからわずか数週間後、厄介で、侮辱的で、言葉を失う最初の大失敗の一つに、私たちは見舞われた。二〇一七年八月、バージニア州シャーロッツヴィルで南部連合〔アメリカ南北戦争の際に、合衆国を脱退した南部諸州が結成した連合。騒乱の原因となったのは、南軍総司令官だったロバート・E・リー将軍の銅像〕の像の撤去を巡り、支持者と反対者のあいだで騒乱が発生したあと、トランプは「双方の」暴力行為を非難する声明を発表した。問題は、暴力行為の大半が南部連合支持者によって行なわれ、そこに白人至上主義者やその他の憎しみに満ちた差別主義者が含まれていたことである。その後トランプタワーで行なった発言の中で、トランプはそのコメントを再度強調した――その光景に、ケリー将軍は両手で顔を覆った――が、それはすぐさま、トランプは差別主義者であり、世界中のデービッド・デューク〔米国の白人国家主義者〕に向かってウインクし、うなずいたのだという言説を生んだ。この論争のさなか、彼は南部連合支持者たちを「とても立派な人々」と呼んだようである。そんなことを言うなんて馬鹿げているが、その後トランプは頑なになり、その発言を撤回しようとしなかった。時間が経つにつれ、このパターンは彼にますます多くの厄災をもたらすことになる。対照的に、トランプ夫人はシャーロッツヴィルの騒乱を「悪意に満ちたレイシズム」と正しく捉えており、非難声明を発表する決断をすぐに下した。彼女は「とても立派な人々」というコメントにも怒っており、今すぐ行なうべきことの手本を夫に示そうとしたが、もっとそうしてくれればありがたかったと思う。

一日、また一日と経つにつれ、ケリー将軍についてのゴシップが量産され始めた。トランプ政権はポストを巡る争いでますます悪名高くなりつつあったが、それはケリーの就任後も同じだった。何にも増して私の好奇心を刺激したのは、彼がポストを引き受ける前に大統領と取引したという噂である。伝えられるところによると、中でも特に、オーバルオフィスへの立ち入りを――イヴァンカとジャレッドも含めて――完全にコントロールする権限を要求し、大統領も同意したらしい。他のあらゆることと同じく後で言えることだが、ケリーは「狂人たち」を抑え込み、オーバルオフィスそして大統領へのアクセスを保護するという点で最高の仕事をしたのだと、彼の辞任後に明らかになった。しかし、トランプ政権の狂人たちは、大統領が集会で特に好んで暗唱していたアル・ウィルソンの曲、『ザ・スネーク』の最後の一節のようだった。「俺を引き込む前から、俺がスネーク《ヘビ》だと知ってただろう」

ケリーは筋金入りの軍人で、それはおのずと明らかになった。二〇一七年一一月に中国を訪れた際、大統領とファーストレディーが出席したディナーの席で、私はそれをこの目で見た。中国政府のセキュリティはとても厳しく、各人の動向を追跡していたうえ、同行スタッフの数を制限していた――この中国訪問が始まる前から、厳しい交渉がずっと続いていたのだ。その夜、核のフットボール〔司令部から離れた大統領が核攻撃を許可できるようにする各種の道具が入ったブリーフケース〕を持つ軍事顧問が、大統領から離されてしまった。距離はわずか数フィートだが、そんなことがあってはならない。そこで口論が起きた。

ケリーと他の数名は、中国軍の関係者に事情を穏やかに説明しようとしたのだが、やがて怒鳴り合いが始まった。それでも決着がつかず、その軍事顧問に加え、大統領専属医のロニー・ジャクソン、シークレットサービスのエージェント二名、そしてケリー将軍は中国側のセキュリティ要員と――文字通りの意味でも、比喩の意味でも――もつれ合いになった。銃を持つ男たちを押しのけ、前に進もうとするが、数フィート離れたところに座っている大統領夫妻はそれに無関心の様子だった。ケリー将軍は騒ぎの中心にいて、したたかに小突き回されていた（彼もしっかりやり返していた）が、そのうち中国側のセキュリティ要員が引き下がった。

その日の深夜、空腹を覚えてホテルのエグゼクティブ・ラウンジに入ったところ、ケリー将軍を担当するシークレットサービスの主任エージェントが目に入った。あの騒ぎの中、車の中で待機していたのを強く悔いているようだ。そのエージェントは人をたじろがせるほどの巨体だったが、内面は極めて優しく愛らしいテディベアだった。その彼がこう言ったのを、私は今でも覚えている。「ステファニー、今夜はしくじったよ。将軍のそばにいるべきだった。全部俺のせいだ」それに私は、馬鹿なこと言わないでと返事した。ケリー将軍もおそらく楽しんでいたことは、二人とも知っていた。世界を核の悲劇から守るべく、老いた海兵隊員が共産党員と戦うなんて、これ以上に素晴らしいストーリーがあるだろうか。ドラマチックな書き方をしてしまったけれど、話はこれで終わりではない。それから二年後、このエージェントは癌で世を去った。大統領、ファーストレディー、シークレットサービスのエージェントたち、そしてホワイトハウスの多数の同僚が、通りの反対側で行なわれた葬儀に参列し、彼とその素晴らしい家族に敬意を表した。

ケリー将軍と大統領の取引の噂は、最初は真実のように思われた。首席補佐官に就任するやいなや、彼はホワイトハウスにおけるジャレッドとイヴァンカのやりたい放題に掣肘《せいちゅう》を加え、少なくともしばらくのあいだ、正しい手順と伝達経路を遵守させた。

ジャレッドは、何を求められてもそれに応えなければならないと考えるタイプの人間だ。そうするように義父から期待されている、というのが理由の大半だろう。そのため、大統領の注意を引くトピックであれば、どんなミーティングにも首を突っ込むようになった。その件について自分が何か知っているかどうかは関係ない。その例として、大統領の最も有名な公約である、メキシコ国境における壁の建設を取り上げてみよう。この壁を巡っては政権内で絶えず対立があり、事実についてさえ合意できずにいた。一度、ジャレッド、スティーブン・ミラー、そして国土安全保障省、移民・関税執行局、税関・国境警備局をはじめとする様々な省庁の幹部のあいだで行なわれたミーティングに、私は同席したことがある。国境沿いの何マイルにわたって壁が建設済みなのかについて、ジャレッドは全員を合意させようと決意していた――一見すると単純な課題だ。問題は、壁をどのように定義するかである。それは新規に建設された国境の壁なのか？　それとも改修された既存の壁なのか？　それに、既存のフェンスはどうする？　私はそのとき、ミラーが他人を撃退する方法を目の当たりにした。彼は基本的に、何をもって事実とするのか、何を発言すべきなのかについて、経験豊富な専門家たちに口述筆記させるスピーチライターなのだ。一方のジャレッドは、簡単に解決できればそれに越したことはないという態度で、「建設済みの壁の長さは四〇〇マイルということにしよう」などと言っていた。それに誰かが反対すると、「心配しなくていいよ。そうなるようにするから」と返答する。そして、自分が突然権威になった別の問題へと話題を切り替えるのだ。

ケリー将軍はそうした類いの運営に反対し、ジャレッドの自由行動を止めようとしたが、ジャレッドにはそれが面白くなかった。事実、彼はそれについて口を極めて反感をむき出しにし、政権の終焉《しゅうえん》に至るまで、「ケリーの時代には……」というフレーズを枕詞に、あれやこれやと不満を言うのが常だった。二人は対極の存在だった。一方は国への奉仕で多くのものを失った筋金入りの老軍人。かたや外見と家族のコネでのし上がった細身のやり手。両者は衝突する運命にあったのだ。やがて、それが大問題になる——ジャレッドにとって大問題なのはもちろん、ケリーにとってはさらに大きな問題だ。

二〇一七年の夏はまた、トランプとメラニアの結婚生活にまつわる別の謎を私に突きつけた。最初のフランス訪問の途中、大統領夫妻が外出の準備をしながら、アメリカ大使館の職員やその家族に話しかける際は、もっぱら私だけが二人のそばに立っていた。二人は待機しつつ、目の前のテレビに映し出されるその日の流れを眺めていた。そのとき、目の覚めるような赤いドレスに身を包んだトランプ夫人が夫のほうに身を寄せると、大統領は彼女の耳に何かを囁いた。そして一瞬間を置き、二人が口づけを交わすのを私は見た。これはどれもめったにないことだった。実際、二人が人前で身体的に親密さを表現するのを見たのは、このときだけである。夫妻のどちらも人前でべたべたすることを嫌っており、東欧出身のトランプ夫人は頬への口づけのほうを好んでいた。私は驚きのあまり、そのシーンを携帯電話の待受画面にした。他の全員と同じく、二人の関係がどんなものかはまったくわからない。しかしその瞬間は、互いに心から愛情を抱く本物の夫婦のように見えた。

たぶん、大統領夫妻というものにようやく適応しつつあったのだろうけれど、どうだろうか。

そのフランス訪問で、いつにも増して陽気だったトランプ夫人は、赤いドレス姿で室内を回り始め、スカートの片方を持ち上げながら『サウンド・オブ・ミュージック』の真似をした。

何かがトランプ夫妻の関係をより親密に見せていた。もちろん、二人が再び引き離されるまで、長い時間はかからなかったが。

7　私たちのストーム

嵐《ストーム》が来ると、他の鳥たちはみなシェルターを探し求める。
鷲だけがその上を飛んで嵐を避ける。
——不明

プライベートの場で、彼はその女を「馬ヅラ」と呼んでいた。ステファニー・クリフォード、すなわちポルノスターのストーミー・ダニエルズが、トランプとの過去の不倫関係を暴露した際、トランプは少なくとも心の中で、自分が無実である理由をそのように説明していた。「あいつの顔は馬ヅラだ」と、彼は何度も何度も言った。「そんなものに触りたいと思うか?」

スキャンダルのある時点で、トランプは報道担当部門のスタッフに、そのニックネームを記者たちに伝えるよう命じさえした。マリーンワンに乗り込む直前、サウスローンで待機している報道陣のところへ行き、そのニックネームを伝えるように命令したのだ。「さっさと行け！　行って、あの女は馬ヅラだと連中に言うんだ！」

そんなこと、できるはずがない。そこでその人物は、報道陣に何か狂ったことを言うようトランプから求められた際に、私たちがするのと同じことをした。そんな命令など受けなかったという振りをして、大統領が忘れてくれることを願うのだ。そうしたことが山ほどあった。

二〇一八年一月上旬のその日のことを、私は決して忘れないだろう。とある記者から電話があり、ストーミー・ダニエルズという成人向けエンターテイメント界のスターが、二〇〇六年に大統領と不倫関係にあったことについて沈黙を守るのと引き替えに、秘密の資金提供を受けたという旨の記事を、『ウォール・ストリート・ジャーナル』紙が掲載する予定だと警告されたのだ。

それからトランプ夫人に電話をかけるのは、本当につらいことだった。私も以前に浮気されたことがあり、どんな思いをするかはわかっている。そうした類いの裏切り行為――真実かどうかは関係ない――が世界中の新聞の一面に掲載されるなんて、いったいどういう気持ちになるだろう。

かくも個人的な問題では何よりプライバシーが求められることから、私はイーストウイングにある彼女の無人のオフィス（そこはいつも無人だ）に入った。彼女のオフィスは角部屋で、すぐ外には私のオフィスしかない。私は完全に秘密を守れる場所を望んでいた。そして、彼女の個人用の携帯電話を呼び出す。

何とも気まずく、どのように切り出せばいいか、柔らかに伝えるにはどうすればいいか、私にはわからなかった。そこで、私が知る通りの事実を率直に伝えることにした。「奥さま、記者から電話がありました。大統領との不倫疑惑について沈黙を守るよう、ストーミー・ダニエルズなる女性に金銭の支払いがなされたらしいという記事を、『ウォール・ストリート・ジャーナル』が掲載するそうです。この件についてコメントするつもりはあるかと訊かれています」

彼女は多くを語らず、「わかったわ」とだけ言った。そして「Don't replay（繰り返さないで）」の一言。彼女の冷静さに私は驚いた。情けない思いに冷静さを失うのではと思っていたけれど、悲しんでいる素振りさえ見せなかった。何より印象的だったのは、驚いている様子がないことである。自分が誰と結婚しているのか、彼女はわかっていたのだろうと思う。しかし、息子を産んだ直後に夫が不倫していたらしいという事実は、心に突き刺さったはずだ。さらに、その記事の至るところに息子の名前が載ることになる。それはつまり、一一歳の少年が間違いなくそれを見てしまうか、友達から言われてしまうことを意味する。率直に言って、彼女の夫がどういった人間なのか、国民全体もわかっていたと思う。トランプが以前に不貞を働いたのは周知の事実だ。過去の時代であれば、現職の大統領による不倫関係は間違いなく政権を崩壊させていたはずだし、ビル・クリントンの弾劾もそれが原因だ。だがトランプに関しては、日常茶飯事に過ぎない。

私は女性として、そして母親として、トランプ夫人の代わりに激怒した。過去数ヵ月間、私は心から彼女に好意を抱き、尊敬するようになっていた。そして今、彼女は息子のために平静を装い、ありとあらゆる行事で夫の隣に立って笑みを浮かべなければならない。私は大統領に対して猛烈に腹が立った。また、マイケル・コーエン、ダン・スカヴィーノ、さらにはホープなど、そのことを知っていたに違いない側近たちにも。トランプが行なったことの中で、彼らが知らないことはほとんどないのだから。

もし私が同じ立場に立たされたなら、激怒し、叫び、「あのバカ、よくもそんなことしてくれたわね！」などと言っていただろうけれど、彼女も同じことをしてくれるよう私は期待していた。女友達全員に詳細を残らず話し、不満をぶつけ、自分がいかにひどく扱われたかを吹き込むはずだ。そんなことを彼女に期待するなど、私のエゴだったに違いない――実際にはただのスタッフなのに、彼女には友人として私に借りがあるという思い込み。しかし、彼女がそうした感情を抱いていたとしても――たとえ激怒していたとしても――それを私に漏らすことはなかった。少なくとも、その瞬間は。あとになって、この一件がとても消え去りそうにないと思われた際、そうした思いが彼女にひらめいているのを私は目にすることになる。

その不倫疑惑は以前も報道されていたけれど、『ウォール・ストリート・ジャーナル』紙が一月一二日に「トランプの弁護士、成人映画スターを黙らせるため一三万ドルの支払いを手配」という見出しの記事を載せるまで、注目を集めることはなかった。それと同じ日、大統領夫妻はスタッフとともにマー・ア・ラゴでの週末休暇に向けて出発した。通常であれば、彼女はフロリダへの週末旅行で人付き合いを避け、息子や両親と過ごしたり、スパに出かけたり、昼寝したり、仕事をしたりしていたけれど、夜になるとほぼ毎回、大統領とパティオで夕食をとっていた。だがその週末はいずれの夜もディナーをとらず、ほとんど無言のまま私と一緒にいた。何かが起きている。

私たちのオフィスは封鎖モードに入った。私が受け取ったメディアからの問い合わせを、彼女はすべて知りたいと言ったが、今回も回答は一切しないよう私に命じた。彼女はそれについて何も話さず、例外は「何かニュースは？」と尋ねるときだった。それは、何が報道されているのかという意味であり、私たちは毎回、不倫疑惑に関する報道ばかりだと伝えなければならなかった。私は彼女の広報責任者として、一つの提案をした――ファーストレディーは「母親としての務めを果たすこと、および家族のプライバシーを守ることに注力している」という旨の発言を私にさせてほしい、と。しかしトランプ夫人は、それを言うことさえ嫌がった。「そんなこと言っても、彼らは納得しないわ」と、彼女はマスコミを指して言った。「もっと情報を手に入れて、事件を燃え上がらせようとしてるのよ」彼女としては、じっと待ちながらこの件について考え、自分の行動や思いに関するマスコミの臆測を忘却するか、気にしないほうを望んだのだ。

続く数日間、ダニエルズによる暴露は続いた。最初の報道から一週間後の一月一九日には、ニュースサイト『In Touch』が、二〇一一年から保留し続けていたダニエルズとのインタビューの全文を掲載した。その内容は奇想天外なもの（「髪を切るか髪型を変えてしまえば、権力と富を失うだろうって、彼は言ったの」）から眉をひそめるもの（「君は娘と同じで侮れず、美しく頭のいい女だと言われたこともあるわ」）、吐き気を催すもの（「そうしろって言われれば、彼のあそこを完璧に描写できるわよ」）まで様々だった。残念なことに、彼女にはそれができそうだったし、実際そうした。

しかし、そのインタビューで私の胃を一番キリキリさせたのは、トランプ夫人と息子の話が出たことである。ダニエルズから頭髪についてジョークを言われたトランプは、「そうだな、妻も息子の髪をこんな風に整えたことがあるよ。ジョークで」と応じたのだ。ダニエルズが「で、奥さんはどうなの？」と言うと、トランプは「まあ、あいつのことはいいじゃないか」と返事して、ダニエルズの話では「すぐに話題を変えちゃった」らしい。息子の頭髪にいたずらするなどいった、家族の内輪話を浮気相手にバラしたあと、「あいつのことはいいじゃないか」という言葉で自分の妻を切り捨てる――そう、この部分を読むのはつらかった。

『In Touch』によるインタビュー全文公開の翌日は二〇一八年一月二〇日、就任式の一周年だった。それを記念しようとみんなでツイッターに取り組んでいると、メラニア・トランプの本当の姿がちらりと見えた――激怒している配偶者、そして人間。私はいつものように、ツイートする文章を彼女のために執筆したが、そこには大統領のハンドルネームで発信するものも含まれていた。彼女はそれを編集し、夫に見せに行く。しかし、彼女のツイートは次の簡単な内容だった。「多くの素晴らしい瞬間に満ちた一年でした。私たちの偉大な国のあらゆる場所で、そして世界の各地で幸運にも出会えた人たちと、素敵な時を過ごせました！」表向きは就任一周年のことを祝っていたが、彼女は夫の名に一切触れなかった。

また、ハンサムな軍事顧問の腕をとる自分の写真もツイートした——それを見て、「そう、調子が出てきたわ」と思ったことを今も覚えている。消極的でも積極的でもなく、いまだ密かではあるものの、私はようやく彼女の怒りを見たような気がした。ドナルドとメラニアの夫婦関係が純粋に取引だと考えていた、あるいは今なおそう考え続けているすべての人は、ストーミー・ダニエルズ物語が果てしなく続いていたときの彼女を見ていない。二人の本当の関係がどういったものであれ——しかも、それを本当に知るのはあの二人だけ——それは明らかに感情的なつながりである。私には、トランプ夫人は当惑しており、夫にも当惑してほしいと思っているように感じられた。彼にそうすることができるかどうかはわからないが。

夫に対する彼女の侮蔑に気づいたのは私だけではなかった。メディアの問い合わせが入り始め、私はまたも「繰り返さないで」と命じられた。一月二二日はトランプ夫妻の結婚記念日だったが、これ以上に気まずいタイミングはなかった。さらに、スイスのダボスで開催される世界経済フォーラムへの同行をキャンセルしたことも、さらなる臆測を呼んだ。だが本当のことを言えば、その際のダボス行きは大統領本人にとっても流動的であり、トランプ夫人は最終スケジュールが確定するまでに待ちくたびれ、それでキャンセルしたのである。私たちも単独行事を計画しておらず、ファーストレディーはせっかくの外国訪問で何もしないのを嫌っていた。だが今回もそのせいで、彼女は夫に「怒り狂って」いるという噂話に火を注いだ。彼女はそれを気にしていない様子だったけれど。

直後、私たちは長期の週末休暇を過ごすため、マー・ア・ラゴに向かった。その途中、もっぱらそうした報道とマスコミの臆測について話し合ったが、私はトランプ夫人に、マスコミを沈静化させたければ沈黙を保つのはよくないと繰り返し言った。

「ほら、獣には餌を与えるべきですよ」

そして再び、ファーストレディーとしての、そして母親としての務めに専念していると言ってはどうですかと提案した。これは子どもが絡む家族の問題だと人々に思わせれば、記者たちもこの件をほじくり回すことに多少は躊躇するのでは、と思ったのだ。

しかし彼女は、以前に言ったことを繰り返した。

「だめよ。いくら与えても足りないわ」

「でも、何か与えなければ」

「いいえ、どうせまた攻撃するだけよ」

私たちは何度も押し問答したものの、満足ゆく解決策を考え出すことはできなかった。

私は友人として、彼女のことを気の毒に思い、慰めたかった。そこでその週末、一緒に浜辺を歩きませんかと彼女を誘ってみた。スタッフの側からそんな提案をするのが不適切なことかどうか、私にはわからなかったけれど、スパやパティオでのディナーに向かうとき以外、彼女がスイートルームを離れることはめったになかった。それに、わずか数歩の距離になかばプライベートのビーチがあるのに、出歩かないなんて本当にもったいないと、私はずっと思っていた。私はマー・ア・ラゴを訪れるたび、朝は浜辺を走り、可能なときはいつも歩いたり、寝そべったりすることにしていた――太陽、砂、波、そして風景を眺める善男善女の姿は、魂を洗われるかのようだった。さらに、私は外に出るたびに海の写真を彼女に送信した。美しい風景を楽しまないなんて本当に残念だと思えたのだ。

散歩の提案に対して彼女が「考えておくわ」と返事したことに、私はショックを受けた。そしてすぐ、彼女は何を着るのかしらと思った。私は彼女を誘うことで、こう伝えたかったのだ――女同士で外を歩きましょう。あなたは今つらい思いをしている。心の重荷を取り除く手伝いをさせてください。いや、新鮮な空気を吸って、きらめく大海原の素晴らしい光景を眺めるくらいいいでしょう。

しかし、彼女はそのように受け取ってくれなかった。私に電話をかけ、「で、カメラマンはいるの？　パパラッチは？」と尋ねる。私が同志としてリラックスするチャンスではなく、マスコミにアピールするチャンスを見つけたと思ったのだ。散歩を提案したことを後悔した。

私は悲しくなった。一人で歩く姿を撮られれば、マスコミの報道に火を注ぐ。また、スタッフと一緒に浜辺を歩けば妙に思われる――それは確かにそうだ。でも、彼女があの浜辺に出てくれるのを、私は心から望んでいたのに！　とは言え、彼女は写真撮影というアイデアが気に入ったらしく、そこで私は信用できるカメラマンに電話をかけ、こんな考えがあるけれどどうかしら、と訊いてみた。ミシェル・オバマがターゲット〔アメリカのスーパーマーケットチェーン〕に出かけたとき、店内にカメラマンがいて、「現実の人物」としての彼女の姿を捉えたということがあった。なので、簡単なことだろうと思ったのだ。だがいつものように、私は間違っていた。そのカメラマンが言うには、自分はどういったものであっても独占取材はできず、いつもメディア・プールにたむろしている他社の記者たちにも同じ取材機会を提供しなければならないという。そこで私はタブロイド紙に連絡をとった。すると、確かに効果はあるだろうけど、藪から飛び出して彼女に質問する人がいないとは限らないと言った。こうしてアイデア全体が否定され、天気がよく、日光を浴びれば心身ともにくつろげるというただそれだけの理由で、その女性と一緒に浜辺を散歩するという私の試みは、完全に無に帰してしまった。

　しかし、その日の夜、私は小さな勝利を収めた。自分たちの結婚生活に関する臆測やゴシップは不適切で、自分は母親の役目、そしてファーストレディーの役目に専念しているとツイッターで表明することを――ようやく――許されたのだ。

　私は最初、「妻、母親、そしてファーストレディー」と書いたけれど、彼女が「妻」の部分を削除したので、まだ怒っているのだと思った。

　いずれにせよ、この週末こそ私たちの関係のターニングポイントだと私は感じた。奇妙に思われるかもしれないが、彼女は浜辺にカメラマンを連れて来たらどうと言うことで私の提案を認め、情報発信に関する私のアドバイスを（なんとなく）受け入れたように感じられた。そのうえ、「私が同じ立場にいれば、今つらい時を過ごしているでしょう」と私が彼女に言ったとき、彼女は私の価値観を受け入れさえしたのだ。とは言っても、肩をすくめるだけだったが。「これはドナルドの問題よ」と、彼女は言った。「あの人がこの騒動に勝手に飛び込んでいったの。自分で何とかできるでしょう」私はそうした態度に驚嘆したし、今もそうだ。なぜなら完全に正しいからだ——人が浮気するとき、それは本人の問題であって、他の誰かがしたことではない。マー・ア・ラゴからの帰途、来たる一般教書演説には夫と別々に赴きたいと、彼女は私に言った。それを聞いて、私のことを再び認めてくれたと思った。これも異例なことだったけれど、質問や反論をしないだけの分別は私にもあった。それによって騒ぎが起き、臆測に油を注ぐことは彼女もわかっているのだと、私には感じられた——彼女はそれが楽しみなのだろう。そこで私は何も言わず、そうなるようにしなければと考えた。

ワシントンDCに戻った私はチームと打ち合わせを行ない、一般教書演説の招待客は慣例としてファーストレディーのボックスに座るので、エグゼクティブ・レジデンスのディプロマティック・ルームでレセプションを催すのがいいだろうと判断した。それから招待客を車に乗せ、時間の余裕をもって早めに議事堂へと連れて行く。これはウィン・ウィンの状況だった。招待客にはそれにふさわしいもてなしが提供されるし、トランプ夫人としても報道陣に怪しまれることなく、大統領より先に出発できるからだ。自分たちがどこに座るかを巡って、トランプの子どもたちはすでに面倒を起こし始めており、全員大統領と同じ車列で議事堂に向かうことを主張していたが、それもまた私たちにとって完璧な解決策に思われた。さらに、子どもたちの一人には遅刻癖があるのだが、トランプ夫人はそのことで頭を悩ませる必要がない。

私にとって最高の瞬間は、出発予定時刻の数時間前に訪れた。トランプ夫人が私に電話をかけ、「床がとても滑りやすい」からという理由で、議事堂を歩くあいだずっと軍事顧問にエスコートしてもらいたいと伝えたのである。

私は心の中で笑った。ハイヒールで砂利道をすたすた歩く彼女の姿を見たことがあるからだ。議事堂の床の滑りやすいことといったら！　とは言え私は、「大丈夫です。何とかします」と答えた。それから数時間、彼女の首席補佐官と一緒に武官オフィスをこっそり歩き回り、見た目のいい軍事顧問の「見定め」をした。

これをたった一晩で片付けるなんて、それだけで十分ドラマだったに違いないと思われるかもしれないが、そうではなかった。ジャレッドとイヴァンカが土壇場になって、早めに議事堂に到着したいから、私たちの車列に加わると言い出したのだ。その目的は、カメラに写る時間をできるだけ多く確保するためだろう。トランプ夫人をはじめ、私たちの誰もそれを喜ばなかったけれど、義務は義務である。そこでリンゼイ・レイノルズと私は計画を立てた。車列が止まった瞬間、彼女と一緒に走るか駆け込むかして、何としてでもジャヴァンカとトランプ夫人のあいだに割って入ろうというのだ。そうすればトランプ夫人は軍事顧問と建物に入れるし、彼らと一緒の姿を撮影されずに済む。それは何とも手際が悪く、非常にあからさまだったけれど、ギリギリのタイミングで何とかジャヴァンカの前に立ち、後ろに二人がいることに気づいていない振りをしつつ、身体をそこに割り込ませた。結局、彼らのシークレットサービスが私たちを脇におしのけたものの、そのころには自らに課した任務を達成していた。あの記事がセンセーションを巻き起こして以来、トランプ夫人が公の場に姿を見せたのは一般教書演説が初めてだった。そのため、彼女が泣きはらしているのか、それとも「くそったれ、ドナルド」とプリントされたTシャツを着てくるのかと、全員が固唾を呑んで待っていた。白ずくめのパンツスーツ姿で階段を下り、日焼けした顔に大きな笑みを浮かべる彼女の姿に、大勢の人が失望したに違いない。常に落ち着き払ったモデル。常に私の鼻を高くさせてくれる女性。

トランプの「他の女性たち」を巡るドラマは、決して沈静化しなかった。二月一六日、ローナン・ファローが『ニューヨーカー』誌で、「キャッチ・アンド・キル」に焦点を当てた記事を発表した。「キャッチ・アンド・キル」とは、タブロイド紙が誰かに金を払って記事の独占使用権を手に入れ、その後決して活字にしないという、当たり前のように行なわれていた慣行である。ファローの記事ではカレン・マクドゥーガルのことが取り上げられていた。『プレイボーイ』誌の元モデルである彼女は、二〇〇六年から翌年にかけてトランプ大統領と不倫関係にあったと主張したあと、その慣行の犠牲になったとされていた。二〇一六年八月、タブロイド紙『ナショナル・エンクワイアラー』の親会社、アメリカン・メディア社の最高幹部であるディラン・ハワードがマクドゥーガルに一五万ドルを支払い、彼女の手記の独占使用権を得たものの、その後お蔵入りにしたという。本当だとしたら、典型的なキャッチ・アンド・キルだ。

またしても、記事の掲載日は金曜日だった。要するに、私たちがフロリダに向けて出発しようと計画していた日だ。トランプ夫人から電話があり、夫より先にエアフォースワンに搭乗したいと告げるまで、私はこの件について彼女に話しさえしていなかった。だから、こう言われてすっかり驚いた。「私はヒラリー・クリントンのようにはなりたくないの。私が何を言っているかわかる？　モニカのことが世に出たあと、彼女は夫の手を握ってマリーンワンまで歩いて行ったけど、あれはよくないわ」と、モニカ・ルインスキーの名に触れた。私は反論しなかった。広報スタッフとしての私は、そんなことをすれば格好のネタになり、臆測を呼び起こすとわかっていたけれど、裏切られた女性としての私は、彼女と同じ思いだった。私なら世界に向かって演技するなんて嫌だし、彼女もそう思っていたに違いない。

その後の数週間は大統領の顧問弁護士、マイケル・コーエンからダニエルズに対して行なわれた口止め料に関する報道やインタビューで持ちきりだった。トランプ夫人が私に言うには、自分と大統領は電話でコーエンと話し合い、それは彼の独断で、大統領は何も知らないと聞いたとのことである。その当時、コーエンはまだトランプの弁護士を務めていた。疑惑が真実でないことを自分は承知しているが、メディアがどう反応するかわからず、それが次の選挙の結果に影響を及ぼすのではないかと心から心配していると、コーエンはスピーカーフォンで二人に言ったらしい。

私としては、当時のトランプ夫人の進化を見ているのは興味深かった。完全に沈黙を保つ状態から、何も信じていないかのように振る舞う状態、そしてついに、大統領による否定にもかかわらず、すべて本当だという気がすると私に告げる状態へと移行していた。そしてコーエンによる当時の出来事の説明について、「まあ、冗談でしょう？　そんな戯言、信じないわ」と言うのだが、私はそれを聞いて彼女のことがますます好きになった。これはあくまで推測だが、彼女はニュースそれ自体以上に、報道の中で恥をかかされているという感覚に対して怒りを募らせているように見えた。また別のときには、口止め料を支払ったという理由でマイケル・コーエンを責めていた。自分の怒りを向けやすい対象だったのだろう。

しかし、三月二二日にＣＮＮで放映された、アンダーソン・クーパーによるカレン・マクドゥーガルへのインタビューのあと、彼女の雰囲気は一変した。ついに、夫に対して心から怒り、もはやそれを隠さなかった。放映されたのは木曜日の夜で、私たちはそのときマー・ア・ラゴにいた。私は自室でそれを見ていたが、大統領とファーストレディーはパティオでディナーをとっていた――その会話に加わらなくてよかった。女性として、そして彼女の広報スタッフとして、私は直感でわかった。ストーミーと彼女の下品な弁護士、マイケル・アベナッティがこれまでに言ったすべてのことを合わせたよりも、そのインタビューのほうが見ていてつらいだろう、と。

これを読んでいる女性の大半は理解してくれるに違いない。どんな状況であれ、浮気されるのは地獄のようにつらく、傷つくことだけど、何の共感も後悔も示さない「成人映画女優」との浮気のほうがまだましだ。これまでの出来事を心から申し訳なく思っている女性、自分のことを本当に愛していると思い込んで既婚男性を好きになった女性との、長期にわたる不倫よりも。繰り返し言っておくが、「良い」不倫など存在しない――だけどたぶん、中には他の不倫よりも理解しやすいものがあるのだろう。

その夜、マクドゥーガルへのインタビューの放映後、トランプ夫人は私に「見た?」というメッセージを送った。私はそれに「見ました」と返信し、インタビューについての考えをいくつか付け加えた。「彼女はいい人で、後悔しているように見えるから、ダニエルズよりもずっと同情を集めるでしょう」するとと彼女は、目を転がしている絵文字と一緒に、「録画したからあとで見る」というといういつものメッセージを送ってきた。私よりも忍耐力と自制心がずっと強いように思えたし、今もそう確信している。

大統領が出発した日曜日、私たちはそこに留まった。トランプ夫人が怒っていたからというわけでは必ずしもなく、息子の春休み中は一週間ずっとマー・ア・ラゴに滞在するというのが家族のしきたりだからだ。なので、他の誰かと帰りの旅をしないということに、私は心底ほっとした。

他のスタッフは私に対し、いったいどうなってるの、彼女は何を考えているのとずっと訊いていたけれど、私は「彼女は大丈夫よ」という返事しかしなかった。彼女に求められたからでも、そうする必要があったからでもなく、私はその一期間、これまで以上に、また将来そう思う以上に、彼女を守りたいと思ったのだ。トランプ夫人はいつも、「これは彼の問題。彼が作り出したの」と私に言っていたものの、私はとても基本的な人間的レベルで、この一件は彼女を傷つけ、恥をかかせたに違いなく、それを見せられている自分の息子のことを心配しているはずだと考えていた。あるいは、そう期待していたのかもしれないけれど、私にはわからない。

少なくとも私にとって、ストーミー・ダニエルズ物語の中で最も奇怪な瞬間は、数ヵ月後の九月に訪れた。彼女の暴露本の抜粋が最初に漏れ始めたときのことである。彼女は大統領の「資質」、あるいはその欠如について不満を述べており、彼は「平均よりも小さい」けれど「不気味なほど小さくはない」（何のことかはともかく）と記したうえで、「異様な」見た目で「キノコのよう」と付け加えていた。

すると、大統領がエアフォースワンから私に電話をかけてきた。大統領専用機の興味深く、また苛立ちの種である特徴の一つに、素晴らしいテクノロジーの数々を自由に使えるにもかかわらず、通話の品質がいまだひどく、遠く離れたトランシーバーの音声のように聞こえることがある。そのため会話は極めて短かったが、その途中、大統領はストーミーのインタビューの件を持ち出した。「君たちは何かコメントするつもりか?」――「君たち」とは妻のことだ。

「いいえ」私は答えた。「そうするつもりはありません」

大統領はそこで言葉を切った。妻の怒りの激しさを私が言うつもりなのかと、固唾を呑んで待っていたのだろう。けれど私は、自分の意見が日々変わっているとあって、この機会を捉えることはなかった。

「あの女が俺のことをどう言っているか、君は見たか?」と、大統領は一瞬間を置き、ストーミーのことを指して訊いた。そして驚くべきことではないが、「全部嘘だ。全部嘘だ」と付け加えた。

「わかっています」

そのとき、大統領が何を気にしているのか、はっきりわかった。「あそこのほうは何も問題ない」と、彼が言ったからだ。

いったい何と答えればいいの? 私は何かの理由で通話が切れることを祈りつつ、「大丈夫です」とだけ答えた。

「問題はない」大統領が繰り返す。

「ええ、わかりました」と、私は返答した。まあ、実に気まずかった。そんなことについて考えたことなどないし、合衆国大統領のペニスについて本人と話すなど、なおさら考えたことはない。ありがたいことに、それからすぐ通話は終わった。そしてもちろん、その電話のことはトランプ夫人に決して言わなかった。

当然ながら、大統領を告発する女性は他にもいたが、その一人に、フロリダでトランプの選挙活動に携わったボランティアがいた。彼女の主張によると、トランプ候補は不適切な発言を行なったうえ、人で一杯のトレーラーの中で彼女にキスを迫ったという。私もそのイベントに参加していたので、それが事実無根であることは知っていた。

また、ライターのE・ジーン・キャロルは、一九九〇年代にバーグドルフ・グッドマン〔ニューヨークの高級デパート〕の女性用化粧室でトランプから性的嫌がらせを受けたと主張した。この件についてトランプ夫人は夫の肩を持った。詳細の多くがとても信じられなかったからである。それにもかかわらず、この告発のために私と大統領のあいだで再び厄介なことが持ち上がった。

キャロルの告発が公になったとき、私はジャレッド、ダン・スカヴィーノ、そしてその他数名と一緒にオーバルオフィスにいた。トランプは不祥事を非難された際のルーチンをこのときも行なった。「その女は嘘つきだ」「そいつは太りすぎだ」「俺がそんなのと一緒にいたいと思うか?」などなど。その大半は「自分の妻にそんなことはしない」式のセリフではなく、彼女の外見に対する攻撃だった。

すると、レゾリュートデスク〔大統領の執務机〕の後ろに座っていた大統領は、私に妙な視線を向けた。説明するのは難しい。私を見下ろしている、あるいは私の魂を突き刺しているかのような視線だ。

「否定するんだ」と、大統領は言った。「どんな状況でもそうしろ。わかったな、ステファニー？　否定するんだ」最後にその言葉を再び強調した。

これは奇妙な忠誠心テストのように感じられた。トランプは私とファーストレディーの親密さを知っている。私がその発言にどう反応するかを確かめたかったのだろう。彼はじっと私を見つめている。私はどぎまぎしたけれど、「わかりました」と返事した。疑問に思う人のために言っておくが、私はこの会話のこともトランプ夫人には伝えなかった。

ストーミー・ダニエルズの件が明るみに出て、他の女性たちからの告発がそれに続いたあと、トランプ夫人は抑えていたものをこらえきれなくなったと私は感じた。彼女はずっと前から妻として自立していたけれど、ひどい扱いを受け、公然と辱められているファーストレディーとなった今、自分のしたいこと、あるいはしたくないことが何であれ、それをする自由を得たように見えた。結局のところ、トランプに何が言えるだろう？　私たちは政権側と矛盾している、あるいは家族の問題に立ち入るような声明文をいくつも記した。ウエストウイングにチェックしてもらうこともほとんどなく、ただサラ・サンダースにはできるだけ予告した。それはまさに解放だった。反逆者、人生を愛し夢を生きるテルマとルイーズ〔アメリカ映画『テルマ＆ルイーズ』の登場人物〕、トランプ夫人にだけ忠誠を示す存在。

彼女はまた、大統領と側近たちを非難する気満々で、大統領が、あるいはウエストウイング全体がどう思うかなど、まるで気にしていない様子だった。二〇一八年六月、トランプ夫人は私に対し、大統領の側近に公の場で反撃するよう初めて命じた。標的は誰あろうルディ・ジュリアーニ。

とある講演会で、ルディはトランプ夫人について、そして彼女の夫とストーミー・ダニエルズの不倫疑惑について質問された。すると彼は、「ファーストレディーは夫を信じ、それが事実無根だとわかっている」というような返答をした。それは……好意的に受け止められなかった。第一に、今やおわかりのように、トランプ夫人は他人に代弁されるのを何より嫌っている。第二に、三度の離婚歴がある老人で、知る人ぞ知る女たらしのルディ・ジュリアーニが自分の個人生活に立ち入るなんて、彼女は間違いなく望んでいない。

ジュリアーニは大統領の周辺にいるとき、奇妙な雰囲気を発しているように見えた。いつも腹に一物あるように思えたのだが、たいていの場合は実際にそうだった。私が気づいたことの一つに、大統領は普段、少数のアドバイザーを周囲にはべらすのを好んでいたのだが、ルディとはほぼ必ず一対一で会っているということがあった。ホワイトハウスでも、またマー・ア・ラゴでも、そんな光景を何度も見た。あるときなど、マー・ア・ラゴのバー全体が立ち入り禁止になり、ルディと大統領が何にも――スタッフにも、あらゆるものにも――邪魔されることなく、部屋の中央のテーブルで話し合う場面があった。私たちは檻の中の動物を眺めるがごとく、窓の外に立っていた。少し妙だとは思ったけれど、正直言ってルディとの話し合いに加わるのは嫌だった。彼が次から次へと繰り出す狂った企みに巻き込まれる――そしてあとになり、何かの委員会で厳しい追及を受ける――のが怖かったからだ。

だから、トランプ夫人が頭の中で何を考えているかについて、ルディは正解に近づくことすらできなかった。もちろん、私のもとには報道関係者から声明のリクエストが届き始めており、私はそれをファーストレディーに伝えた。すると彼女は、いつもの「繰り返さないで」を口にしなかった。それどころか、声明を発表することに躊躇すらしなかったのだ。私が何を言うべきか、彼女ははっきりとした言葉で私に告げた。

「対象が何であれ、トランプ夫人が自分の考えについてジュリアーニ氏と話し合ったことはない」驚き、誇り、そして悔しさが入り混じった感覚を、私は抱いた。そうした発言がマスコミの好餌になるのは明らかで、波紋を巻き起こすとすぐにわかった。その一方で、彼女の感情に心から賛成した。大統領にとっては面白くないだろうが、いったい彼に何ができるだろう？　すでに苦境に立たされているのだから。私はしかるべき義務を果たそうと、そんな発言をすればマスコミのネタになるのは間違いないとアドバイスしたが、彼女の決意は固く、送信するよう私に命じた。「今すぐしなさい」と付け加えて。私はその通りにすると、サラ・サンダースに電話をかけた。私の言葉を大統領に伝える役目がサラに回ってくることはわかっていたので、嫌で仕方なかったけれど、それも仕事のうちだ。これはファーストレディーが、誰かが自分の代弁者になってもかまわなかった場面の一つだったのだろう。

そうした場面は二ヵ月後に繰り返された。「ビー・ベスト」キャンペーンは、トランプ夫人がホワイトハウスで行なった印象深い取り組みの一つだが、他のほとんどと同じく、善意が失敗に終わる実例の一つになった。これはトランプ夫人の言語に関する問題がトラブルを引き起こした一例である――彼女の最も悪い資質の一つと真正面からぶつかってしまったのだ。ビー・ベストが生み出された経緯を説明するには、トランプ夫人の頑なな性格と、彼女にアドバイスする複数の人物の存在を理解する必要がある。前に述べたように、トランプ夫人のアドバイザーを務めるステファニー・ウォルコフは、子どもたちが社会的にも情緒的にも健康であることの重要性について、非常に強い想いを抱いていた――崇高な理念である。

彼女はそれについて何度もトランプ夫人に語りかけ、これは子どもから大人への成長における重要な構成要素だということで意見が一致していた。またトランプ夫人は、夫の当選前に行なわれたインタビューの中で、自分の取り組みの一つとしてネットいじめへの対策を挙げている。もちろんトランプの当選後、マスコミはそれについて彼女に噛みついた。何しろ彼女の夫が、物騒なツイートで悪名高いのだから。トランプ政権はさらに、オピオイド禍への対策を最優先課題の一つに位置づけており、その取り組みを主導していたケリーアン・コンウェイは、オピオイド中毒の状態で生まれた新生児への重大な影響を国民が理解するうえで、トランプ夫人が強力な武器になると正しく考えていた。

特に今日の世界において、これら三つの課題はどれも重要である。しかし、それぞれに独自の問題点や困難がつきまとっていたため、彼女が一つの課題に専念してくれるよう、私たちは努力した。ところがどういうわけか、トランプ夫人はその三つを結合させ、一つの巨大な枠組みにすることを主張した。

まず、私たちがどれだけ努力しようと、ネットいじめは決してなくならないということは、チームの全員にとって明白だった。また、かなりの進展が見られることを証明しようと私たちが苦労している問題を、彼女が抱えるなんて筋が通らない。しかしトランプ夫人は、過去のインタビューで言及したことに取り組まなければ「攻撃」されてしまうと思っていた。その点について彼女は正しかった——ただし、攻撃されるのは四年間の在任期間全体ではなく、ほんの一時期だ。第二に、社会的・情緒的健康というアイデアはいまだ目新しく、一般大衆に説明するのが難しいコンセプトである。第三に、新生児薬物離脱症候群に焦点を当ててオピオイド中毒に取り組むことは「ウエストウイングの管轄」だと考えられており、私たちは自力で何かを発想することができないと思われてしまう懸念があった。最後に、これら三つの課題の中心に子どもたちへの支援があることは間違いないけれど、互いに大きく異なっており、主要な対象者——子どもたちと親——が簡単に理解できる、短く簡潔なテーマを作り上げることは、広報担当者の視点から見ると非常に困難だった。しかし、トランプ夫人は自分の立場を変えなかった——三つすべてに取り組むことを望んだのであって、それを実現するのが私たちの仕事だ。

私たちは言葉遣いやメッセージについて必死に頭を働かせた――また私の考えでは、ステファニー・ウィンストン・ウォルコフの問題が最も激しくなったのがこの分野だった。ようやく結論に至ったメッセージ案には、「三本柱」が含まれることになっていた。子どもたちは今日の世界で無数の問題に対処しなければならない――それは本当のことだ――のだから、どれか一つを選択する理由はないというのが私たちの論拠だった。そして、私たちは三本柱の一つを「ネットいじめ」から「ネットの安全性」に変えたが、そこに大きな意味があるわけではない。次は名称とロゴだ。チームはブレインストーミングを通じて数十の名称とロゴを考え出し、トランプ夫人に提示した。その中には「チルドレン・ファースト」「ネット意識向上」「Ｈｏｐｅ４Ｋｉｄｓ」などがあったが、いずれも却下された。トランプ夫人は「ビー・ベスト」を提案したが、私たちの誰もそれがいいとは思わなかった。正しい英語ではないからだ。その点についてウォルコフと私の意見は同じであり、それぞれのやり方で彼女を説得し、取り下げさせようと試みた。

　トランプ夫人はいつものように譲らなかったので、私は「ビー・ベスト」のフレーズをより自然な文章に組み込む方法を考え始めた。「あらゆる行動の中で、子どもたちが『ベスト《ビー・ベスト》を目指して』努力するのを支える」というのが主要テーマになった。また、私たちは多数のロゴ案――色も見た目もすべて異なる――を送信したが、彼女はある日、後にビー・ベストのロゴとなるものを送ってきた。ｉＰｈｏｎｅのペン機能を使って自らそれを描き――書き？――妹の手を借りて少し手直ししていた。それを本当に気に入っているらしく、何週間も取り組んできた私たちは降参し、その案を受け入れた。結局、これは彼女の取り組みなのだ。

こうしてビー・ベストのオフィシャルサイトを構築する段になった。デジタルチームが作成したサイトには、私たちがファーストレディーに説明を試みた内容が残らず網羅されていたが、ロゴからして間違っていた。言うまでもなく、彼女に命じられるのと同時に私たちはサイトを閉鎖した。


ビー・ベストの発表後、それは絶えずマスコミから私たちに向けられる武器になったが、とりわけネットの安全性に関する部分はそうだった。記者や評論家が喜んで指摘するように、トランプ夫人の結婚相手こそネットいじめの大将だからだ。そして、彼らは間違っていなかった。

この一件は二〇一八年八月に不幸なクライマックスを迎えた。大統領の知性に疑問符を投げかけたレブロン・ジェームズ〔NBA史上最高の一人と称されるバスケットボール選手〕に対し、トランプがツイッターで辛辣な攻撃を行なったときのことだ。ジェームズはドン・レモンが司会を務めるCNNの番組で、その機会があっても大統領の向かいには座らないと言った。それに大統領は、「レブロン・ジェームズはドン・レモンという、テレビ界で最低の男にインタビューされていただけさ。おかげでレブロンが賢く見えたわけだが、それは簡単なことじゃない」とコメントしたうえで、「私はマイクが好きだ」と付け加えることを忘れなかった。レブロンはマイケル・ジョーダンに決して及ばないと暗に述べたのだ。ここでその比較に立ち入るつもりはない。

インタビュー自体はレブロンがオハイオ州アクロンに開設する、アイ・プロミス・スクールという新しいチャータースクールに関するものだったので、大統領がそのツイートを発信するやいなや、私のもとには記者が殺到し、ファーストレディーはその発言に賛成なのかどうか、大統領がそうした発言をするなど、ビー・ベスト・イニシアチブのコンセプトに反しているのではないかと質問した。私にとっては腹立ちの種、私たちのオフィスにとっては八方塞がりだった。トランプ夫人には夫をコントロールする術などなく、子どもたちに対する心からの善意しかなかったのだ。しかし、それに気を留める人は誰もいなかった。

ファーストレディーと私はこの件に関してジレンマに陥った。レブロンが開設しようとしている学校は恵まれない子どもたちのためのもので、これはビー・ベストのコンセプトと完全に一致している。その一方、何かコメントしたところで、彼女と夫は意見が一致していないという報道がなされるだけだ。当初、私たちはコメントしないことにしたけれど、マスコミからのプレッシャーが膨らんでいった。そしてついに、「私は殺されかけてるわ。どこにいてもね」と彼女は音を上げた。そこで声明文をこしらえたが、それは私の目から見て、開設される学校の素晴らしい役割にのみ焦点を当て、ファーストレディーがそこを訪れるつもりはあるのかという質問に答えるものだった。「レブロン・ジェームズは次の世代のために素晴らしいことをしようと頑張られているようです。そして、ファーストレディーはずっとそうしてきたように、子どもたちが今日直面している様々な問題について率直に話し合うよう、全員に促しています。ご存じのように、トランプ夫人は国内外の各地を訪れ、子どもの健康、健やかな暮らし、そしてネット上での責任ある行動の重要性について、自身のビー・ベスト・イニシアチブを通して子どもたちに語りかけています。彼女のプラットフォームは組織、病院、学校への訪問を中心としており、アクロンのアイ・プロミス・スクールにいつでも訪れるつもりです」

私としては巧みに構成された声明文を発表したつもりでいたけれど、マスコミはそうは捉えなかった。報道は主に、夫に対するトランプ夫人の非難に焦点を当てていた。たとえば『USウィークリー』誌は、「夫ドナルド・トランプがツイッターで攻撃したレブロン・ジェームズに対し、メラニア・トランプが味方につく」と吠え立てた。次の週末、ベッドミンスターを訪れていた私がホープ・ヒックスやホーガン・ギドリーと外のテーブルを囲んでいると、ゴルフを終えた大統領が帰ってきた。そして、そこに座る私を見つけると、こっちに来るよう声をかけ、「レブロンについての声明文を出したのは君か？　どうしてあんなことをした？」と厳しい口調で問い詰めた。

私はおどおどし、少し恐怖を感じながらもこう答えた。「はい、これについてはトランプ夫人と話し合い、最善の方法だと判断しました。あの学校を訪れるつもりなのかと、報道関係者から多数の問い合わせが入っていたからです」

「気に入らないな」トランプは苛立たしげにそう言った。怒っているのは明らかだ。「まったく、気に入らん」もちろん、自分の妻が承認したことくらい知っているはずだが、まさか彼女に向かって怒鳴るわけにはいかない。それからしばらく私をにらみ、私がさっきまで座っていた場所へと向かった。そして、わざわざそちらへ行き、ホーガンとホープを過剰に褒め称えた。弱虫の問題児である私はのけ者だ。トランプがランチを食べにクラブへ入ったあと、私はトランプ夫人にメッセージを送り、このやり取りを伝えたうえで、「大統領は心底私に怒っています」と記した。

するとと彼女から、「そうね、あの声明は気に入らなかったみたい。でも大丈夫。強くなりなさい」と返事があり、力こぶの絵文字で締めくくられていた。絵文字付きの「強くなりなさい」というメッセージは、彼女がどんな場合でもするアドバイスだった。言うだけなら簡単だ。

それから数日、大統領は私のことを無視したが、本当にこたえた。彼の怒りを受ける側にいる以上につらいことはない。トランプが心から私に怒ったのはそれが初めてだった。私は何日間か罪の意識を感じ、胃に鉛が沈んだようだった。

そして、トランプはまたしても私に激怒した――さらに印象深い形で。

8　忌々しいジャケット

正気の沙汰じゃない一日だ。

――ブロークン・ベルズ「CITIZEN」より

くそったれ。そうとしか言いようがない。とにかくひどい一日だった。

テレビを見ていたトランプ夫人は、その内容に心底気分を害し、不安になった。それはトランプ政権による移民政策の全面的な改革プランであり、家族ぐるみで合衆国に不法入国した際、子どもたちを親から切り離すという政策も含まれていた。中でも火種となったのは、まるで檻のような施設に入れられた子どもたちの、心が痛む映像だった――前政権でも同じ施設が建てられ、使用されていたことなど関係ない。これはバイデン政権も直面している問題であり、一挙に解決することは不可能である。ここではっきりさせておくが、本書のこの部分に政治的な目的はない。移民政策は激しい議論を呼ぶトピックであり、人々は簡単なことだと考えているようだけれど、決してそんなことはない。私はアリゾナ州検事総長の下で働き、およそ二〇年間にわたって国境地帯で暮らしていた。だから、不法移民が厄介な問題であり、民主・共和のどちらであっても、時の政府がこれを解決するのは困難であることは知っている。

離ればなれになる家族が増えるにつれ、彼らに関する報道はまったく新たなレベルに突入し、トランプ夫人もすぐに気づいた。報道を毎日チェックしていたこともあって、ずっと前から事態を知っており、泣き叫んだり、親から引き離されたりしている子どもの映像に心底腹を立てていたのだ。道徳的にも、政治的にも、彼女に受け入れられることではなかった。

私たちは、これがウエストウイングに及ぼす影響をしばらく話し合ったが、やがてトランプ夫人が事態を直接見られるよう、テキサスとアリゾナに行こうではないかというアイデアが浮かんだ。私は（またしても）サラ・サンダースに電話をかけ、私たちはこんなことを考えていると事前に伝えた。サラのほうは、そうした訪問がどう思われるかと、まっとうな懸念を口にした。不法移民に対する夫の「ゼロ・トレランス」スタンスにトランプ夫人が反対を示していると、大衆に思わせるとあってはなおさらだ。

もちろん、私はそのすべてをトランプ夫人に説明した。「それはわかってる」と、彼女は答えた。「でも、子どもたちの面倒をどう見ているのか、この目で確かめたいの」そして「ドナルドのことは大丈夫」と、私に伝えた。

同時に、彼女がこの件に割り込もうとしているのは、ウエストウイングの人々が懸念を表わしているからではないかとも思った。ホワイトハウスの反対側とは別々に業務を進めること、および自分が自立した人間であることに、彼女はとてもこだわっていた。だから私たちに対し、あなたがたはウエストウイングに従属してはいないのよと、終始一貫はっきりさせていた。これはファーストレディーの普通の振る舞いとは違う――たいていの場合、ファーストレディーというものは公の場で夫の政策から逸脱しないものだ。とは言っても、私たちはずっと以前に「普通の」というものを捨てていた。そのときも、私はそれに同意した。ここではっきりさせておくけれど、続く数日間で起きた悲劇は、離ればなれにされた子どもたちを支援するという、トランプ夫人の善意から始まったものである。夫の評判に悪影響を及ぼすかどうかは関係なかったのだ。

出発の前夜、先遣チームのスタッフから電話があり、訪問予定の施設の一つでアタマジラミが大量発生していると告げてきた。そこの人たちは全力で施設を清掃し、子どもたちの治療に当たっているという。とは言え、それでもそこを訪問したいと思うだろうか？　夫と同じく、ファーストレディーも潔癖症なのだ。アタマジラミの大量発生を口実に、訪問をキャンセルするのではないかと思った。前に記したように、ホワイトハウスから離れるのを彼女は好まない。

ところが、彼女は決心を変えず、「とにかく行きましょう」と言った。

私は驚くだけでなく、心の中で誇りに思った。それほどまでに、彼女にとっては大事なことだったのだ。

旅に出る際、私は普通エグゼクティブ・レジデンスの一階にあるディプロマティック・ルームで彼女が来るのを待ち、車列が出発する前に急ぎの用事がないかどうか確かめる。しかしその日、私はすでに乗車しており、そこでテキサス州マッカレンにいる先遣チームと電話会議を行ない、訪問の準備を整えていた。ところが、次に起きたことにすっかり驚いた。

ファーストレディーの首席補佐官がバンに乗り込み、私が電話を切ったところ、彼女は「『私は気にしない』とプリントされたジャケットを着ているわ」というようなことを言った。当時の私は三つのことに同時に取り組んでいて、正直そのことをあまり深く考えなかった。そのフレーズが背中に白の太字で大きく記されているなんて、彼女は絶対に言わなかった。また、そのひどいジャケットのせいで一日が台無しになるとも。そしてもちろん、私が見たどの「ルックブック」にも、そんなものは描かれていない。あとでわかったけれど、それはトランプ夫人が自らネットで注文したZARAのジャケットだった。エルベは、「これがどこの製品か、私は知らない」と発言したはずだ。彼はスマートで才能溢れるプロである――そんなものを支持するはずがない。

アンドルーズ航空基地に向かう途中、私はトランプ夫人にメッセージを送り、離陸前に報道陣がやって来るはずだと伝えた。

すると彼女は、「本当に？　着陸するまで来ないと思うけど」と返信した。そこで私は、報道陣の動きをすべてリストアップした、前夜の電子メールのことを思い出させた。それに彼女は

「ＯＫ」と返信し、それで終わった。

車列が機体のそばに到着すると、トランプ夫人は車を降りてタラップを登った。白いジーンズに緑のジャケットという出で立ちだが、ジャケットは腰のところですぼまっていたので、私は何も気づかなかった。しかし、報道陣は気づいた。誰かがジャケットを広げて全体像を明らかにした瞬間、その写真が全世界を駆け巡ったのだ。


テキサス到着後、トランプ夫人はすでに着替えていたが、それは別に珍しいことではない。それから子どもたちに教育、医療、食糧、シェルターを提供しているマッカレンの留置センターを訪問した。そこでトランプ夫人は、スタッフや子どもたちに多数の質問をした――たとえば、両親と話すことはできるのかという質問には、できるという答えが返ってきた。厄介な状況下で施設がきちんと運営され、子どもたちの世話について最善の措置がとられているように見受けられたことに、私たち全員が嬉しい驚きを感じた。もちろん、ファーストレディーと報道陣がやって来ることを当局の関係者はすでに知っており、できるだけ好印象を与えようとしているのは明らかだった。私たちがそこを訪れたからといって、他のあらゆる場所に深刻な問題がないということにはならない。それでも、自分が子どもたちを気にかけていることを彼女は示そうとし、実際気にかけているのは明らかだった。しかし、それに注目する人は誰もいなかった。

ワシントンＤＣに戻る機内で、記者からメッセージが届いた。「『私は気にしない。あなたは?』と背中に記されたジャケットを着ていた記事が出ます。それについてコメントは?」

どういうことかと返信すると、ジャケットの写真が送られてきた。私はそれを見て身がすくんだ。トランプ夫人が所有している無数の衣服、エルベがまとめ上げた素晴らしいデザインの数々にもかかわらず、彼女はよりによって、真っ白な文字で「I REALLY DON'T CARE, DO U?（私はまったく気にしない。あなたは?）」と記された深緑色のジャケットを着て、子どもたちが収容されている国境地帯に向かったのだ。

何て馬鹿なことをしたのだろう。少なくとも、私はそのように考えたけれど、報道関係者にそう言ったわけではないし、その瞬間でさえ、この記者は間違っている、あるいは何か理由があるはずだと思っていた。私がその記者に、衣服のことを取り上げるなんてくだらないと送信すると、「普段は確かにそうですが、これは大ごとになりますよ」という返信。私は再び抗議した。明らかに、彼女が子どもたちのことなど気にかけていないというのが裏の意味なのだろうが、もしそれが本当なら、そもそもテキサスくんだりまで行かなかったはずだし、実際に子どもたちを訪れるときはきちんと着替えていた。そして、その忌々しいジャケットを見てみた。私が見逃していることがあるかもしれない。

それから彼女の個室に入り、「ジャケットの背中に何か書いているんですか? 問い合わせが入り始めています」と言った。

その瞬間、彼女の顔色が変わり、何かヘマをしたときのような表情になった。しばらく私を見つめてから、個室のメインチェアに放り投げられていたジャケットを見せる。背中のメッセージを見た瞬間、もっと早くに調べておけばという罪悪感から、こんな初歩的なミスを犯した彼女に対する怒りまで、様々な感情が私の中を駆け巡った。

なぜあれを着たのかとトランプ夫人に訊いたところ、「ただのジャケットよ」という答えが返ってきた。自分は子どもたちのことなんか気にしない、というメッセージを送ったわけでは決してないと、私は心から信じている。メラニア・トランプは色々なことで非難の余地があるけれど、彼女は息子に、そして子どもたちの支援に献身している母親なのだ。人の子どもをこんな残酷なやり方で傷つけるなど、とても考えられない。正直言って、あのとき彼女が何を考えていたのか今でもわからない。報道陣が機体の周りに群がるだろうということを忘れてしまったので、見られることはないと思ったのかもしれない。あのジャケットを着ることで、他の誰かにメッセージを送っていたのかもしれない。でも、私には確信できなかった。あるいは、寝坊したために慌ててジャケットを摑み、機内で着替えればいいと思ったのかもしれない。理由は今も謎のままだ。いずれにせよ、善意による訪問は、トランプ政権にとってのPR上の大惨事をもう一つ増やすことになってしまった。まるでそれが必要だとでもいうように。頭の片隅に、私たちを指さしてキャッキャと笑うイヴァンカとジャレッドの姿が浮かんだ。

続く一五分間、私たちは善後策をあれこれ話し合った。その途中、ジャケットの「DON'T」の部分に×印を記してはどうかとトランプ夫人が訊いた。記者たちが誤解したとでもいうように。

少なくとも、これは独創的な提案で、大統領自身が考えそうなことだけれど、ひどいアイデアには違いなかった。誰もがあのジャケットをすでに見てしまったのだ。記者たちは間違いなく、最初に搭乗した際の写真と比較するだろう。しかも、その部分を隠す、つまり証拠を改ざんすることで、騒ぎはますます大きくなるはずだ。トランプ夫人は、自分は施設の訪問時に衣服を着替えており、あのジャケットは旅行するときいつも着るものだと弁解した。再び彼女を弁護するために言っておくと（いまだにそんなことをしているのだ）、ワシントンＤＣからの出発を報道陣が取材するということを、彼女は明らかに忘れていた。しかし、それは報道陣の問題ではない。

話し合いを続けているうちに、主要ネットワークや活字メディアから問い合わせがなだれ込んできた。そこで私は、飛行機を降りる前に声明を発表する必要があるとトランプ夫人に言ったうえで、こんな真相（少なくとも私がそう考えていたもの）を提案した――ファーストレディーはジャケットに何が記されているか気づいていなかった、と。しかし、彼女はその提案に乗らなかった。彼女にとって、そんなことはだらしなく思われるのだろう。そのため「ただのジャケット」という結論で落ち着き、私は自分の席に戻って文案に取り掛かった。そして、降機するときはあのジャケットを着たり、腰に巻いたりしないよう意見具申したものの、彼女は「そんなことをすれば、私が間違ったことをしたみたいじゃない」と言って拒否した。さっき、ジャケットそのものに手を加えることを提案したばかりではないか。いやはや、似た者夫婦になることも時にはあるのだ！

到着後、私は落ち込んだ気分で駐機エリアに立ち、タラップを下りて車に乗り込むトランプ夫人の姿を眺めていた。自分は政治史上最悪の広報担当者だ。報道関係者の目の前にあのメッセージ——私はまったく気にしない。あなたは？——が翻り、誰もが嬉しそうに、狂ったように写真を撮っている。ファーストレディーの車列はアンドルーズ航空基地から二〇分かけてワシントンDCに戻ったが、その間、私はツイートの嵐を見ていた。

当然、マスコミの焦点は当初の国境訪問の目的ではなく、あのジャケットに集中していた。「テキサス州のシェルターを訪問するメラニア・トランプ、『私はまったく気にしない』と記されたジャケットを着用」と、ニューヨーク・タイムズ紙は世界に伝えた。CNNの報道は時系列が正確だった。「メラニア、『私はまったく気にしない。あなたは？』と記されたジャケットを国境訪問に先立ち——そして訪問後も——着用」ジェラルド・リベラは人事問題に踏み込み、「彼女が国境訪問であのジャケットを着用するのを許した」首席補佐官は「更迭すべき」と言った。NPR〔アメリカの公共ラジオ放送組織。旧称ナショナル・パブリック・ラジオ〕は韻を踏んだタイトル——「Jacket《ジャケット》がRacket《騒動》を引き起こす」——を付けたうえで、「メラニア・トランプが気にしないことはいったい何か？」と問いかけた。

ジャケットを巡るメディアの大騒ぎをトランプ夫人が気にしなかったのは間違いない。少なくとも、気にしない振りをして、考え抜かれた無関心を鎧兜《よろいかぶと》のごとくまとっていた。しかし、私は気にしていた。これが私の仕事であり、せいぜい無能に思われるのが関の山だ。あのような善意で始まった訪問を、一着のジャケットが完全に乗っ取ってしまったことに、私は打ちのめされた。朝、あのジャケットを着ている彼女を見ていれば、脱ぐよう説得できたのに。でも、そうできたかどうかはわからない。あれは単なる愚かな間違いで、彼女の頑固さがそれに拍車をかけた、というのが真相だ。そして、事態は悪化しつつあった。惨事が繰り広げられるのをリアルタイムで見ていた人物が他にいて、機嫌を悪くしていたのである。

ホワイトハウスのサウスローンに到着するやいなや、大統領がオーバルオフィスで妻に会いたがっていると知らされた。あらまあ。少なくともスタッフの前では、そんな風に彼女を呼びつけたことなどなかった。校長先生に呼び出しを受けた気分だ。

リンゼイと私は列柱を挟んでオーバルオフィスの向かいにあるパームルームに立っていた。ボスの尻を叩いて「グッドラック」と伝え、安全なイーストウイングのオフィスに戻ろうかと、二人とも考えていたと思う。しかし、グッドラックどころではなかった。ファーストレディーは、「あなたたちも来るのよ。いいわね?」と言った。援軍を求めているのは明らかだが、私たちをますます不安にするだけだった。彼女は援軍を求めるような人じゃないし、相手が夫の場合は特にそうだ。

とにかく、他にどんな選択肢があるだろう?「もちろんです」私たちは答えた。一緒に行きます。逃げるつもりはありません。きっとすごいことになるでしょう!

オーバルオフィスの控え室に入ると、大統領秘書のマデレーン・ウェスターハウトが私たちのほうをちらりと見た。面倒なことになったわよ。あなたがた、まだ知らないみたいね――マデレーンは無言で事態を伝える名人だった。

トランプ夫人、リンゼイ、そして私は大統領専用食堂に入った。大統領はテーブルの端にあるいつもの椅子に腰掛け、テレビを見ている。ダン・スカヴィーノも大統領のすぐ左に座っており、部屋に入った私たちと向き合う形になった。

ボスは機嫌が悪く、もちろんそれは私にも読み取れた。苛立たしげに妻のほうへ視線を向け、次いで私たちのほうへ移す。大統領の口からまず飛び出たのは、「お前たち、いったい何を考えていたんだ?」という一言。誰に向かって言ったのかは今もよくわからない。

すると驚いたことに、トランプ夫人は大統領の右側に座り（ちなみに、あの忌々しいジャケットをまだ着ていた）、笑みを向けた。それは奇妙な光景だった。夫のトランプはどうしていいかわからない様子だったが、気分を少しだけ和らげたように見えた。

そして、私を見た。「どうしてあのジャケットを彼女に着せた?」なかば怒り、なかば困惑しきっているかのような口調だ。何かくだらない理由があるはずだと、トランプですらわかっていた。よくも事態をここまで滅茶苦茶にできる人間がいるものだと、驚嘆しているに違いない。

さあ、どうすればいいだろう? ファーストレディーを犠牲にして、合衆国大統領に投げ与えるべきか? 何の罪もないエルべのせいにすべきだろうか? そんなことをするわけにはいかない。けれど、私には説明が思いつかず、そこで多少のユーモアを交えてこう短く返答した。「大統領、私が今着ているカーディガンはターゲットで買ったものです。ファーストレディーが私にファッションのアドバイスを求めると思いますか?」ターゲットとは何か、目の前の人物が知っているかどうかはわからないが、どうやらうまくいったらしい。トランプはそれ以上追及しなかった。自分の妻の頑固さを、大統領は他の誰よりも知っており、彼女がこうだと決めたら私たちの誰もどうにもできないことはわかっていた。しかも、その年の前半に始まったストーミー・ダニエルズ疑惑以来、彼は妻に多少遠慮していたので、それ以上押すことができなかった。

トランプが考えをまとめるまでの数分間、私たちはじっと待った。「あのメッセージはくそったれのマスコミ連中に向けていたと言っておけ。それをツイートしよう。ダン、書き留めてくれ。今すぐ。いいか?」そして、彼女があのジャケットを着ていたのは、すべてのメディアとアンチ・トランプにメッセージを送るためだったという内容のツイートを口述した。

これはダメージコントロールだった——説明の根拠などどうでもいいのだろう。猛火の中、私はわざわざ尋ねなかった。トランプに仕えるというのは、彼の反対者、捜査当局、そしてマスコミの大半を相手に、生き残りをかけて絶えず戦うことなのだ。今やこれが私たちの言い分であって、真実でないかどうかは関係ない。あたかも空調装置を通るかのごとく、何気ない不誠実さはホワイトハウスというフィルターを通過してゆくのだ。

私たち五人は少しのあいだ、ツイートの文面を推敲した。トランプ夫人の口数が少ないことに私はまだ驚いていたけれど、大統領が自分に代わって話すのを許したことに、ますますびっくりした。認めるつもりはないけれど、自分が大きなミスをやらかし、すべての責任は自分にあるとわかっていたのだろう。トランプ夫人が大統領のツイッターアカウントに身を委ねるのを見たのは、それが最初で最後だった。

スカヴィーノが次の文面のツイートを発信した。「メラニアのジャケットの背中に記された『私はまったく気にしない。あなたは？』というメッセージは、フェイクニュースメディアを指している。連中の不誠実さを知り、もう気にしなくなったのだ！」そして私たちは立ち上がった。

トランプは大満足らしく、今や上機嫌だった。完璧なつじつま合わせを考えついたと、心の中で思っていたのだ。私たちがオーバルオフィスを後にしようとすると、背後から「俺が君たちを救ったんだぞ！」という大声が聞こえた。トランプ夫人は笑って「わかってるわよ、ドナルド」と言い、そのまま歩き去った。そのときですら、彼女はあのジャケットを着ていたのだ！　それを剝ぎ取り、火の中に投げ込み、その灰をまき散らしてやりたかった。あのジャケットがどこかで眠ったままでなく、いつか博物館に収められる日が来るだろうか。

そんなわけで、これがあのジャケットを巡る真相と、私たちがあのように反応した理由である。スタッフは彼女にきちんと対処していない、あのジャケットを着せるべきでなかったと、人々に言われるのはつらいことだと信じてほしい。それに、「ただのジャケット」と言った自分が嘘つき扱いされることもつらかった。

その後、トランプ夫人がファーストレディーとして最初で最後となる、ＡＢＣニュースのトム・ラマスとの単独インタビューに臨んだとき、私はカメラのすぐそばに立っていた。

「あのジャケットについて話しましょう」と、ラマスが切り出す。

「あのジャケットね」ファーストレディーのその返事に、私たちは来たるべき事態を悟った。

あのジャケットを着用した理由をラマスから問われたトランプ夫人は、大統領がこしらえ上げたストーリーに固執した。「子どもたちに向けてあのジャケットを着たわけでないことは明らかです。飛行機の乗り降りのために着用したんです。それに、あれは関係者に向けて、そして」

――そこで間を置く。口にしようとしたのがすらすら出てくるフレーズではなかったからだ――

「私を批判している左翼メディアに向けてです。自分は気にしないと、彼らに伝えたかったんですよ。批判するのもいいし、何を言ってもかまわないけど、私が正しいと思うことをするのは、誰にも止めることはできません」

しかし、ジャケットに関するラマスの最後の質問に、私は衝撃を受けた。「途中、あなたのオフィスは『そのジャケットはただのジャケット』という声明文を発表しましたね」と、彼は私の言葉をそのまま引用して彼女に言った。「なのに、あのジャケットでメッセージを送っていたんですか？」

「それは」――私たちのつじつま合わせを思い出そうとするかのように、そこで再び言葉を切る――「そう、一種のメッセージでした。私が何を着ているかよりも、私がしていること、私の取り組みのほうに焦点を当ててもらいたかったんです」

つまり、私がマスコミに言ったことと完全に矛盾している。しかし、これも広報担当者の仕事だ――たとえ自分が無能に見えても、あるいは自分が嘘つきだと思われようと、報道の中で罪を被り、全力を尽くして上司を立派に見せるのが仕事なのだ。

9　アフリカ

過去を変えることはできないが、自分の視点はいつでも変えることができる。
——ウェイン・ダイアー

ファーストレディーの出席が恒例となっている行事のいくつかに欠席し、国民の大半にとって謎の存在のままだったことから、トランプ夫人による初の単独外国訪問は一大事だった。また、彼女が選んだ目的地を予想できた人物も誰一人いなかったはずだ。

私たちは二〇一八年秋にアフリカを訪れることにしたけれど、そこには多数の理由がある。第一に、大衆のイメージを和らげること。夫がアフリカ諸国について発言したとされるコメント——それらを「クソまみれの」国と呼んだ——に刺激され、トランプ家の全員がそのように思っているわけではないと示そうとしたようだ。

訪問地について私たちが話し合いを始めたところ、彼女はいくつかの条件を挙げた。「きれいなだけの場所には行きたくない。バケーションじゃないから。美味しいお茶を飲んで、素晴らしいディナーを楽しむだけじゃないの」また、他のファーストレディーがこれまで行ったことのない場所を訪れたいと言った。そうした場所を探すのは簡単なことではない。候補地を見つけたところで、問題点が一つ、二つ、三つと持ち上がる。訪問すべき児童施設がない、適切な病院の数が少ない、シークレットサービスによるセキュリティ確保に問題がある、などだ。私たちとしてはこの旅を安全なものにしたかったけれど、さりとて納税者のお金で贅沢な旅行をしていると受け取られることも望まなかった。トランプ夫人も、税金の無駄遣いという批判をされないよう、行事で日程を埋めることを希望した。そして数週間後、私たちは訪問先をアフリカに決め、スケジュール候補をまとめてファーストレディーに提出し、確認と承認を待った。

アフリカ大陸は広大であり、北米と同じくそれぞれの国に独自の問題と課題がある。ウエストウイングや国家安全保障会議の承認を求めることはしなかったが、最終的にガーナ、マラウイ、ケニア、エジプトの四ヵ国を訪れることになった。合衆国国際開発庁（USAID）と協力し、各国での文化、教育、および外交に関する行事を計画しつつ、ビー・ベストの三本柱を促進しようと試みる。さらに、トランプ夫人はファーストレディーになって以来初となる、ABCニュースとの単独インタビューに応じることにしていたとあって、これは一大行事になりそうだった。インタビューの背景映像について彼女は極めて具体的なイメージを持っていたので、私たちはそのインタビューをケニアで行ない、それが終わってから象の孤児園やサファリツアーに向かうことにした。

最初の訪問国はガーナ。今回の旅で一番重苦しい印象を与えたのはおそらくここだった。私たちはまずケープ・コースト城を訪れた。この城はおよそ四〇ある「奴隷城塞」の一つで、アメリカ大陸に向かう奴隷たちの監獄として用いられた。私たちを迎えたガイドは多数の部屋にトランプ夫人を案内し、奴隷貿易が始まった経緯を話した。私たちが通された一室には数百名の男女が収容され、小さな窓しかなく日光はほとんど入ってこない。部屋の中央には幅と深さが六インチほどの小さな穴があり、トイレとして使用されていたという。一つひとつの部屋が恐ろしく、ここに収容された人たちの悲惨で心張り裂けそうな生活を、ガイドは生々しく語った。その生々しさたるや、ここで暮らしているかのように感じてしまうほどだ——彼らの苦痛と悲嘆を感じ、牛馬扱いされることがどのようなものか、理解できた気がした。深夜に船へと乗せられるまで、これほどひどい環境の中に監禁され、目的地に着けばさらに悲惨な環境が待ち受けている——そう考えると胸が苦しくなった。女性用の部屋もあるのだが、残酷さは変わらない。私たちは祭壇に立ち寄り、命を落としたすべての人、かくも苛烈な環境の中で暮らしたすべての人に哀悼の意を表した。こんなことがかつて起きたという事実、そして自分たちの国がそれに関わっていたことに、私は恥の意識をはっきり感じた。こんなに大勢の人たちが合衆国に運ばれたのだ。トランプ夫人も強い衝撃を受け、その後の会話でこう言った。「知らなかったわ。本当に恐ろしい環境。

あの部屋を見た？　どうしてあんなことができるのかしら？　誰もがあれを見て、率直に話し合うべきだわ」もちろん、奴隷制度のことは私たちの全員が知っており、それを嫌悪しているけれど、その残酷な起源の詳細についてはあまりよく知らなかった。トランプ夫人が「帰らざる扉」をくぐったところで、この心に残る訪問は終わった。ここに収容された人々はこの扉を通って船に乗せられ、様々な国に連れて行かれたあと、奴隷労働で酷使された。ケープ・コースト城からの帰途、私たちは無言だった。その日は陰鬱な一日で、トランプ夫人も、スタッフも、報道陣も、そしてシークレットサービスの随行員でさえも、何か話す雰囲気でないことは明らかだった。

マラウイへの訪問で、私の人生は変わった。そう、文字通り変わったのだ。マラウイは貧しいものの、人々はみな友好的で、何かと親切にしてくれる。私は今なお、できることならそこに移住したいと、会う人ごとに言っている。実際、そこの大使になりたいと大統領に一度ならず話したけれど、私がそう言うたびに大統領は不思議そうな顔をして、こんな返事をした。「俺なら君を、ヨーロッパかどこかのもっと優雅な場所に張り付けておくのにな」

マラウイで私たちが訪れたのは、チパラ・プライマリースクール一ヵ所だけだった。その学校は九つの建物で構成されていたが、そのどれも扉と窓がなかった。建物内に机はなく、子どもたちは床に座って授業を受ける。生徒数が多すぎて建物の数が足りず、授業の多くは外で行なわれ、子どもたちは赤茶色の大地の上に座っていた。この国ではありとあらゆるものが、その赤茶色の埃を被っている。

トランプ夫人は内外の各教室を回り、いくつかの授業を参観したうえで、子どもたちに「こんにちは。元気にやってる?」などと話しかけた。言語の壁が高いときは、ハイタッチとハグをした。また、英語の授業にも出席し、「ａｐｐｌｅ」「ｃｏｗ」「ｆｌｏｗｅｒｓ」といった基本的な単語を先生に続いて繰り返した。さらに、「ホワイトハウス」と刻印されたサッカーボールを手渡したあと、サッカーのゲームに加わるほどだった。

その後私たちはケニア行きの飛行機に乗り込んだが、機内でトランプ夫人が具体的なリクエストをした。マラウイでの学校訪問中、私たちの携帯電話で自分の写真を撮ってほしいと子どもたちにせがまれた。自分がどんな見た目か確かめたかったのだ。言うまでもなく、大勢の人が自分の鏡を持っておらず、子どもたちが文字通り、自分の外見を知らないことに、私たちの全員が驚いた。トランプ夫人は合衆国に戻るやいなや、あの学校に姿見を贈るよう私たちに言った。「学校に鏡を贈ってあげないと。子どもたちは、自分がどんな姿なのかを知って、とても強いとか、とてもきれいだとか確かめる必要があるわ」子どもたちは自分の姿を見て自尊心を育むべきだと、彼女はあくまで言い張った。だが残念なことに、そのリクエストは実現しなかった。当時のファーストレディー首席補佐官によると、鏡を贈ることで法的責任が生じる可能性があると、ホワイトハウス法律顧問が判断したらしい。もちろん私の意見に過ぎないが、それは事実でないと思う。リンゼイから何度か聞いたけれど、モデルがアフリカ人の子どもたちに鏡を贈ればＰＲ上不利に働くと、彼女は考えていたそうだ。当時のホワイトハウスでは、全員が広報のプロを自任していて、私はいつもこんな目に遭っていたのだ。

前に記したように、ケニア訪問はトランプ夫人にとってファーストレディー就任後——ファーストレディーになってすでに一年八ヵ月が経過していた——初となる、単独インタビューの舞台であり、ABCニュースのトム・ラマスが相手だった。私は選挙運動中にラマスと会ったことがあり、彼とプロデューサーのジョン・サントゥッチを心から尊敬するようになっていた。いずれも手強い人物だが、同時に公平である。私としては、彼女の最初のインタビューは男性のアンカーと行なうべきだと考えていた。女性相手に夫の不倫疑惑を尋ねるのは、男性にとってやりにくいはずだし、またどんな質問にもNGを出さないということで、私たちの意見は一致していた。ストーミー・ダニエルズ問題があったところで、ファーストレディーは毅然としていて率直だと、国民に示したかったのだ。交渉の一環として、インタビューのことは固く秘密にされていたので、ABCのほうは正しく宣伝を行なうことができ、私たちもリークや臆測を封じることができた。また私たちサイドは、ABCはインタビュー当日まで宣伝を開始できず、インタビューの切り抜きはその日の夜から使用できるということで同意した。同行している報道関係者が、あの朝何をしていたのかと彼女に尋ねてくることはわかっていた。また、彼らが——そしてすべてのネットワークが——私に激怒するであろうことも。メラニア・トランプとの初インタビューにはとても大きな魅力があるので、各方面からしつこくリクエストを受けていたのだ。

その日の夜、私はトランプ夫人の部屋に出向いてインタビューの準備をさらに行なった。彼女はスピーチの準備をすることがめったになく、またこれが最初のテレビインタビューなので、インタビューの準備をしたこともなかった。きちんと準備することを好む完璧主義者にとって、何であれ自分が支援を必要としているという考えは我慢できなかったのだろう。アフリカに向けて出発する一週間前、私は彼女にバインダーを渡していた。そこにはインタビュアーがするであろう質問とともに、想定される回答が記されていて、私たちは機内で何度か見直した。当然ながら、私は大統領の不倫疑惑、あのジャケット、移民問題に関する彼女の見方、そして夫のツイッターアカウントと、ネットの安全性に関する彼女の取り組みとの矛盾についての質問を想定した。彼女は疲れていたけれど、それでも三〇分にわたって辛抱強く私に付き合った。ストーミー・ダニエルズとカレン・マクドゥーガルの件が話題になるのはわかっていたので、私は主にそこへ焦点を当て、思案すべきタイミングとそうでないタイミングについて彼女に話した。トランプ夫人は不安になると急いで終わらせようとする傾向があるので、思慮深く冷静な女性という本来の自分らしく振る舞ってほしかった。

私は翌朝早起きするつもりでホテルのベッドに入った。他のチームメンバーに先駆けてインタビュー現場に行き、アングルや照明を最終確認したうえで、写真を撮っておきたかったからだ。たとえ大統領の隣であっても、トランプ夫人がカメラの前に立つ機会があるたび、私はステージやセットの写真を彼女に送っていた。必要に応じて物を動かしたり、私に照明を調整させたりするためである。彼女も大統領も照明にはこだわりがあり、できるだけ「温かく」することをいつも望んでいた。ところが、眠りについておそらく二時間が経ったころ、電話が鳴った。良い兆候では絶対にない。

携帯電話を手にしてまず目に入ったのは、プロデューサーからの「お話ししたいことがあります」というメッセージと、ABCニュースのジェームズ・ゴールドストン社長による謝罪のメールだった。どうやら時差を巡って混乱が起き、PR部門がインタビュー予告のプレスリリースを一二時間早く発表したらしい。他のメッセージとメールは、怒れるマスコミ関係者や全テレビネットワークからのものであり、私のことを不誠実だと罵る人もいれば、予告がなかったことに激怒している人もいた。午前三時ごろ、私はプロデューサーに電話をかけ、起きたことについて話し合った。いい気分では決してなかったし、トランプ夫人は激怒すると私の本能は告げていた。私たちの会話は熱を帯びたけれどプロ同士のもので、私は相手に、彼女はあと数時間で目を覚ますからそのときに話すけれど、インタビューをキャンセルするかもしれないと伝えた。

朝になって彼女の部屋に向かった私は頭にカーラーをつけたままで、ローブをまといつつ、シークレットサービスのバッジをつけ、足にはスリッパを履いていた。扉の前に立つエージェントに「私の見た目のことは気にしないで」と言ってから、彼女のスイートに入る。トランプ夫人はまったく同じ格好をしていた――もちろんバッジはつけていないが、頭のてっぺんにカーラーをつけている。ＡＢＣが偶然プレスリリースを発表したなんて信じられないと、彼女は言った。「単なる手違いだなんて信じられない。リークを恐れて発表したのよ。気に入らないわ」今回の訪問でテレビネットワークに便宜を与えすぎ、記者たちにどんな質問でもさせたものだから、つけ込まれてしまったのだと彼女は考えていた。私はそれに対し、間違いはいつでも起こり得るし、ＡＢＣの人たちを信頼していると言った。すると彼女はぶっきらぼうに、それでもインタビューの準備をするわと言ったうえで、「インタビューに応じるか、それともそのまま象を見に行くかは、あとで教えるから」と付け加えた。インタビューが終わるとすぐ、象を見学するというスケジュールになっていたのだ。胃がずっしりと重くなる。報道関係者からの怒りのメッセージやメールも途絶えることがなかった。

インタビューの現場に到着した私は、今の状況を、トム、プロデューサー、そしてジェームズ・ゴールドストンに伝えてから、トランプ夫人はインタビューに応じるかどうかまだ決めていないと告げた。ゴールドストンは申し訳なさそうな表情をしており、当然不安だったが、プロデューサーは腹を立てていた――私に対してなのか、それとも自社のＰＲ部門に対してなのかはわからない。熱のこもった会話が一時間ほど続いたあと、トランプ夫人がこちらに向かっているので準備を進めるようにと連絡が入った。

ファーストレディーが到着するやいなや、私たちは彼女の控え室に入って最後の打ち合わせを行なった。彼女はカーキ色のタイトパンツ、乗馬用ブーツ、そして目の覚めるような白いシャツという出で立ちで、「サファリハット」と検索すれば表示されるのとまったく同じ、白い帽子を手にしていた。そこにリンゼイ・レイノルズ、そしてトランプ夫人の付き人とヘアスタイリストが加わる。彼女は帽子を被り、私たち全員に「どう思う?」と訊いたあと、自分の姿を鏡に映しながら、私たち四人の話し合いに耳を傾けた。「インタビューではそばのテーブルに帽子を置くから」私はその帽子を気に入ったものの、あたかも私たちがサファリ・バービーの格好をさせたかのように、コスチュームに身を包んでいるという印象を与えるのではと心配になった。正直なところ、テレビニュースのクルーが待機し、セットの準備が整っているとあって、彼女にはインタビューに集中してもらいたかったし、彼女の自信をなくすようなことは言いたくなかった。グループの一人が、「奥さま、連中はとにかくあなたを攻撃するでしょう。被ったほうがいいですよ。素晴らしく見えますし、あなたはファッション界のカリスマです!」ときっぱり言い切ると、彼女は私たちを酔わせるような笑い声を上げた。それからたかだか一〇時間後、その帽子がまたしてもファッションの大失敗の原因となり、「レイシスト」「冷然」という見出しが躍ることになろうとは、私たちの誰一人として思いもよらなかった。

彼女のボタンダウンのシャツが何度か開いてしまい、テープで閉じることを余儀なくされたものの、インタビュー自体は成功に終わった。終了後、私たちは赤ちゃん象を見物して餌をやった。私はものすごく楽しかったけれど、彼女はひどく怖がっていたと思う。何しろ、トランプ一家は動物好きの人たちではない——それに子象といっても体重は二五〇ポンド〔約一一三キログラム〕ほどもあり、餌の時間になるとひたすら暴れ回るのだから。実際、一頭の子象が飛びかかってきて、一、二フィート後ろによろめいたトランプ夫人の身体を、主任エージェントが受け止めた。後にその写真は、私たちスタッフやエージェントの友人たちが彼をからかう道具になった。ファーストレディーがよろめいた際、そのエージェントはすぐ後ろに立っていたので、彼女の腰を摑まざるを得なかったのだが、その後どんなジョークが生まれたかは容易に想像できるだろう。

サファリツアーを終えた私たちはナイロビにある「巣《ネスト》」という孤児院に向かった。孤児となった子どもたちを収容しているだけでなく、収監された母親たちの施設にもなっているという、驚くべき場所だ。自立して子どもたちを支えられるよう、彼女たちに職業訓練を行なうなど、その後母子が一緒に暮らせるようにすべく、全力を尽くしている。私は先遣チームに加わっていたので、ここがいかに特別な場所かを知っており、赤ん坊たちに再会できるのを楽しみにしていた。トランプ夫人は目を輝かせた。優しく、共感する能力を持ち、思いやりのある彼女は、「どれくらい長くここにいるの？」「何を食べているの？」「資金の出所は？」といった質問を投げかけたうえで、母親と再び暮らせる割合を尋ねた。彼女は自分の身体を使って新生児たちへの愛情を熱心に示し、そうした子どもたちの話にはっきり感銘を受けていた。私たちが見た赤ん坊の一人は一週間前に収容されたばかりで、下水溝に捨てられているのを発見したという。年長の子どもたちが歌と踊りでファーストレディーを迎え、バラと笑顔をプレゼントする。私たちは目に涙を浮かべながらその光景を見ていた。

ケニアを後にした私たちはエジプトに向かった。だが、先遣チームに加わっていた私にとって、今回の旅で一番恐ろしかったのがこの国だった。政府は極めて疑り深いうえに友好的でなく、女性や自由世界の報道関係者に対しては特にそうだった。トランプ夫人はアブドゥルファッターハ・エルシーシ大統領、そしてエンティッサール・アメール夫人と無事に会見を終わらせ、その後私たちはピラミッドに出かけた。その時点で、私たちが議論したサファリハットなど、トランプ夫人がケニアのサファリで着用した衣服に関する「報道」がすでになされていた。

トランプ夫人が被った帽子は探検帽とも言うらしく、彼女の批判者には、植民地主義と白人優位主義のシンボルを彼女が故意に見せびらかしていると受け取られた。そうした馬鹿げた報道に加え、私は同行している報道陣の相手もしなければならなかった。彼らはトランプ夫人になかなか近づけないことで腹を立てていたのだが、それを私個人にぶつけるだけでなく、お気に入りの不満解消ツールを大勢が使っていた。ツイッターだ。ピラミッドに向かう際、私はトランプ夫人の車に同乗した。あまり長い距離ではなかったので、彼女が例のごとく「変わったことは？」と尋ねるやいなや、私はそれに飛びついた。「あなたと話ができないことで、報道陣はとても苛立っています。しかも、ＡＢＣとのインタビューにいまだ立腹しているので、ピラミッドに行く途中で立ち止まり、公表前提で何か話すべきかもしれません」目を回した彼女に、私はこう続けた。「わかっています。ただ、今の報道はあなたがサファリで被った帽子に集中しており、あなたがここで行なった素晴らしいことが忘れ去られています。あの探検帽をレイシストの象徴として描いているんです」すると彼女は、「それは違うわ。私たちはガーナの奴隷城塞を訪れたじゃない。私がレイシストだなんて、彼らは正気なの?」と言った。再び、私は同情を示そうとしながらも、自分の主張を続けた。「わかっていますが、立腹している彼らに何かくれてやる必要があります」「彼らに何を言い、何について話す必要があるの?」「彼らは間違いなく、あなたがサファリで被った帽子について尋ねるでしょう。あなたの衣服ではなく、あなたが今回の訪問で子どもたちのために行なったことに集中すべきだと、痛感させる必要があると思います。とにかくひどいんですから」私はさらに、今回の訪問についてどう感じているかを訊かれる可能性が高く、不倫疑惑の件も出るかもしれないと伝えた（私としては、いつも最悪の場合に備えてほしかった）。すると彼女は、「答える質問は三つだけ。あと、私が何を着ているかではなく、私が何をしているかに焦点を当ててほしいと、彼らに伝えなさい」と言った。私は彼女の提案に同意したうえで、その場を離れるタイミングの合図として、「私が『最後の質問』と言います」と付け加えた。ファーストレディーの場合でも、大統領の場合でも、インタビューを切り上げさせるのはいつも難しかった。どのような形であれ、スタッフに「操られている」という感覚をどちらも嫌っており、大統領は多くの場合、インタビューが終わったあとも長々と話し続けていた。案の定、トランプ夫人も私の「最後の質問」の呼びかけを無視し、二、三の質問にさらに応じた。前に述べた通り、二人はとても似ていることがあり、ほとんど喜劇だった。

車を降りてスフィンクスを背に立った瞬間、彼女はいくつかの質問に応じた——そして、衣服に関する避けられない質問が飛んできたが、車中で一言一句練習した（そしてＡＢＣとのインタビューですでに行なった）回答をしてくれたことに、私は喜んだ。トランプ夫人は夫と違い、簡潔に答えて本筋から離れないことにかけては優秀だったのだ。しかし、私の喜びはすぐに崩れ去った。質疑応答のあと、優雅なパンツスーツに身を包み、別の帽子を被った彼女はギザのスフィンクスへとまっすぐ向かい、いくつかポーズをとり始めた。スフィンクスがそびえる中、そうした衣服をまといつつ、集まってきた数十人の報道関係者に無言を貫くことで、衣服以外に集中してほしいと先ほど記者たちに言ったことが台無しになってしまった。私たちがここに来た理由を話したり、エジプトの観光業が繁栄し続けられるよう、エジプトの遺産を保護するために今行なわれていることを語ったり、我が国のＵＳＡＩＤによる支援活動に触れたりする代わりに、トランプ夫人は高級ファッションの写真撮影であるかのごとく振る舞ったのだ。広報担当者の視点から見れば、これが彼女の最高の長所であり、同時に最低の短所だった。準備しているときはしっかりしており、話の本筋から離れないのだが、即興で何かをすることが決してなく、代わりに立ち姿を写真に収めさせ、質問の叫び声を無視するだけなのだ。

しかし全体的に見れば、この旅は成功だった。六日間で四ヵ国、印象深い訪問先、多くの笑い、数回の涙、そして睡眠不足。チームの全員が何らかの形で深く好ましい影響を受けていた。私もできれば、本書の大半をアフリカで過ごした日々のことで埋め尽くしたい——国民、場所、風習、そしてそこで出会った人々の広い心と気取らない性質は、とても考えられないような形で私に影響を与えたのだ。親切さと実直さということについて言えば、彼らから学べることはたくさんあるし、私はいつの日かそこで暮らし、人々がさらに繁栄するのを手助けしたいと願っている。

合衆国へ戻るフライトは長時間に及んだので、トランプ夫人がケニアの孤児院を訪れ、アフリカ人の乳児を抱く姿を撮影された翌日、イヴァンカがハリケーンに襲われたノースカロライナを訪れ、アフリカ系アメリカ人の子どもを抱きかかえたことに、彼女は気づいた。これは偶然だろうか？　おそらくそうだろう。しかしホワイトハウスには、大統領かファーストレディーが国内外を訪れる際は、その訪問に注目が集まるよう、行事の重複を避けるという不文律がある。事実、外遊中にそれより規模が大きい行事を計画しないよう、私たちはウエストウイングに申し入れていた。しかし相手はイヴァンカだ。本物のファーストレディーが初の単独外国訪問に出かけているあいだ、彼女はまたしても、ファーストレディーの役目とも受け取れることを行ない、報道陣の前でポーズをとったのだ。私たちはいつも、こうした類いの当てこすりに直面していた。もちろん、ハリケーンの被災地域をイヴァンカが訪ねたことは、とても立派なことである。しかし彼女は知恵が働き、マスコミにも詳しく、しかも聡明なので、私たちの日程を知らないはずがない。彼女の訪問は延期してもよかったはずだ――しかし、お姫様はこうと決めたら実行する人なのである。

アフリカ訪問から戻った直後の一一月、私たちにとって最大の「ニュースバリューがある」声明文がイーストウイングから発表された。国家安全保障会議（NSC）でジョン・ボルトンの首席補佐官を務めるミラ・リカルデルの解任をファーストレディーが要求したのだが、それは少なくとも報道関係者にとっては青天の霹靂《へきれき》だった。この発表は私名義の電子メールで行なわれ、「この政権に仕えるという名誉に彼女（リカルデル）がもはやふさわしくないというのが、ファーストレディーオフィスの立場である」という文面だった。もちろん、ファーストレディーが人事に関する大統領の意思決定に対し、公の場で干渉することは普通あり得ない。これが異例の行動だ——CNNは「前例のない」と呼び、『ヴァニティ・フェア』誌は「驚くべき」「冷酷な」と称した——であることは、私たちもわかっていたけれど、状況自体が普段と大きく異なっていた。

ブロンドの頭髪をしたミス・リカルデルは厳格な印象を与える中年の女性官僚で、ホワイトハウスの一部からは、国内政治の舵取りや「他人との協調」ができない人物だと見なされていた。彼女はジョン・ケリーやマティス将軍といった人たちと真っ向から対立していたが、そうした人たちの悪口を言うなど明らかに嫌っていることは、私も耳にしていた。多くの記録によると、彼女は無愛想で押しが強いそうだが、ボルトンは彼女を気に入り、庇護していた。それはわかる。彼女は「エスタブリッシュメント」そのもので、一九九〇年代はボブ・ドール上院議員に仕え、その後のジョージ・W・ブッシュ政権ではペンタゴンで勤務した。彼女の標的にされるまで、私はこの女性が何者なのかまったく知らずにいた。

ある日、ファーストレディーの単独外国訪問に先立って行なわれた、先遣チームのアフリカ派遣時の行動について、ミラが調査を求めているという情報を私は受け取った。あとになって徐々にわかったのだが、たとえ何一つ理由がなくても、トランプ政権では他人を攻撃する武器としてしばしば使われるものが二つある。セキュリティクリアランスのプロセスと、内部調査の実施である。どちらも相手の評判に深刻な害を与える可能性があり、多くの場合、自分の味方である報道関係者に情報がリークされる。こうした攻撃を実行するには、味方の上級スタッフに不適切な振る舞いを臭わせるだけでいい。すると調査が開始され、疑われた人物はセキュリティクリアランスのみならず、時には職さえ失うこともある。調査の結果は的外れなことが多い。「調査対象」にされただけで、ホワイトハウスの内外における自分の評判に傷がつくのだ。私も二度そうした戦術の標的にされたが、これはその一回目だった。

かくも長期にわたりかねない悪影響さえなければ、これからお話しするストーリーは面白いが、率直に言えば退屈なものである。一言で言えば、それはファーストレディーの外国訪問に向けて、私たちグループが偵察に派遣されたときのことである。つまり様々な場所を回り、ファーストレディーの到着に先立って、政策、移動手段、セキュリティに関する決断を下すのだ。イーストウィングは政策主導型ではなく、また今回が私たちにとって最初の単独外国訪問だったので、NSCのアフリカ担当者が乗り込んできて、いくつかの政策課題をレクチャーしたり、現地の大使館への照会を手伝ったりした。当時、NSCがファーストレディーにどんな発言をするよう求めているかについて、トランプ夫人は一切関心を示さなかったが、私たちは礼節を保とうとした。

その旅のスケジュールは過酷だった。四ヵ国にできるだけ長く滞在し、時差ぼけに苦しめられながら、一日一二、三時間も働く。機内で二泊を余儀なくされるうえ、各国の訪問対象はそれぞれ遠く離れており、移動手段についても困難がつきまとっていた。それに、あれほど多くの子どもたちが暮らす環境を見たこともあって、精神的にもつらかった。

旅を終えるころには、私たちは疲弊し、汚れきっていたこともあり、今すぐ帰国したかったけれど、フライトクルーの休養が必要なのでキプロスに立ち寄らざるを得なかった。午後のまだあまり遅くない時間に到着した私たちは、シャワーを浴びて休憩したあと、一緒にディナーをとることにした。およそ一五人のメンバーが浜辺のレストランに集まる。食事は美味しく天気も最高だ。

ディナーが終わり、グループの大半はバーに向かうことにしたのだが、そこに入ったとたん、花嫁の独身さよならパーティーに出くわした。とは言うものの、その日の夜は健全そのもので、笑ってしまうほどだ。私たちは踊り、花嫁とコンガダンスを始めた。店内に流れる八〇年代の曲に花嫁が興奮しきっていたので、私たちのチームメンバーの一人が、誰かのテーブルに乗っていた彼女の靴を偶然蹴ってしまった。それはただの楽しい夜だった——酔っ払う人も、気分が悪くなる人も、恥ずかしい思いをする人もおらず、日が変わるころには全員がホテルに戻っていた。

翌朝、私たちは空港行きのバスを待ちながら、昨夜同行しなかった二、三のメンバーにそのときの話をした。するとどういうわけか、予想通り脚色されたその話が、ミラ・リカルデルのところへ行ってしまった——ドラッグの使用、公衆の面前での泥酔、そして猥褻な振る舞い。確信こそしていないけれど、情報源はこの旅に加わることを強制されたミラの側近の一人だったと思う。あの夜、彼女は私たちに同行しなかった。仮に犯人が彼女なら、そんな話はうんざりとばかりに、私たちのことを告げ口し、話を盛ったのだろう。

ミラは大統領官房室というういかにも偉そうなオフィスに対し、その旅に参加した全員の調査を開始するよう要求した。ここで忘れないでほしいのだが、先遣チームにはファーストレディーのスタッフ、シークレットサービスのスタッフ、先遣部門と外国訪問部門のメンバー、国務省職員、そして彼女自身のNSCスタッフも含まれていたのだ。なぜこれが彼女の管轄なのか、そもそもどうして彼女の仕事なのかは、私の知るところではない。言うまでもなく、私は激怒したけれど、それは私たちの首席補佐官も同じで、あの旅に加わった全員と話をするか、この件を潰すと言った。他の多くのメンバーと同じく、話す必要がある全員のところに行くと私は志願したものの、不安はなかなか消えなかった。私たちはケリー将軍のもとへ行き、彼はボルトンに調査の中止を命じたけれど、それは無視された。ボルトンもまた攻撃型の怒りっぽい人物で、誰かに指図されるのを好まない。次にファーストレディーのもとを訪れたところ、彼女も全員に武器を下ろし、くだらない調査をやめるよう促した。

しかし、ケリー将軍やファーストレディーからの指示にもかかわらず、でっち上げの調査はなおも続けられ、当然ながらそのニュースがマスコミに漏れ始めた。

動機が何だったのかは、今もわからない。その一つは、自分に仕えるＮＳＣスタッフの一人が、アフリカへ向かうファーストレディーの飛行機に乗れなかったことに対する、ミラの怒りだったと思う。ＮＳＣがトランプ夫人に話してもらいたいと望んだテーマを、私たちが事実上吹き飛ばしたことが、彼女の神経を逆なでしたのだろう。あるいはたぶん——あくまでたぶんだが——自分が聞いたことを信じていたのかもしれない。しかし、報復に至った理由は謎だ。指図されるのが嫌だったのか。面倒を引き起こしていただけなのか。あるいは、内なるジャヴェール警部〔小説『レ・ミゼラブル』でジャン・ヴァルジャンと対立する人物〕が、〝君は正しい〟と彼女に告げたのか。とは言え、ミラが正気だったなら、トランプ夫人を怒らせようとは思うまい。こうしたことが人々に与える影響を、トランプ夫人は誰よりも知っていたし、その対象が自分の愛するスタッフたちであればなおさらだ。私について言えば、過去の飲酒運転のせいでその件についてはすでに敏感になっており、大衆やマスコミは、同僚たちと行儀良く楽しい夜を過ごしたというようなつまらない事実でなく、好奇心を大いにそそるストーリーのほうを信じるだろうとわかっていた。

ミラがホワイトハウスから放逐されたタイミングと経緯は、実際には——いつものように——まったくの行き当たりばったりだった。トランプ夫人、ファーストレディー首席補佐官、そして私はマップルームでミーティング——イレギュラーな会議の一つ——を行なっていたが、やがて

「調査」の話題になった。私たちは現状を説明したうえで、このくだらない茶番を止める方法を考えた。私は怒りと苛立ちを感じており、それはトランプ夫人も同様だった。このいい加減な女性による明らかな報復劇に当惑しているのは明らかだ。また、とうの昔に去ったステファニー・ウィンストン・ウォルコフが、ウエストウイングがいつ攻撃してくるかわからないとトランプ夫人に繰り返し警告したことも、彼女の思考に影響を与えたはずだ。

　どうしてそんなことを思いついたのか今でもわからないが、私は出し抜けにこう言った。「ご存じでしょうけど、私はミラとの不和についてマスコミから問い合わせを受けています。この政権に仕えるという名誉に彼女がもはやふさわしくないというのが、ファーストレディーオフィスの立場である、という声明文を出させてくれませんか？」そのうえで、これはすぐさま報道されるし、いったん表に出ればボルトンも首席補佐官を貶めることができなくなり、私たちのオフィスやそうした状況に対処しなければならなくなる、と説明した。大胆？　間違いない。プロらしくない？　たぶん。しかし繰り返すが、あのホワイトハウスは汚い真似をしているのだから、我が身を守ろうとするなら時には自分も進んで手を汚す必要がある。まったく筋が通らないかもしれないけれど、これが私たちの現実だったのだ。

　トランプ夫人は二分間ほどそれについて考えてから、そうしなさいと私に言った。そこでマップルームから、私はその声明文を送信した。三分後、それはツイッターで拡散され、一〇分後にはテレビで報道された。そして一五分も経たずして、オーバルオフィス控え室から電話があり、リンゼイ・レイノルズと私にオーバルオフィスへ出頭してもらいたいと告げられた。

何てこと。

私たちがまたもや「校長室」に呼ばれたという知らせを聞いて、ファーストレディーは面白がっているようだった。大統領に怒鳴られに行く私たちを見送りながら、「心配しないで」「強くなりなさい！」などとのんきに言う彼女の表情は決して忘れないだろう。

オーバルオフィスに入る直前、彼女からメッセージが送られてきた。例の、力こぶの絵文字だ。ありがとう、奥さま。

オーバルオフィスに入ると、トランプはデスクの後ろに座って電話の最中だったが、相手はファーストレディーだと即座にわかった。結局、私たちの後押しをしてくれたのだろう。しかし、大統領は不機嫌だった。彼女の言うことが気に入らないのは明らかで、私たちの姿を認めるやいなや電話を切った。私たちが大統領と向かい合う形で座ると、彼は一枚の紙を私のほうに放り投げた。誰かが私の声明文をプリントアウトしたのだ。そして怒りも露わに怒鳴りつける。「何て馬鹿げた声明文だ！　君が発信したのか？」

そうですすと答えるしかない。当然の流れとして、大統領は事態をできるだけややこしくしようと、ミラを呼び出した。すると彼女は数分後にやって来た。

そこには三人の女性が座っている。中央にいるのは私で、左にはリンゼイが、右にはミラが座っており、合衆国大統領がレゾリュートデスクの背後に控えている。その後の事態は、ホワイトハウス版の『アプレンティス』としか言いようがない。トランプは机の後ろに座り、それぞれの言うことを聞いている。まるで私たちが番組の出演者で、大統領による最後の判定を待ち受けているかのようだ。放映時と同じく、トランプが何を考えているのか、結果がどうなるかは見当もつかない。私たちの誰かを指さし、「お前はクビだ！」と言うことだってあり得るのだ。

ある時点でミラが自分の事情を大統領に縷々《るる》訴え、ここで働き始めてからの七ヵ月間、情報を漏らしたことは一度もないと言ったことを、私は今でもはっきり記憶している。

私はそれに対し、「ええ、私はあなたの下でほぼ三年間働いていています。期間の長さを競うのであれば、私の勝ちです」と応じた。私が得点を稼いだというように、大統領がうなずく。するとミラは、私が謝罪したうえであの声明文を撤回すべきだと提案した。そこで私は彼女に対し、あれは独断で発信したのではなく、撤回はあり得ないとさりげなく伝えた。

大統領は私たちの言い争いをもう少し聞いたあと、三人全員をさらに怒鳴りつけたが、率直に言えばそれももっともだ。世界で一番強力なポストにある人間が、こうした愚かな喧嘩にかかずらう理由なんてない。とは言え、大統領もどこかでそれを楽しんでいたと思う。

君たちは馬鹿なことをしたと再び伝えたあと、大統領は結局リンゼイと私を追い払った。「愚かな声明文だ。まったく馬鹿らしい。もううんざりだよ。またこうした騒ぎを片付けなきゃならん」これもまたトランプの傾向だった――自分はマスコミ相手の天才的な「火消し役」だと思い込んでいるのだ。トランプ夫人のジャケットの一件と同じく、他の何かに関するツイートや声明を発表することで、マスコミの視線をそちらに向け、彼らの注意をそらす達人だと考えていたのである。

しかし、大統領のほうは、私がしたことは馬鹿げていると思っていたものの、私としてはそうではなかった。大胆なこと——たぶん、私が職務で行なった中で一番大胆なこと——をしたのは間違いないが、調査そのものが不誠実で、間違っているのだから。しかも、私は狙った収穫を得た。立ち去り際、大統領がミラに「こんなことをしても無駄だ。君はここを去ることになるだろう」と言うのを聞いたのだ。この一幕は『アプレンティス』のエピソードそのものだった。

騒動が収まったあと、ミス・リカルデルがどこへ行ったかは今もわからない。聞いたところによると、ボルトンはさらに半年間、すべての権限を失った彼女を誰にも知られずホワイトハウスの職員として留めたというのだが、その後耳にした話では、彼女は政権内の他のポストをすべて断わったらしい。ポストの提供は一種の好意で、ボルトンと彼の側近たちはそれを執拗に求めたという。この一件のあと、ボルトン大使は私に腹を立てたらしく、ほぼ完全に無視するようになった。彼は自著の中で私に関する一文を記し、私のことを「フューリー《復讐の女神》」と呼んだという。私はその言葉をすぐに辞書で調べた。すると、「復讐の女神」にはいくつかの意味があるとわかった。人々を苦しめて疫病を引き起こす、ギリシャ神話の復讐の女神、復讐する霊、そして執念深い女性。また、「極端なまでのどう猛さ」という意味もあるのだが、彼はこの意味で「フューリー」という単語を使ったのだと思う。

ミラ・リカルデル騒動が繰り広げられているころ、私たちのもとに悲しい知らせが入った。

二〇一八年一一月三〇日、大統領夫妻に同行してアルゼンチンを訪れていたときのこと、リンゼイ・レイノルズが私の部屋の扉をノックした。時計を見ると午前二時。

「ブッシュ大統領が亡くなったわ」と、彼女は声を詰まらせながら言った。私としては、ホワイトハウスの対応を今すぐ考えなければならない。

私たちイーストウイングのチームは、ジョージ・W・ブッシュ元大統領の体調が優れないことをしばらく前から知っていた。理由の一つに、リンゼイがブッシュ一家の下で働いたことがあり、今も連絡をとり合っているというものがあった。こんなことを言うのは気が引けるけれど、元大統領の死が発表された時点で、私たちは声明文を準備し、いつでも発表できるようにしていた。葬儀におけるホワイトハウスの役割を整理するのも、イーストウイングの仕事になった——閣僚による弔問の手はずを整えるとともに、何より重要なこととして、元大統領と彼の家族のためにエアフォースワンを使用できるようにする。

当時、トランプ大統領はジョージ・W・ブッシュを嫌っており、トランプのことをよく言っていなかったブッシュ家のメンバーを活用することもあまりなかった。そのため、ブッシュ大統領が亡くなり、ワシントンDCで執り行なわれる国葬にブッシュ一家をエアフォースワンで送迎しなければならないと私たちから聞かされたトランプは、渋々それに同意した。

しかし、大統領をして大統領専用機の使用を拒否させるに違いない情報があることは、私たちの全員が知っていたし、またその事態を恐れていた。何より私たちが秘密にしたのは、ブッシュ元大統領の介助犬サリーを搭乗させることである。トランプは犬嫌いでこそないものの、さりとて好きでもなかった。移動オフィスのあちこちに犬の毛が落ちているなど、彼にとって耐えられないだろう。そこでサリーのことには触れず、ありがたいことにトランプも尋ねなかった。知らなければ腹を立てるはずがないし、私たちだって害を被《こうむ》ることはあり得ない。

もう一つ、そのとき大統領に言わなかったのは、ブッシュ元大統領の遺体を輸送する方法である。つまり、エアフォースワンだ。たとえ短いフライトであっても、大統領が賛成するとは思えない。遺体、死、病気——そうしたものは彼を心底ぞっとさせる。それを伝えてしまうと、大金と時間をかけて機体全体を徹底的に清掃せよと、彼は言い張るだろう。そこでこの件も、私たちは秘密にした。ブッシュの棺をワシントンＤＣまでどう運ぶのかとトランプが考えたとしても、私が知る限りそれについて質問することはなかった。実際、トランプ大統領の在任期間中、エアフォースワンに遺体と犬を乗せてフライトしたという事実を、彼にわかる形で公にしたのは、本書がおそらく初めてだろう。

ブッシュ元大統領の葬儀について、厄介な事態が持ち上がった瞬間がもう一つある。ブッシュ家はトランプ一家の参列を望んでおらず、仲介者、特にリンゼイ・レイノルズを通じてそのメッセージをさりげなく私たちに送ってきた。しかし、大統領夫妻はそれでも参列した。その理由の一つに、今年に入って二度も、同じような状況で恥をかかされたことが挙げられる。元ファーストレディーのバーバラ・ブッシュ、そしてジョン・マケイン上院議員の葬儀に、大統領は参列を事実上拒否されていたのだ。それに加え、その時点で私と親しくなり、一緒に多くのことを乗り越えてきたリンゼイに、自分にしか解決できない「問題」を作り出す傾向が見られ始めたと、私には思えた。ブッシュの葬儀もそうした状況の一つだった。つまり、そこに割って入り、自分が交渉を行なった結果、トランプ一家が参列する「許可を得た」と発言するのだ。とは言え公平に見れば、これはトランプ政権がホワイトハウスで働く人々にしていることだった。次から次へと危機に見舞われる政権では、火消し役を演じるのが自分をよく見せる最善の方法である——たとえ火を点けたのが自分だとしても。

マケインの葬儀では、国旗を半旗にするよう命じることさえ大統領は嫌がり、結局、そうするように説得したのはイヴァンカだった。それ自体は正しいことだけれど、当然ながら彼女はやりすぎた。歓迎されないにもかかわらず、ジャレッドと一緒にマケイン議員の葬儀に姿を見せたのだ。どうやら二人は、今回もただ姿を見せ、賞賛されることを望んでいただけなのだろう。大統領もこれにはうんざりしたと思う。自分の欠席がますます目立ってしまうからだ。しかしいつものように、彼は二人の振る舞いに目を回してみせるだけだった。止めることなどできないとわかっていたのだ。

10　首席補佐官三号

優れた指導者は少しだけ多くの非難を甘受し、少しだけ少ない賞賛で満足する。

――アーノルド・グラスゴー

二〇一八年一二月一四日金曜日、大統領は最新の首席補佐官をツイッターで発表した。「我が国のために奉仕し、優れた功績を上げたジョン・ケリー将軍に代わり、行政管理予算局のミック・マルバニーをホワイトハウス首席補佐官代行に指名したことを、ここに喜んで発表する。ミックはこの政権で素晴らしい仕事をしてくれた。アメリカを再び偉大な存在にする過程で、この新しい役職に就いた彼とともに働くことを楽しみにしている！　ジョンは年末までポストに留まる。彼は偉大な愛国者であり、その奉仕に一個人として感謝したい！」念のために言っておくと、政権が発足して二年足らずで、私たちは三番目の首席補佐官を迎えることになったのだが、今回は肩書きの最後に「代行」がついていた。また一一月にジェフ・セッションズがついに辞任したあと、検事総長も交代することになった。そしてケリー将軍の辞任から一週間も経たずして、ジム・マティス国防長官が辞表を提出したが、大統領宛ての痛烈な手紙が大きな注目を集めた。かくして、二年間で二人目となる国防長官を迎えることになったわけだ。しかしそこには、私の知らないまったく別のドラマがあった。

私たちホワイトハウス関係者の中には、しばらく前からケリー将軍の不吉な前兆を見て取る人もいた。軍隊式の効率化でもって組織をまとめ上げる彼の努力は、いずれ失敗に終わることが運命づけられていたのだが、それは私の予想より早く現実になった。自分が誰に会い、誰と話すかについて、他の人間が権限を持つのを嫌っているのと同じく、大統領は構造というものを嫌っていた。自分が孤立しているのをやがて感じ、厳しすぎる親を持つ子どものように反抗したのだろう。

大統領が激怒する横で、ジャレッドとイヴァンカがこの好機を捉えた。私たちの多くは、この二人に対するケリーの戦い――旅行のリクエストを拒否したり、自分たちの利益のために大統領と個人的に会うのを防いだりするなど――に溜飲を下げていたが、彼の努力はまさしく「絶望的」の一言に尽きた。ケリーが二人にひたすら「ノー」を突きつけ、他のスタッフという障害物を迂回させまいとするにつれ、ケリーと彼のチームに不利となる情報漏洩の数が増え始めた。トランプは新聞記事（どういうわけか、それは魔法のごとく彼の前に置かれていた）を読み、首席補佐官に対する信頼をさらに失っていった。忘れないでほしいのだが、政権内部では大勢の人がこのようにして敵を葬り去っている。マスコミに情報——真実であろうとなかろうと——をリークし、大統領が記事を読むように仕向けるだけで済むのだ。

私はこの交代劇に悲しい思いをしたとは言えない。ケリー将軍には自制心があり、でたらめな人間などでは決してなく、私はそうした特質を心から尊敬していたけれど、その彼とて完璧ではなかった。自分は今の仕事が本当に嫌だという態度をあからさまにとっており、それでみんなの信用を失っていたのである。おそらく統制を愛していたから、またあるいは、大統領が全員を極端に走らせていたから、率直に言って実にくだらない活動であっても、彼は真面目に監督していた。

ある日、リンゼイ・レイノルズが突然私のオフィスに入ってきて、ドアを閉めた。普段は見られない妙な行動だ。彼女は深刻そのものの表情で椅子に腰掛けるという、これまた妙なことを行ない、ホワイトハウスにおける私の親友の一人が、今まさに解任されようとしていることを伝えた。「セキュリティクリアランス上の問題」があると言ったのだが、それ以上は無言だった。政権と大統領に忠実そのものだったその男性は、人事局の女性、そして武装したシークレットサービスのエージェントによってホワイトハウスから追い出され、考える余裕さえ与えられなかった。

しかもそのせいで、彼は一種の犯罪人のように思われてしまった。ファーストレディーのスタッフの一人が政権からかくも突然解雇された理由について、本人はもちろん、ファーストレディーにすら誰も説明しなかったからである。トランプ夫人は解雇理由を突き止めようとしたも

の の、 私の知る限り、 ホワイトハウス弁護士事務所は彼女に何も言わなかった。

ずっとあとになって、私は真相を耳にした。私の友人はゲイだったのだ。セキュリティクリアランスの担当者が彼のＧｒｉｎｄｒ〔LGBTQコミュニティ向けの出会い系アプリ〕アカウントを偶然見つけ、投稿内容の一部がトランプ夫人に「個人的な恥をかかせる」と判断したのである。そして、私の知る限りは彼女に相談することなく、この男のキャリアを破滅させようと試みた。

今日に至るまで、最終決定を下したのがケリー将軍かどうかはわからないけれど、彼はトップダウン型の統制を好む人物なので、その可能性があるのは間違いない。ただし、ケリーの部下の一人が事の経過を詳しく知り、その決定を支えたことは知っており、私は様々な点で心底腹を立てた。

その時点から、職務での付き合いは続けたものの、もはやケリーの部下たちとは親しくなくなった。そうした偏見に我慢できなかったのだ。また、トランプ政権の打算的な性質をその時初めて思い知らされた。忠誠心と極めて高い職業倫理を持つにもかかわらず、彼のために立ち上がって戦おうとする者は一人もいなかった。ファーストレディーもそうしたとは思えない。本当の解任理由を知った私がトランプ夫人のもとに赴いたところ、彼女はその知らせに怒りを見せたが、何も起きなかった。スタッフを本当にチームに復帰させたいと思っているなら、あるいは心から激怒しているなら、何かをしていたはずだ。だが、彼女はしなかった。それは苛立ちのたまることだったし、来たるべき事態を私に警告していたのだろう。私は主に、その道徳性のなさに腹を立てていた。その人物がゲイで、Ｇｒｉｎｄｒのアカウントを持っていたというだけの理由で排除されたのなら、それは間違ったことである。このホワイトハウスには姦通者が満ち溢れている。私だって飲酒運転の過去があるが、それでもここに留まっている。人にそんなことをするなんて間違っているし、それを気にしないのはもっと悪い。「これはよくない」という内なる声がまた聞こえてきたけれど、今回は首席補佐官のオフィスを責めるだけだった。

それから程なくして、ジョン・マッケンティーが衆目の見守る中、同じくだらない理由でホワイトハウスを追い出された――「セキュリティクリアランス」上の問題だ。報道によると、彼はギャンブルでかなりの借金を抱えたという。ケリーの部下たちは、どこかの国が脅迫の手段として利用すると思ったのだ。この一件は私を驚愕させた。大統領の側近として長く仕え、他の誰より近い関係にあるマッケンティーが追放されるなら、私たちも同じ目に遭う可能性がある。大統領に最も忠実で、善意に満ちた人たちが一人、また一人と選ばれてゆくかのようで、それについて何かできる人は誰もいなかった。

マッケンティーについても、私は味方に立ち、声を上げて弁護した。私たちの政権では忠誠心に価値があるはずだ。ケリーの時代にそれで友人を得られることはなかったけれど、私は気にしなかった。

もちろん最大の皮肉は、ジャレッド・クシュナーが自分自身の様々な問題や経済的な利害関係のせいで、セキュリティクリアランスを取得しなかったことだ。私の知る限り、彼は最も基本的なクリアランスしか取得していなかったが、政権のあらゆる最重要会議に出席していた。しかも、イスラエルのベンヤミン・ネタニヤフ首相やサウジアラビア政府の最高幹部など、多数の国家元首や指導者と直接連絡をとっていた。トップセキュリティクリアランスを取得していないのはさておき、スタッフがすべきことでは絶対にない。ジャレッドはクリアランスの件について立腹しているらしく、怒りの対象はケリー将軍のように思われた。大統領は否定しているが、ジャレッドとイヴァンカに最高機密（TS）に関する非常に基本的なセキュリティクリアランスを付与するよう、ケリー将軍を最終的に押し切ったに違いない。私の知る限り、二人が最高機密／秘密区分化情報（TS／SCI）の許可を得ることはその後もなかった。言うまでもなく、ジャレッドはケリーを打ち負かした時点で、残りの在任期間中、トランプ政権における事実上の首席補佐官となったのである。

ここまで述べたところで、ジョン・ケリーについて次のことを言っておこう。彼は私たちの国に人生を捧げ、彼と妻はこの国への奉仕の中で息子を失った。エアフォースワンの機内でケリー夫人と感謝祭のディナーを共にし、バーボン片手に夜遅くまで、夫妻の息子について話したことを覚えている。彼女は息子の成長、軍人時代、そして死んだ後のことを、強い自尊心をもって、そして苦痛をにじませながら語った。この国はケリー一家に——そしてその他多くの家族にも——深く感謝しなければならない。ケリー将軍は、おそらく多少古びた理想を抱く高潔な人物で、ホワイトハウス首席補佐官として立派な仕事をしようとしたのだと、私は確信している。トランプ政権における私の最も大きな後悔の一つは、ケリーが原因だったが、これについてはあとで話そう。

首席補佐官に就任するまで、私はミック・マルバニーに会ったことがなかった。会っていたとしても、覚えていなかった。彼は中肉中背で、明るい色の頭髪に丸い眼鏡をかけている。また私と同じく、彼も人の名前を覚えられなかった。敬虔なカトリック教徒でゴルフと水泳を愛し、多少歪んだユーモアセンスの持ち主で、私たちに対していつも誠実だった。さらに、彼にもパムというこのうえなく素晴らしい妻がいた。二〇一九年一月二日、自分が連れて来たスタッフとともにミックが首席補佐官の職務を始めたとき、私は当初あまり感銘を受けなかった。人から聞いた話によると、マルバニーの部下たちは職業意識が低く、楽しむことが目的で、ホワイトハウスの地下壕《バンカー》を見たいと要求したうえ、キャンプ・デイヴィッドは自分たちの遊び場だと考えているらしい――ケリー将軍のスタイルとは正反対だ。しかし、やがてマルバニーのチームを知るにつれ、その考えは変わり始めた。快適な雰囲気を生み出し、リラックスしようと全員が努めているだけでなく、政策やスタッフの問題についても精通しており、信じられないほど分別があったのだ。

彼らは手始めに、金曜日に一斉メールを送信し、ポップコーンとソーダを用意するから首席補佐官オフィスに立ち寄ってほしいと全員を招待した。一年以上にわたって軍隊式の堅苦しさが支配していたこの場所で、それは新鮮な空気を生み出した。さらにミックは門戸開放的な政策をとり、たとえ彼が不在でも、首席補佐官筆頭代理のエマ・ドイルが常にいた。ところで、当時三〇歳のエマはそのポストに就いた最年少の人物だった。ミックがいないときに彼の代理となり、深刻なトラブルが起きても政権の継続性を維持するという任務を託されたことを考えれば、これは極めて印象的なことである。

私にとってエマの最も素晴らしい点は、そうした責任に耐えられるかどうか、疑問符をつけなくてもよかったことである。彼女はいつも穏やかで、何があっても冷静で、どんなに厳しい状況の中でも現実的だった。マルバニーの部下たちが何の予断も持たずにホワイトハウス入りしたことは、私にも見て取れた。彼らは全員の役割と、何がうまく機能し、何がうまく機能しないかに関する補佐官たちの考えを知って理解することを、心から望んでいたのである。

11　お姫様と女王陛下

自分自身で一杯の人間ほど、空っぽな存在はない。
――ベンジャミン・ウィチカット

二〇一九年六月の初めごろ、トランプ大統領は英国女王エリザベス二世主催の公式晩餐会に招待された。私たち上級スタッフも全員参加することになり、しかも女王、チャールズ皇太子、ウィリアム王子、ケイト妃、そしてハリー王子をはじめとする王族に謁見するという。私たちはみな胸を躍らせたけれど、トランプの子どもたちはそれ以上だった。トランプ一家の全員――ジャヴァンカ、エリックとララ、ドン・ジュニアとキンバリー・ギルフォイル（彼のガールフレンドでFOXニュースの常連）、およびティファニーと彼女のボーイフレンド――が揃って外国を訪れることになったのは、四年間でこれが唯一だった。彼らは女王主催の公式晩餐会だけでなく、米国大使公邸のウィンフィールドハウスで催される晩餐会にも出席することを望んだ。チャールズ皇太子とコーンウォール公爵夫人カミラが同席するからである。当然の流れとして、全員がすぐさま動き始めた。

まず、滞在計画がとてつもなく厄介だった。このイギリス訪問に大統領随行スタッフを加える余地がほとんどない。トランプの子どもたちとその配偶者、そして彼らのボディーガードが加わったことで、現地で必要とされる人たちが押し出されてしまった。ホテルの客室と移動に用いる自動車の数も限られている。全般的に見て、私たちはスムーズな計画立案がなかなかできず、それが内部のトラブルのきっかけになっていた。

このイギリス訪問は、ジャレッドとイヴァンカによる様々な思いつきやリクエストによって引き起こされたいざこざの好例――もううんざり――である。座席にも宿泊施設にもまったく余裕がないのに、この「インターン」たちは家族という立場を利用して先遣チームや外遊担当部署を脅迫し、自分たちのスタッフを同行させたのだ。イヴァンカとジャレッドそれぞれに首席補佐官がいるのだと、イーストウイングのスタッフはよくジョークを飛ばしていた。普通のホワイトハウスであれば、二人のトップ――正副大統領――にしか首席補佐官はいない。イーストウイングでも、首席補佐官がつくのは通常ファーストレディーと副大統領夫人だけである。しかし、トランプのホワイトハウスでは、自分の首席補佐官を抱えることがクールな流行になっていた。

リンゼイ・レイノルズはずっと以前から女王に謁見することを夢見ていた。そして自分の職務においても、単に「姿を見られたい」という理由でトランプの子どもたちがその機会を台無しにすることがないよう、全力を尽くした。特に、トランプの子どもたちをエアフォースワンから遠ざけ、ティファニーのボーイフレンドを公式晩餐会から締め出すために、あちこち奔走しているように見えた。「まるで『じゃじゃ馬億万長者〔一九六〇年代にアメリカで放映されたコメディドラマ。貧しい田舎者がビバリーヒルズの富裕層のあいだにいきなり放り込まれてしまうというプロット〕』のように思われてしまうわ」と、彼女は私に言った。「国家にとって恥よ」

リンゼイは最終的に、トランプの子どもたちがエアフォースワンに搭乗するのを無事防いだけれど、その勝利には代償が伴った。ドン・ジュニアとエリックが自分たちの不満を父親に伝えたために、リンゼイがファーストレディーと一緒にマリーンワンでアンドルーズ航空基地に向かったとき、大統領は彼女に怒りを爆発させたのだ。自分の子どもたちが「今まさに民間航空機に乗っている」（まるでそれが、人が耐えなければならない最大の重荷とでもいうように）と言ったうえで、二度と「自分の子どもたちにちょっかいを出すな」と告げたのである。

大統領がまくし立てる中、トランプ夫人が割って入り、「彼女にそんな話し方をしないで」と言ったものの、大統領はそれを無視した。とにかく怒っていたのだ。今回のイギリス訪問で子どもたちに何かあれば、お前が自分たちと一緒に帰国することはないと、彼はあからさまに示した。その後長らく、リンゼイはトランプのブラックリストに名を連ね、私は彼女を気の毒に思った。トランプはすでに、今回のイギリス訪問に関する子どもたちの愚痴にうんざりしており、そこで苛立ちのはけ口として私たちスタッフを選んだのだろう。けれど、私たちはそれに気づいていなかった。

訪問前にはもう一つの暗闘が繰り広げられた。大統領とファーストレディーによる女王との顔合わせの席に同席することを、ジャレッドとイヴァンカが期待していたのだ。プロトコルによると、女王はまず到着した大統領夫妻とのみ会見し、その後他の家族やスタッフに謁見することになっていた。だから、イヴァンカとジャレッドによる要求はまったく不適切だ。私の知る限り、自分たちだけがその特別な名誉にあずかれる──エリックとララ、ドン・ジュニア、ティファニーは対象外──理由を説明したことは一度としてなかった。

私たちの大好きな規則遵守主義者であるファーストレディーは一瞬たりとも考えを変えず、女王に関するプロトコルはきちんと守るべきだとあくまで主張した。「それは適切でないし、大統領と私だけが会うべきだわ」と、彼女は私たちに言い切った。ヘリコプターでバッキンガム宮殿に到着した際、「インターン」が大統領夫妻と並んで歩くなど絶対にあり得ない──そして、彼女は正しかった。最初はまるでわからなかったけれど、数年経って私はようやく真相を突き止めた。ジャレッドとイヴァンカは自分たちのことをアメリカ合衆国の王族だと思っていたのだ──英国のウィリアムおよびケイトと同列だと。結局のところ、私たちが彼女を「お姫様」と呼んだのも故なきことではなかったのである。

子どもたちがイギリス訪問について次から次へと不満や要求を述べることに、夫が少なからず苛立っているという事実も、ファーストレディーは知っていた。彼女はそれに巻き込まれるほど愚かではないので、声に出すことはなかったけれど、自分が夫に文句を言わなくてもいい形で問題を解決する方法を、私たちが見つけることを期待していたと思う。「このままだと、彼の子どもたちを憎む嫌な女になってしまうけど、本当のところは違う。この件にもう巻き込まれたくないの」と、彼女はそのときだけでなく、後になって何度も言った。

最後に私たちを救ったのは、ヘリコプターにはジャヴァンカを乗せる席の余裕がないという事実であり、彼らは他のスタッフと一緒に我慢することを余儀なくされた。しかし、私たちの代表団がバルコニーの前で待機する様子を、私は興味深く眺めていた。居並ぶカメラマンが自分たちの姿を捉えるよう、室内の二人が何度も窓の外を覗いていたからだ。しかし撮影された写真は、彼らの望むものではなかったはずだ。物欲しげな視線を向けていたせいで、何とも哀れな姿に映ってしまったのである。それはまるで、自分たちが大統領夫妻だったらいいのにと思っているかのようだった。

こうした悲喜劇が注目を集める結果になったにもかかわらず、バッキンガム宮殿で行なわれた公式歓迎行事はとてつもなく素晴らしかった。大統領を乗せたヘリコプターがバッキンガム宮殿の広大な芝地の一つに降り立ち、大統領夫妻が降機する様子を、上級スタッフ使節団は眺めていた。そして、女王と夫のフィリップ殿下、チャールズ皇太子とカミラが二人を出迎える。

トランプ夫人は鮮烈な白いスーツを身にまとい、NBCが言うところの「スタイリッシュに傾いた、つばの広い驚くべき帽子」を被っていた。衣服は彼女のお気に入りであるドルチェ&ガッバーナだが、帽子は純粋にエルベ・ピエールだった。箱に入れたまま、合衆国から慎重に運んだものである。

到着セレモニーのあと、私たちは壮麗そのものの部屋に通され、一列に並んで女王に謁見した。これまでに見たすべての写真と同じく、彼女は小柄だった。腕にハンドバッグを下げており、ごく形式的に「ハロー」と短く言う。

その後ろにはチャールズ皇太子が続いていたが、人を惹きつける魅力に私は驚いた。しっかり事前説明を受けたらしく、私が大統領とファーストレディーの両方に仕えていることを知っていたうえ、洗練されたアクセントで「いったいどうやって時間を見つけているのですか？」と尋ねてくれた。大統領は女王を大いに好きになったが、チャールズのことはそれほどでもないのは明らかだった。訪問中、大統領夫妻は非公式の茶会の場でチャールズと会見したのだが、そこから戻ってきたトランプは、会話がまるで盛り上がらなかったと不満を並べ、「気候変動のことしか言わないんだ」と、目を回しながらぶつぶつこぼした。トランプ夫人は笑いながら、夫について「そうね。あの人、本当に退屈してたわ」と言ったのだが、その彼女は素敵な時間を過ごしていた。

その夜の公式晩餐会は正装が求められる正式な行事だった。最高の衣服に身を包んでバッキンガム宮殿に赴くのは、現実とは思えない感じがする。王室に関連する他のあらゆることと同じく、行事には儀式とリズムが伴っていた。一挙一動が演出されており、私たち使節団が列に並んで同席者とペアになり、名前を呼ばれて部屋に入った際、それは明らかだった。先に入った招待客はすでに着席しており、すべての視線が部屋に入る自分のほうを向くとあって、私は心底怖じ気づいた。誰もが目を見張るほどエレガントに見えていたと信じたいが、本当のことを言えば、私はガウンを踏んでつまずかないようにするだけで精一杯だった。そのとき着ていたのは金のスパンコールがついた肩の出るドレスで、反対側の腕にはバットスリーブをまとっている。ホワイトハウスの裁縫師に頼んで身体に合うよう仕立てていたけれど、直前に靴を変えたせいで少々長くなってしまった。それはメイシーズで見つけた既製のドレスで、見た瞬間気に入ったものだった。

公式晩餐会が催される部屋は広々としており、テーブルが馬蹄状に並んでいる。招待客は一七〇名ほど。それぞれのテーブルは、シャクヤク、ヒエンソウ、スイートピー、そしてバラでできた贅沢なブーケで装飾されていた。報道によると、メニューのプラン作りに六ヵ月、テーブルのセットに三日をかけたという。頭上のバルコニーからオーケストラの演奏が流れ、曲名こそ思い出せないものの、映画のテーマ曲がいくつか混じっていた。大統領を喜ばせるためなのは間違いない。

先頭のテーブルに女王とフィリップ殿下が着席し、その両脇に大統領とトランプ夫人が座る。あとになって、ミャンマー産ルビーをあしらったティアラという、女王がその日選んだ被り物についての噂話がマスコミで流れた。『ヴォーグ』誌は次のように指摘している。すなわち、王室専属の鑑定士によると、ミャンマー人はその貴重な宝石のことを「身につけている人を病気ではなく邪悪から守るお守り」と見なしているそうだ。当然ながら、マスコミはこれを、女王陛下はトランプの邪悪を打ち払おうとしているのだと解釈した。

もちろん一番下の子は別として、キンバリー・ギルフォイルと、ティファニーのボーイフレンドを除き、トランプの子どもたちと配偶者の全員が晩餐会に姿を見せた。私の左側には、我が国のUSDA（農務省）に相当する組織から来た紳士が、右側にはマイケル・オブ・ケント王子妃が座っている。同席者に恵まれたとしか言いようがない。通常、こうした種類の公式行事では、会話は気詰まりでぎこちなくなるものだ――しかし、マイケル王子妃は違った。当時七四歳の彼女は声が大きくて愛らしく、エキセントリックではあるものの並外れたユーモアセンスの持ち主だった。私に向かって目を輝かせながら、自分は子どもたちのおむつを替えたことがないと何度も繰り返し、ダイアナ妃についての噂話まで私に伝えた。ダイアナはとても傷つきやすく、結婚当初から哀れな状態だったらしい。そして、王族は決して彼女に友好的ではなく、王室の後継者を産むためにここへ来たのだと考えていたそうだ。マイケル王子妃自身が女王のいとこと結婚したのだから、「私にそんなことを言ってどうするのだろう?」と、私は不思議に思った。さらに彼女は、『A Cheeter's Tale（あるチーターの物語）』という自分の本についてとうとう述べ、アフリカについて話し合ったあと、話題を「君主制の古くささ」に戻した。ディナーの終わりにデザートとしてチェリーが供されると、その女性がなんとも優雅に口から種を出し、ボウルの中へ置く様子に、私は驚嘆した。

ディナー後のパーティーで、マイケル王子妃は王族の中で厄介な存在なのかもしれないと、私には見受けられた。晩餐会で誰の隣に座ったかと尋ねられ――ウェールズ公妃キャサリン、またの名をケイト・ミドルトンも私に訊いた一人だった――私が答えるたびに、相手は奇妙な表情を浮かべてから、ためらいがちに「彼女、とても面白い人でしょう？」と付け加えるのだった。

ウィリアムとケイトはいずれも素敵なユーモアのセンスを持ち合わせていた。これはトランプ夫人から学んだことだが、私は彼らの身のこなしに敬意を払うべく、ティアラを模したヘッドバンドをつけていた。それをケイトに褒められた私が感謝を述べ、「あなたがお被りのものほど美しくないのは間違いありません」と言い添えると、彼女は「ええ。でも、私のほど重くもないでしょうね」と答えた。そこにウィリアム王子が割って入り、「本当によかったよ。僕はそんなものを被るよう求められないから――でも、それを留めるのに必要な髪がないかもしれないな」と言った。私はケイトの身体の細さに驚いた。二人は心から愛し合っているか、少なくとも見事にその演技をしていた。ハリー王子もその場にいたけれど、メーガン・マークルは欠席していた。彼女は私たちの大統領が嫌いだと公言していたので、不在に驚く人は誰もいなかった。ハリー王子とはこれが初対面ではなく、トランプ夫人がインヴィクタス・ゲーム〔現役か退役済みかにかかわらず、負傷した軍人および病気の軍人を対象とした国際スポーツ大会〕を観戦しに行ったときに会っていたので、そのイベントについて話が盛り上がった。さらに、その夜の「息苦しさ」について私にジョークを飛ばしたのだが、それはここにいる全員も同感のようだった。ロイヤルファミリーの中で、私はハリー王子に好感を持った。彼のユーモアのセンス、そして地に足のついたスタイルのおかげで、こちらが身構えなくても済むからだ。

翌日の夜は合衆国大使の公邸であるウィンフィールドハウスで晩餐会が催されることになっていた。ウィンフィールドハウスはリージェントパークの中央にある、一二エーカーの広大な敷地の中に建っている。名目上、そのディナーの主催者は大統領とファーストレディーであり、チャールズ皇太子とカミラ夫人も出席する予定だ。だが、その夜は劇的なドラマで幕を開けた。私たちに同行している要人——トランプの子どもたち、ジョン・ボルトン大使、ミック・マルバニー首席補佐官、そしてスティーブン・ムニューシン財務長官——のために、警備陣は手薄だった。使節団全員がバスに乗り、それをボルトン大使の車が先導する手はずが整えられており、交通渋滞を避けて時間通りに到着するよう、ライトとサイレンをつけて走ることになっていた。王族のメンバーを待たせたくなかったからだ。

しかし時間になっても、気難しく、「人と協調しない」ことで悪名高いボルトンは姿を見せなかった。電話にも出ず、シークレットサービスの担当者も彼が何をしているかわからないという。計画を耳にし、「下っ端ども」の行列の先頭を走るのが嫌だったのだろう。エスコートがいないこともあり、私たちは一〇分ほど早くバスに乗り込み、準正装の姿でロンドンの街中をゆっくり進み、ウィンフィールドハウスへと向かった。半分ほど走り終えたところで、ボルトン大使の車がライトを光らせ、サイレンを鳴らしながら、私たちのバスを追い抜いてゆく。マルバニー首席補佐官の顔に浮かんだ怒りの表情を、私は決して忘れない。彼はボルトンを乗せたSUVが自分たちを追い抜くのを見て、「あのクソ親父め」とつぶやいた。ようやくウィンフィールドハウスに着いたあと、マルバニーはボルトンに詰め寄り、二人のあいだでボルトンの所行に対する激しい口論が始まった。その中身は私の耳まで届かなかったけれど、他の誰にも聞かれないよう、扉を閉めるべきなのはわかっていた。

晩餐会が始まる直前、チャールズ皇太子とカミラ夫人を迎えるために、私たちは再び一列に並んだ。チャールズと握手する番になったとき、彼が私のことを覚えていてくれたのに感動した。「またお目にかかりましたね——休息はとれましたか?」と言ってくれたのだ。彼は素敵でとても親しみを感じさせ、テレビで見る印象とはまったく異なる。晩餐会では、駐米英国大使を務めるサー・ナイジェル・キム・ダロックの隣に座った。ワインとアメリカンフットボールの話に花が咲いたものの、「いったいどうやっているんです? つまり、お国の大統領のような方の下で働くということですが」と訊かれたとき、私は奇妙な感覚を抱いた。翌月、トランプ大統領のことを「不安をまき散らす」人物としたうえで、ホワイトハウスを「無能で、機能しておらず、カオスに包まれている」と評した機密メールがマスコミにリークされ、広く公になったことを受け、ダロック卿は辞任を余儀なくされたが、それも驚くべきことではないだろう。

12　三つの仕事

雷のようにプレッシャーが降りかかるとき、いつも正しいことをするのは難しい。
――ジャスティン・ビーバー「I'LL SHOW YOU」より。

六月、サラ・ハッカビー・サンダースがホワイトハウス報道官を辞任すると発表したとき、私は驚いた。ジョージ・ステファノプロスを相手に行なわれたＡＢＣのインタビューのせいで、大統領が彼女に腹を立てているという噂は耳にしていたが、そうした話は何度も何度も聞いており、私はまたかと思った。ちなみに、画面の外で咳をするミック・マルバニーに大統領が苛立つシーンが放送されたのも、そのインタビューである。

真相は、ほぼ全員が長居しすぎて大統領に嫌われていたということなのだ。賞味期限切れの牛乳のようなものだ。大統領はその人物に飽き飽きするか、聞きたくないことを聞かされることにうんざりするか、あるいはその時点で抱えている問題について、その人物に責任を押しつけることにしたのだ。たぶんサラは、大統領が我慢しているうちに辞めようと決心したのだろう。もしそうなら、頭のいい女性だ。

　私は過去の年月でサラと夫のブライアンをとてもよく知るようになり、彼女が故郷アーカンソーの州知事を目指していることはわかっていた〔二〇二三年一月、サンダースはアーカンソー州知事に就任〕。そして、自分の仕事が耐えがたいほどの重荷になっていたことも。一般的に信じられているのとは違い、報道官の仕事はテレビで記者会見を行なうだけではない。三六五日二四時間、合衆国大統領のみならず報道関係者から電話が入るけれど、それは一日一つの質問に抑えてくれる少数の人々の集まりではない。ニュースで何が報道されているか常に把握する必要があるし、省庁のトップにひっきりなしに電話をかけ、事実を突き止めなければならない。加えて、報道官は一〇名ほどのチームを監督し、内部で行なわれるほぼすべての会議に参加することを期待されている。まさしく時間に追われる仕事であり、三人の子どもがいるサラにとっては、次のキャリアに進む時期だった。また、彼女と家族に対する脅迫が続き、それらに真実味が十分あるため、シークレットサービスは身辺警護が必要だと判断したのだが、そうした報道官は史上初めてだった。彼女の辞任について述べるとき、この悲しい事実のことは言うまでもない。

　それから間を置かず、サラの後任となる人物の名前が出回り始めた。彼女の筆頭代理を務めるホーガン・ギドリーが最有力で、ジャレッドとイヴァンカも彼を支持していた。抜け目のないホーガンはホワイトハウス在籍期間中ずっと二人を教育し、プラスのイメージを築き上げる手助けをしていた。しかし、それより重要なのは、彼らについて好ましくない報道がなされたとき、それを抑えるか、あるいは二人を守ろうと死力を尽くしたことである。前に記したように、二人はそれを評価しただけでなく、期待もしていた。後継者候補として他に名前が挙がった人物として、国務省のヘザー・ナウアート元報道官や、財務省の広報部門に所属するトニー・サイエなどがいた。

ここで本当のことを言おう。マスコミによる報道で自分の名前が最初に挙がったとき、私は興奮でぞくぞくした。ホワイトハウス報道官になることがずっと夢だったからだ。そして、自分の名前が報道された瞬間、私はそのチャンスに胸を躍らせ、私のことを支えてくれる人とその件について話し合った。以前にいた職場では、必ずホワイトハウスの写真を掲げていた。最終目標をいつも心に留めておきたかったからだ。広報に携わる人、特にその中でも政治が好きな人にとって、ホワイトハウス報道官はキャリアの頂点である。他の政権であれば、その地位に達するということは、政権が交代したあとも、大企業の高給ポスト、テレビへの出演、そして講演依頼が保証されていることを意味する。しかし、トランプ政権は違った――だがそれも、本書の中で最も控えめな言い方かもしれない。

夢が実現するという見込みに、私は胸を躍らせたどころではなかったけれど、私をためらわせる、あるいは少なくともそのポストを得る可能性を減らす問題が多数あった。第一に、大統領自身が自分の報道官であり、その仕事を他の誰よりうまくこなせると常に思い込んでいた。第二に、私はジャレッドやイヴァンカと近い関係にあるわけではなかった。とは言え、私がその時点で二人のことをどれほど嫌っていたかは知らないはずだ。第三に、私はトランプ夫人の下で働くことに充実感を覚えていた。そして最後に、ホーガンは親しい友人なので、私は彼のことを応援していた。

時間が経つにつれ、私の名前が後継者候補として報道される頻度が上がっていった。そんなある日、私はサラのオフィスに呼ばれたのだが、そこにはホーガンもいて、報道官のポストに意欲があるかどうか尋ねられた。そのポストを提示されたら真剣に考えると、私は答えた。するとホーガンは、自分が就任するとすれば名誉なことだが、後任が自分でなければ君であってほしいと言った――それに私も、自分だって同じ思いだと返事した。そのやり取りにサラが割って入り、自分は二人とも応援していると言った。今振り返ると、ホワイトハウスで働いた四年間、これが最も成熟した、プロ同士のミーティングだったかもしれない。

私が後任者となることについて、エマ・ドイルおよびミック・マルバニーとの話し合いが始まったのだが、私は正直に、自分はやはりトランプ夫人の下で働きたいと言った。その仕事が好きで、ますます慣れていた。それだけでなく、私がファーストレディーとじかに話せることは大統領も知っているのだから、自分は彼の見方を変えることができる、あるいはやり方を改めることができると、愚かにも考えていたのだ。

取り組むべき他の問題として、報道および広報担当部署の構造があった。伝統的に、広報部長と報道官はそれぞれ別のチームを監督するが、メッセージの一貫性を保つべく協調している。だがトランプ政権のやり方は、最初からそれと違っていた。ホープ・ヒックスは戦略的広報の責任者であり、報道や広報に関するすべてのミーティングに参加していたが、大規模な記者会見になると、大統領と密接に連携しつつ独自に行動するか、大統領が何を考えているのか、どのような意図を心に抱いているのかを、彼女が報道官に伝えていた。メルセデス・シュラップがそのチームに加わったが、彼女は戦略的広報担当上級顧問なる肩書きを要求したと、私は耳にした。「上級顧問」という肩書きによって自分の地位が上がるのは明らかであり、行事や外国訪問で上位者と見なされるため、これは賢いやり方である。サラとメルセデスの仕事の方法はまったく違い、サラのほうが働き者なのに対して、メルセデスは一日中会議を行ない、土壇場でメッセージを変えるのを好んでいたようだ。

一人で双方のチームを監督し、それぞれに強力な代理を置けば、情報発信や報道に関する意思決定を合理化できると、私は考えていた。また、サラの退任後、責任者は一人だとメルセデスに理解してもらうことが重要だとも思っていた。これはメルセデスのことを軽視していたのではなく——私は仲良くしていた——現在の組織構造がしばらく前からうまく機能しておらず、やり方を改めなければと強く感じていたからだ。その半年ほど前、大統領がすべての記者会見を中止させたので、私はできるだけ多くの人（私自身も含めて）をテレビに登場させるとともに、全国の地元記者が参加する機会を増やせるよう、地方広報チームに重点を置こうとしていた。もちろん、自分がそのポストを獲得したらの話だが。

大統領はなかなか決断を下さなかったが、それに驚く人はいなかった。スタッフのあいだで推測がなされたり、競争が行なわれたりするのを楽しんでいたのだ。しかも大統領は、各候補者の異なる視点を聞くことだけでなく、率直に言って彼らについての噂話を楽しんでいた。私はトランプ夫人に対し、彼女の広報担当者として留任することを含め、自分が三つの上級ポストに就くという考えをすでに話していた。また、その考えが気に入らなければ、自分は喜んであなたのそばに留まるとも言った――実際、本気でそう考えていた。しかし、彼女は私のことを応援してくれた。彼女もまた、ウエストウイングのリソースと情報をホワイトハウスのこちら側でも使えるようにするというアイデアを気に入っていたのだ。それに加え、新しい広報部長に対してテレビに重点を置かせるというアイデアを構想していたようだ。なので、私にゴーサインを与える彼女なりの優しいやり方だったというわけだ。

大統領はついに、（いかにも彼らしい）行き当たりばったり式の方法で、私に広報官のポストを提示した。大統領はサウスローンを歩いていたが、そこには「トランプ－ペンス」のロゴが貼られたばかりの選挙遊説バスが停まっていた。正副大統領が全国を遊説できるよう、選挙活動オフィスとホワイトハウス事前活動チームが最近バスを改装していたのである。費用は選挙活動フィス持ちだが、セキュリティ上の理由からホワイトハウスも関与していた。だが私の知る限り、このバスが使われることはなかった。費用がどれくらいかかったのかもわからない。

警備責任者のトニー・オルナート、そしてボディーガードのジョーダン・カレムと一緒に大統領がクロスホールに入ってきたとき、私はたまたまそこにいた。彼らの招きで遊説バスを見て回ったあと、大統領と私はサウスローンを横切ってオーバルオフィスに向かった。その途中、大統領は広報の仕事について話を切り出した。「自分に可能だと、君は本当に思っているか?」そしていつもの長広舌を始めた――何名の「大物」がそのポストを欲しがっているか、そのポストを得ることがどれだけ大事なことなのか、などなど。

「光栄です、大統領」と、私は答えた。まさか「光栄ですが、どうしようもなく不安です」と言うわけにはいかない。

すると大統領は続けた。「わかっているだろうが、君はスターになる」テレビに出て彼のために戦う人に、トランプがいつもかける言葉だ。私はそれに対し、自分のただ一つの目標は大統領夫妻に奉仕することだと返答したうえで、「ホワイトハウスにスターは二人しかいません――あなたとトランプ夫人です」と付け加えた。

自分の妻が上司と呼ばれるのを、大統領は喜ぶことがあった――ある意味で面白いと思っていたのだろう。しかし、オーバルオフィスに通じるステップを登ったところで、大統領は早口でこう言った。「だが、これからは俺が第一だ。いつも俺を優先させるんだ」そして、いつも数歩後ろに控える公式カメラマン、シーラ・クレイグヘッドの名を大声で呼ぶ。「シーラ、写真を撮ろう。今日はステファニーにとって大事な日だ。いい写真を撮ってくれ。ほら、早く、早く」

その写真は……私にとっていい出来ではなかった。こんなことになるとは予想しておらず、しかもその日は蒸し暑かったので、とても汗をかいていたと思う。今気づいたけれど、自分の見た目に対する自信のなさが、本書を通じたテーマになりつつあるようだ。

ぎこちない撮影会のあと、私たちはオーバルオフィスに入って席に着いた。大統領は真剣そのものの目でこちらを見ている。「知っての通り、君はみんなに好かれている。率直に言って、俺はそれに驚いているんだ」

私は笑った。

すると大統領は続けた。「いや、笑い事じゃない。誰に訊いても君のことを好きだと言う。こうしたポストに就任するとなると、悪口を言う人物が一人か二人はいるものだが、君は違う。全員に愛されているんだ」

本当かどうか確信したわけではないけれど、そう言ってくれるのはありがたかった。そこで大統領に感謝を伝え、その人たちを失望させませんと返した。その後、これぞドナルド・トランプという言葉を彼は発した。「連中のことはどうでもいい。俺だけだ」

私はぎこちなく笑ったものの、大統領は本気だった。

「そして、トランプ夫人もです」私がそう言うと、大統領は笑みを浮かべて同意した。

このやり取りのあと、私たちはスピーカーフォンでトランプ夫人と会話した。「やあ、メラニア」と、大統領が切り出す。「ステファニーがここにいる。報道官を務められると思うんだが、重要な仕事、大変な仕事だ。君はどう思う?」

それに大統領夫人はこう答えた。「彼女なら素晴らしい仕事をしてくれるわ。いつ発表するの?」

そこで私は割り込んだ。「奥さまがツイッターで発表してはどうですか? 注目が集まりますし、あなたが祝福してくださることを明確に伝えられます。それに、イーストウイングとウエストウイングが今後はより協調すると伝えられれば、好印象を与えられると思います」「協調」の部分が真実でないことはわかっていたけれど、印象がいいことに違いはない。

私は広報担当者として、それによってホワイトハウスの両側の結びつきだけでなく、夫妻としての結びつきも示せると確信していた。大統領は、妻のツイートに自分の言葉を付け加えてリツイートすればいい。トランプ夫人がそのアイデアを気に入った一方、大統領はどっちでもいいという様子だった。その後の記憶はぼやけている。ツイートが発信され、マスコミが報道を開始し、「おめでとう」を義理で伝えるメッセージやメールが続々と届き始めた。中でも一番本書にふさわしいメッセージは、親友のマット・クーパーからのものである。彼はグループスレッドに付け加える形で、単に「おい、いい加減にしてくれ」と伝えるだけだった。私はそれを見て笑ったけれど、自分は本当に就任したのだと実感した。

二〇一九年六月、私は正式に広報部長兼大統領報道官に就任した。一日だけサラと就任期間が被ったあと、私たちは韓国に向けて出発したが、ウエストウイングの主要人物のことを理解するには程遠い状態だった。しかも、イーストウイングで報道関係者と色々やり合っていた一方で、私の新しい職務ではまったく別の勝負が繰り広げられることになった。

マスコミ。どこから始めようか？　私は本書を使ってマスコミをこき下ろすつもりもなければ、マスコミに対するトランプ政権の振る舞いや行動を弁護するつもりもない。本当のことを言わせてもらえば、両者とも多数のことについて間違いを犯したと思う——その一つが偽情報の発信だ。私はキャリアの大半で、報道関係者と対峙してきた。それは私の履歴書の一部である。しかし、偏見のない、真実かつ正確な情報を人々に提供するというマスコミの使命には敬意を払っている。繰り返すが、「偏見のない」が重要なのだ。私の元夫はニュースアンカーなので、マスコミ業界のことはよく知っており、記者の友人が多数いる。報道官と広報部長のポストに就いた際、自分が何に足を踏み入れつつあるのか、私にはわかっていた。ショーンとサラの両名が何に対処していたかを見ているし、私自身もファーストレディーに仕える中で、一部の敵対的な記者たちを相手にしてきた。馬鹿げているかもしれないけれど、自分が見て学んだことを武器にして、物事のやり方を改められると考えていたのだ。記者会見が中止されて以来、私は一対一の会合という形でコミュニケーションの道を残しており、国家安全保障、経済、移民といった課題について詳しく語れる専門家をマスコミに差し向けていた。大統領の最高の報道官は彼自身だと、私は心から信じていた。トランプはマスコミの前にしょっちゅう姿を見せ、攻撃的な言葉をほぼ毎日まくし立てていたので、私は活字メディアや地方メディアにより集中し、政権内のスタッフがこれまで見逃していた優れた題材を見つけられるよう、自分のチームにそのサポートをさせた。

六月末に行なわれた韓国訪問、そして予定になかった北朝鮮訪問でも、私は文字通りの意味でも、比喩的な意味でも、力強く仕事に取り組んだ。いつものトランプ政権流のやり方とも言えるが、この行事は土壇場で物事が決まり、行き当たりばったりで、偽情報が特徴となった。トランプは韓国訪問に先立ち、金正恩に会うつもりはないと記者たちに伝えた。だが突然、ツイッターでの呼びかけを通じ、二人は会談することになったのだ。

しかし、最初の訪問国に話を戻すと、韓国で最初に行なわれた記者会見の途中、それぞれの国の報道官が記者を選び、その記者が自国の指導者に質問するよう、韓国側が求めてきた。自分が選ぶ番になったとき、私は「大統領に決めていただきます」と言った。そのとき、私は部屋の隅に立っていたけれど、両国の指導者がこちらを見つめたのを覚えている――一人は驚きの表情で、もう一人は喜びの表情で。

トランプ大統領は満面の笑みを浮かべてから、「彼女は私のことをよく知っている」と言い、質問を受けた。記者たちの中に混じっていたジャレッドが私にウインクするのを見て、自分のしたことは正解だとわかった。

私たちは韓国を後に北朝鮮へと向かった。先に述べたように、この首脳会談は大統領のツイッターを受けて手配がなされたのだが、そのせいで私たちの業務チームとシークレットサービスは輸送とセキュリティの両面で苦労することになり、国家安全保障会議の中でも全員が狼狽した。ジョン・ボルトンは明らかに、今回の訪問は不適切だと考えており、韓国大統領府から車列が出発する際も、抗議の意味を込めて後に残った。その光景にショックを受けたのを覚えている。

私たちの北朝鮮訪問は歴史的なものだった。トランプ大統領が金正恩と一緒に軍事境界線を越え、シークレットサービスのエージェントはそのせいで何度も心臓発作を起こしかけた。この私も、二人の指導者が一対一で会談する際、その場に報道陣を立ち会わせようとしたのだが、そのため北朝鮮側の保安要員ともみ合いになった。

私たちが非武装地帯（DMZ）に到着した瞬間、あたり一帯がカオスに包まれた。先遣チーム三名が事前に北朝鮮入りし、会談時間の長さから指導者たちが座る椅子まで、あらゆることを交渉していた。北朝鮮側にとって、自分たちの「偉大な指導者」が椅子に座った際、背が高く見えるようにすることが重要なのは明らかだった。私たちは非武装地帯の韓国側に到着し、何の変哲もない建物に入った。その先は広々とした空き地になっており、天井までの高さがある窓と扉から は北朝鮮側が見える。南北両側のあいだに二つの記者会見場がすでに設けられていたが、少人数から成る北朝鮮メディア団の中で、「正当な」報道関係者は一人だけなのが唯一の問題だった。しかも、その人物は国営メディアの職員である。北朝鮮の残りの「記者」たちは、韓国と我が国についての情報を集める目的でここに来ていたのだ。

それから三〇分間、私たちの先遣チーム、そして時には私も、これらの偽装記者を追いかけ回し、本来いるべき位置に留まらせた。中でも、はしごとカメラを持ちながら敏捷に駆け回る小柄な女性がいて、色々なものを撮影しては、捕まえようとする私たちの言うことを聞かず、目を合わせようともしなかった。北朝鮮の保安要員も同じだった。私たちとアイコンタクトをとらず、誰がどんな指示を出しても、それが親愛なる指導者でない限り耳を傾けない。

最初の顔合わせと、後に批判されることになる北朝鮮側への越境のあと、大統領と金正恩は韓国側へと戻り、短時間の二者会談を行なうべく建物に入った。当初、報道陣は締め出すことになっていたものの、彼らが当然ながらうろついているので、トランプ大統領は全員を中に招じ入れた。私はトランプと金正恩の後を追って会談が行なわれる部屋に入った。そして、独裁者とジャヴァンカ（当然そこにいた）のあいだで自己紹介と写真撮影が行なわれたあと、大統領が金正恩に対し、報道陣を部屋に入れていいかと訊いた。金正恩がかすかにうなずいたので、私の出番が回ってきた。外に出ると、北朝鮮の警備員がすでに人垣を築いていて、二人の指導者が座る部屋とマスコミを切り離していた。すぐに業務チームとシークレットサービスを呼び出し、報道陣を入れることになったと告げる。すると彼らは報道陣を手で招き寄せた。

私が覚えているのは、多数の人間が渾然一体となり、私たちの先遣チームが北朝鮮側の警備員ともみ合っている様子だけである。群衆のあいだに隙間を見つけ、こっちに急いでとマスコミ関係者に向かって怒鳴る。その瞬間、警備員の一人が私の身体を摑み、脇に押し飛ばした。何とかそれを振り払い、報道陣が部屋に入れるよう、その警備員を肘で押しのける。事態が落ち着き、私たち全員が「怪我」を比べ合うまで、私は痛みを感じなかった。「怪我」と言っても、大乱闘で皮膚が赤くなっただけだが。言うまでもなく、私はその日、報道の自由を守ったヒロインとして持ち上げられた。大統領の報道官として、このうえなく素晴らしい形で世界に名を知られたわけだが、私は質問してきた人たちに対し、この友好関係は数日しか続かないだろうと即答した。実際、その通りになった。

韓国訪問のあいだに、私は大統領のことをずっとよく知るようになった。本書を読んでおわかりのように、私たちはそれ以前にも多数のやり取りをしてきたものの、それはいずれもイーストウイングからで、大統領の視界に二四時間いるわけではなかった。それが変わろうとしていた。ショーン・スパイサー、そしてサラ・サンダースを見てわかったことだが、報道官や広報部長ほどトランプの監視下に置かれているポストは政権の中にない。そして、トランプがほとんどの場合気にかけているのは、自分自身に関する報道だけのようだった（そして報道は、いつもひどかった）。また仕事の性質上、このポストに就くことで彼と直接会う時間がずっと増えた。

最初のころの印象は悪くなかった。トランプは、自分がそうしたいと思えばジョークを飛ばして上機嫌になるし、新任者はこの上司と蜜月期間を過ごすことになる。地球上で一番強力なポストにある人間と会うことができる、（比較的）普通の人間だった私は、同じ立場にあれば誰でもするであろうことをした。UFOが実在するかどうか教えてほしいと、大統領に何度もせがんだのだ。彼の名誉のために言っておくと、その質問に答えることはなかった。だが折に触れ、自分は何かを知っているとでもいうように、私に向かってかすかに微笑み、「知りたいんだろう？」と言うことはあった。

また、大統領の奇妙な癖にも気づくようになった（ダイエットコーラを次から次へと飲み干すことは、もちろん周知の事実だった）。韓国、そして北朝鮮訪問からの帰途、私はエアフォースワンの彼の個室に入り、机の右側にある椅子に腰掛けた。それから普通の会話を交わしたが、大統領が何かを気にしていることは明らかだった。私の椅子、私の頭髪に視線を向け続けていたものの、そのどちらかはわからない。そのとき、私が座る椅子の後ろに彼のネクタイが掛けられているのに気づいた。トランプのネクタイはほぼいつも単色で非常に長く、彼がずっと以前に築き上げたドナルド・トランプ・ネクタイコレクション・ブランドの一本だった。

「済まないが」トランプはようやく口を開いた。「君の髪がべたついてないのはわかっているが、そのネクタイの場所をずらしてくれないか？」

ドナルド・トランプは自分のネクタイをこよなく愛しており、私の髪が触れてしまうのではと心配だったのだ。それ以降、自分のネクタイの上に何かが乗ることがないよう、トランプが異常なまでに気を遣っていることに気づくようになった——そして、それについて妙に落ち着きを失うことも。

トランプは奇妙な質問を私にすることがあった。ある日、アンドルーズ航空基地に向かうべくサウスローンからマリーンワンに乗り込むことになった。大統領とファーストレディーはいつもの座席を占め、ミック・マルバニーと私は二人の向かいの小さな席に腰掛ける。そのときの話題はたぶん、マスコミの報道に関することだったと思う。ところが話の途中、大統領が出し抜けに口をつぐみ、真剣そのものの表情で私をまじまじと見たあと、「君の歯は本物なのか？」と訊いた。彼が会話やブリーフィングの途中で退屈したり、何かに気をそらされたりすることには慣れているが、その質問には不意を突かれた。私は「そうです。これは本物ですし、矯正具をつけたこともありません」と答えた。大統領はそれを聞いて感心したように見えたものの、同時に疑っているようでもあった。

さらに、私の青い瞳と黒髪について質問したうえで、両親の出身はどこかと尋ねた。私は何も考えず、「母はネブラスカ、父はコロラドです」と答えたが、それに大統領が困惑の表情、あるいはおそらく苛立ちの表情を浮かべ、「いいや、君の祖先のことだ。そんな瞳に、黒っぽい顔つきをしているからな」と言った。それに対し、「祖先はおそらくフランス系、それにドイツ系の血が混じっていると思いますが、本当のところはわかりません」と返事すると、彼はがっかりしたように見えた。

別の機会にマリーンワンに搭乗したとき、私は同じ人たちと同じ席に座っていたが、マルバニーはいなかった。君は素敵な色黒だと大統領に言われた私は礼を述べ、スプレーでそうしているのですと答えた。すると大統領は、しばらく前からそう考えていたとでもいうように、「ストッキングは年かさの女が履くものだろう？　君は履いてないよな？」と言った。

私はトランプ夫人と一緒になって笑い、「そうです。祖母はストッキングを履いていました。私はずっと歳をとらない限り、あまり履くことはないでしょう」と答えた。

すると大統領は夫人の美脚に話題を変え（美脚なのは本当だ）、「ジャッキー・ケネディ以来となる、美しく優雅なファーストレディー。君もそう思うだろう？」と言ったので、それに私は、「ええ、大統領」と答えた。

また別の機会には、アリゾナ州に居住するトランプの有力支持者に連絡するよう私に求めた。袖なしのドレスやトップスをもう着ないよう、彼女に忠告してほしいとのことだった。それを着ても魅力的に見えないし、「似合っていない」そうだ。

「だが、これは言っておいてくれ」大統領は続けた。「ＭｅＴｏｏは勘弁してくれよ、と」

以前に記した通り、トランプ夫人は長距離フライトで睡眠をとることを重視していたが、大統領はほぼまったく眠らなかった。これはつまり、私たちが疲れ果て、時差ぼけに苦しんでいても、誰かが目を覚まして彼のそばにいなければならないことを意味するが、その役割はたいていダン・スカヴィーノが担っていた。ダンの負担を和らげようと、私たちは交代でトランプの横に控え、話したいことを何でも話す彼の聞き役を務めることにした。そしてトランプの機嫌が悪いときや、恐ろしいほど怒っているときは、「ミュージックマン」と彼に呼ばれていたスタッフを差し向けた。

トランプが本名を知らないために「ミュージックマン」と呼んでいたこの人物は、トランプの集会で流す曲を選ぶ責任者だった。そのリストには大統領のお気に入りの曲――映画『キャッツ』の「メモリー」やローリングストーンズの「無情の世界」など――が並んでいて、彼の気をそらしたり、気分を静めたりする必要があるときは、そのスタッフが来て音楽を流すことになっている。どう猛な野獣をなだめるようなものだ。

そのときの話題や相手に退屈したり、怒りが膨らむのを感じたり、冷静になる必要があったりすると、トランプは「ミュージックマンを呼んでこい」と命じるので、誰かが彼を連れて来ることになる――ただちに。

トランプはジェームズ・ブラウンの「It's a Man's Man's Man's World」という曲にも取り憑かれていた。とは言え、その曲が人々に好印象を与える可能性は低いことから、私は集会で使わないようトランプを説得した。そこで大統領は、ジェームズ・ブラウンがライブで歌う白黒のビデオを私たちに繰り返し見せ、「あれを見ろ」「素晴らしいパフォーマーだ」「いいか、言葉遣いが汚いと君は言うが、本当にそうか」などとコメントする。そして曲に合わせて身体を上下させるのだが、それはまるで禅の修行をしているかのようだった。

あるとき、私たちが音楽に耳を傾けていると、大統領がおどけた様子で立ち上がり、スピーカーを持って機内の寝室に通じるドアへと向かった。トランプ夫人が就寝中（当然だ）なので、その部屋は暗かった。するとトランプは「It's a Man's Man's Man's World」を大音量で流し始め、音楽が寝室中に轟くよう、スピーカーを頭上に掲げた。

私は笑っていたけれど、内心では「何てこと。トランプ夫人が目を覚まし、私に気づいたらどうしよう」と考えていた。だが、彼女は目を覚まさなかった。トランプとしては残酷なことをしていたのではなく、妻にいたずらを仕掛けただけなのだが、彼女は間違いなくそうは受け取らなかっただろう。

別の機会に、彼女はプリンスの「パープル・レイン」を曲リストに追加するよう提案したが、トランプはその通りにした。その後の集会で「パープル・レイン」が流れると、彼は側近のほうを向いて「今すぐメラニアに電話しろ」と言った。

その人物はファーストレディーに電話をかけ、つながったところで携帯電話を大統領に手渡した。するとトランプはそれを頭上高く掲げ、「聞いてくれ。『パープル・レイン』だ」と言った。「素晴らしいわ、ドナルド」と、彼女は返事したことだろう。

大統領は笑みを浮かべて電話を切った。そして、側近に携帯電話を返す代わりに無言で床に放り投げ、そのまま歩き去った。

そんなトランプにも、思いやりと呼んでもいい側面があった。いや、私は当時、少なくともそのように思いたかった。

最初の数日、そして数週間、ホワイトハウス報道官として仕事をこなせるようになることを、私は常に望んでいた。大統領と緊密に連携し、大統領が歴史の一ページを記すのを最前列で見るのだ。その後、自分がさらなる高みに登ることは期待できなかったけれど、それでがっかりすることはなかった。

13　ウエストウイング

彼が人々を脅しているのは、いつか激しく、容赦なく攻撃するからだ。それなのに、人々は彼に賛同してもらおうと必死である。

——マイク・デュハイム

朝鮮半島訪問から戻ったのをきっかけに、私は気合いを入れ直し、ウエストウイングにおける二つの新しい職務に取り掛かった。処理すべきことは山ほどある。ホワイトハウスの一方から反対側へと移るのは、夜と昼が逆転するようなものだ。スケジュール、スタッフ、運営方法など、ウエストウイングではあらゆることがイーストウイングと違う。私はまた、大統領の違う一面を見た。聞いたことがあり、たぶん何度か目にしたことはあるものの、こんなにも近くで見たことのない一面だ。大統領の機嫌はすぐさま変わり、一瞬で訪れる彼の怒りはけたたましく、耳障りで、悪意に満ち、筋が通っているとは限らない。トランプ夫人の下で働いていたとき、大統領と何度か騒動になったことがあるけれど、彼に嫌われるのがいったいどういうことか、幸い経験せずに済んでいた。大統領が人にどう話しかけ、人をいかに怒鳴りつけるかについて、私は心の準備ができていなかった。ツイッターのアカウント、さらにはマスコミとの記者会見を考えれば、そんなことはあり得ないのだが。とは言え、彼の怒りがただ人にショックを与えるため、あるいはカメラのためではないとわかりかけても、私はウエストウイング入りしたことを後悔し始めていた。

ショーン・スパイサーとサラ・サンダースの経験を間近で見ていたこともあり、自分の意図を誰にも伝えないままメッセージをころころ変える大統領の下で、広報業務を運営することがいかにフラストレーションのたまることかはよくわかっていた。トランプの広報担当者として働くというのは、美しいオフィスで勤務しつつ、頭上のスプリンクラーからひっきりなしに水を浴び、机の上にあるものが滅茶苦茶にされるようなものだ――ただこの場合、浴びせられるのはツイートや発言や声明である。私たちはいまだ「インフラストラクチャー週間」について報道関係者とジョークを交わしていた。前に述べたように、それは機能不全でカオスに満ち、率直に言って馬鹿げたシステムの完璧な比喩だったからである。オピオイドに関する政権の新たな取り組みについて、何日もかけて声明文を入念に練り上げたのに、午前四時に目を覚ましてみると、大統領はナンシー・ペロシとツイッターで言い争ったり、イランを脅したり、中国に経済制裁を科すとわめいていたり、別の閣僚を解任したり、あるいは作家からの攻撃に対し、手当たり次第に反撃したりしている〔皮肉なことに、おかげでその本はベストセラーになる〕。広報担当者から見たトランプのホワイトハウスを説明する比喩は、無数に挙げられる――いつも燃え上がっている家、患者と付添人の区別がつかない常軌を逸した精神病院、あるいはいつまでも止まらないジェットコースターで暮らしているようなもの。とにかく、年中無休でひどい状態だというのは間違いなく言える。人々はどうやって正気を失うことなく職務を行なっているのか――それ自体が一つの疑問である。私たちの誰もそんなことはできなかった、というのが答えだろう。

ところで、自分こそがメッセージを台無しにしているということを、トランプは決して理解しなかった。それどころか、自分の広報担当者として「P・T・バーナム〔一九世紀アメリカの興行師〕が必要だ！」などと文句を言う始末。現在の首席補佐官について不満を漏らすたび、「ジェイムズ・ベイカー〔レーガン大統領の首席補佐官〕が必要だ！」と言うのと同じだ。彼がP・T・バーナムの名前を出したのは、記者たちを魅了して自分の望むことを書かせることができる広報の達人が欲しかったからだろう。あるいは、優秀な広報担当者が欲しかっただけかもしれない。何しろP・T・バーナムの最も有名な発言の一つに、「サッカー《格好のカモ》〔「sucker」の本来の意味は「乳飲み子」〕がひっきりなしに生まれてくる」とあるくらいだ。

圧倒されてばかりだったけれど、最初の三週間が一番気楽だった。ありがたいことに、私は首席アシスタントのアニー・ケリーをイーストウイングから連れて来たうえ、新しい上級アシスタントとしてバクスター・マレルを起用したので、私の生活は基本的に秩序が保たれていた。二人の支えで迅速に前進できたが、それがなければ不可能だっただろう。その三週間は一種の蜜月期間だった。北朝鮮の保安要員と繰り広げた大立ち回りがいまだマスコミの印象に残っていて、今すぐ会見しなければならないプレッシャーもなかったからだ。大統領も当初は私に寛大で、私としてはミーティングに参加していても、情報を与えるのではなく吸収し、学ぶことができた。ミック・マルバニーと彼の部下たちも愉快な雰囲気を生み出してくれたし、特に最初は私を支え、理解してくれた。

しかし遅かれ早かれ、私がホワイトハウスの定例記者会見に姿を見せることを巡って、騒動が持ち上がるのはわかっていた。多くの人はそれが報道官の仕事だと考えているが、その半年前、定例記者会見の中止がツイッター経由で発表されていた。マスコミは自分にもサラにも公平でないと、大統領が考えたからである。二人の見るところ、記者たちができるだけ攻撃的・対立的になることで、ネットワークで自分の顔を売る時間になっていたのだ。報道官が大衆に向けて情報を発信し、マスコミがそれを報道しても論争にならない——トランプ政権の期間中、そうした瞬間はまったくと言っていいほどなかった。それは私たちのせいかもしれないし、マスコミのせいかもしれない。あるいは両方のせいかもしれないけれど、私の考えでは、記者会見は本来の目的を果たしていなかった。

私がサラから報道官のポストを引き継いだときも、そうした考え方がいまだあった。大統領が毎日のようにマスコミに話しかけており、記者会見はもはや国民の役に立っていないと、私は心から思っていた。ソーシャルメディアやマスコミの取材などで、大統領から直接話を聞けるのだから。ケリーアン・コンウェイは私を最も強く応援してくれる人たちの一人で、大統領のことを私よりもよく知っていたはずだ。大統領こそ自分自身の最高の報道官であり、政権にこれ以上のスターは要らないということで、私たちの意見は一致していた。もちろん、私が記者会見に躊躇したのには、もっと利己的な別の理由がある。いずれ、本当でないこと、あるいは私が狂人に見えてしまうようなことを、大統領が私に公の場で言わせるのはわかっていたからだ。私はすでにこの教訓を学んでおり、本当にその必要があるまでそうするつもりはなかった。

三〇人から成るチームメンバーの一人ひとりと、私はできるだけ一対一で会うよう努めた。他の会議や、大統領のそばで過ごす時間のことも考えると、これは決して簡単なことではなかったけれど、私は管理者として、全員がどんな仕事をしているのか、どういった変化が可能だと考えているのか、そして彼らが何を目指しているのかを把握しておきたかった。指導者の立場で考えると、チームの士気、人を力づけること、そして成長の可能性こそが、生産的で忠実なチームを作り上げるうえで非常に重要なので、それらが私の目標になった。自分のキャリアを振り返っても、色々なことを学ばせてもらい、こうなりたいと思う上司もいれば、おそらく最高の教訓——監督者として何をしてはいけないか——を教えてくれた上司もいた。

北朝鮮から帰国後、ホワイトハウスからマスコミを追い出せと、トランプ大統領はたびたび要求し始めた。そうした要求には差があり、特定の一記者のこともあれば報道関係者全員のこともあったけれど、総じて毎週行なう談話のことを指していた。ここで背景を少し話しておくと、マスコミがホワイトハウスへの立ち入りを許されるようになったのは一九〇〇年代初頭のことである。それから数十年が経ち、ニクソン大統領は専用の作業スペースを設けたが、それが正式な記者会見室になった。やがて、小規模な業務スペースが報道陣に与えられるとともに、「ペブル・ビーチ」とも呼ばれるノースローンの道路沿いにテントが建てられた。これらのテントはネットワークやケーブルチャンネル各社に割り当てられ、ホワイトハウスを背景にテレビインタビューの生中継ができるようになった。

マスコミにホワイトハウスへの立ち入りを許可しなければならないという法律はないものの、一九七七年に出された有名な判例があり、それは今に至るまで引用されている——合法的な形でセキュリティクリアランスを拒否された記者が立ち入り許可を求めて訴えを起こし、勝訴したのである。要するに——彼らはみな否定するだろうけれど——マスコミは本質的に不法占拠者なのだ。どうしてこんなことを知っているのかって？　大統領がいつも私に尋ねることの一つに、ホワイトハウスから報道陣を排除できないのか、というものがあったからだ。大統領の指令を受け、彼らをホワイトハウスの敷地から追い出すのに必要なことを私は熱心に調べた。そして、訴訟になって負ける可能性が高いことが明らかになると、彼らを収容する記者会見室以外の場所を探した。大統領にその進捗を訊かれるたび、私は様々な選択肢に取り組んでいますと答えたうえで、何らかの成果を上げているように見せかけるべく、新たな情報を常に提供した。しかしほとんどの場合、それは私にとって最も長期にわたる（そして最も成功した）、上司相手の時間稼ぎとなった――今回はその相手が、たまたま世界で一番強力なポストにある人物だったのだ。

以前に述べたように、トランプは一瞬のうちに激怒し、その怒りは一時的であるものの、非常に激しかった。トランプには人の弱点を見つける能力があり、信じられないほど下劣で、粗野で、そしてしばしば効果的なやり方で怒りを向ける。また、人は負け犬や弱虫と言われるのが最も嫌だと彼は考えているので、そうした単語を無数に発した。報道関係者を苛立たせるには、お前のところは視聴率が低いと言えばいい――大統領はそう考えていた。そこで、他人の自信、見た目、知能など、その人の心理に一番ダメージを与えられそうなものに疑問符をつける。また、マスコミの「不公平な」報道、自分を擁護する人がテレビにまったく登場しないこと、そして様々な記者に対する怒りをぶちまけることもよくあった。事実、トランプは記者の多くを嫌っていたけれど、ジム・アコスタ、ケイトラン・コリンズ、ジェイク・タッパーといったCNNの関係者は特にそうだった。テレビにもっと出演しようと、あることないことをでっち上げる目立ちたがり屋だと思っていたのだ。

ABCニュースのジョナサン・カールは著書『Front Row at the Trump Show（トランプショーの最前列で）』の中で、ホワイトハウスの私のオフィスにトランプ大統領が乗り込み、私に向かって叫びだし、ケイトラン・コリンズをこの建物から追い出すように命じたという報道のことを振り返っている。カールの回顧の核心部分はその通りだが、私が記憶している限り、事実の一部は少々異なる。

この一件について言えば、トランプは記者会見をリアルタイムで見ており、コリンズの質問に怒りを募らせていた。しかし、彼が私のオフィスに来ることはなかった。どこにあるかも知らなかったはずだ。とは言え、生中継の途中で記者会見室に乗り込み、「あいつを追い出せ」と要求したのは確かだ。

「彼女を今すぐこの建物から追い出してもらいたい」と、大統領は命じた。

「大統領、私はマスコミを締め出そうと今努力しています」報道陣をホワイトハウス敷地内の別の場所に動かすための、願わくばいつまでも続いてほしい調査のことを指して、私はそう答えた。

「しかし、彼女を即刻排除することはできません」トランプはマスコミの天才であるはずなのに、記者会見の途中でホワイトハウス担当記者を外へ連れ出し、建物の外までエスコートするなんて、どんな惨事を招くかわからないのだろうか？ これで得をするのはケイトランのはずだ。憲法修正第一条〔表現の自由などを妨げる法律の制定を禁じた米国憲法の条項〕のヒーローとして持ち上げられるのは間違いない。

トランプは私の答えに納得せず、あくまで彼女を立ち去らせようと、自ら記者会見室へ向かおうとした。すでに激怒していたけれど、その怒りを言い表わすのは難しい。私はそれに恐怖を覚えた。「お前は弱虫だ！」大統領は叫んだ。「負け犬！ 役立たず！」そして、「P・T・バーナム」流のセリフをもう一度持ち出したかもしれないが、私は容赦ない侮辱の嵐に耐えるのに精一杯だったので、よく覚えていない。ただし、私を指して「大統領のために働こうとしないただ一人の広報担当者」「誰も俺の味方をしない」「ああした卑劣な記者に対処できる広報担当者がここにはいない」と言ったことは記憶にある。

相手が誰であっても、この大統領はそんなことを言っていた。私から見て、たびたび犠牲になったのはホワイトハウス法律顧問のパット・シポローネである。テレビドラマ『The Office』を見たことがあるならおわかりのように、マネージャーのマイケル・スコットには人事担当者のトビーという宿敵がおり、いつも行動を制約されている。トランプもホワイトハウスの弁護士たちをこのように見なしているようだった。自分がしようとしていることについて、それは非倫理的だとか、違法だなどと言われるのが嫌だったのだ。そこで彼らを怒鳴りつけるが、その後はたいてい耳を傾け、あとになって再び彼らを怒鳴るのが常だった。

通常、私たちはそれをこらえ、彼の気をそらす、あるいは彼の怒りを静める何かが起きるのを待つだけである。いつもそばに控えているダン・スカヴィーノがやって来て、私たちを救い出すこともしばしばあった。「大統領、ラスムセンの世論調査で支持率が二パーセント上がりました！」という具合に、話題を変えるか、大統領の機嫌をよくする何かを提供してくれるのだ。

自分がマスコミのために行なったことを余すところなく描写できるかどうかはわからないし、マスコミが私のチームに投げつけてきた要求や、私たちがほぼ毎日感じていたフラストレーションを正確に説明できる自信もない。大統領が坂道でつまずいたこととか、上級スタッフ――私もその一人――に関する悪意に満ちた虚偽のプロフィールなど、無意味な報道に振り回されることで、私たちはいつもストレスで一杯だった。だが、これは言っておきたい――そして、やり方を改めてくれる記者がたった一人でもいれば、私としては満足だ。不正確な箇所を指摘したり、証拠を提示したりするために、記者に連絡をとったはいいけれど、「自分の記事には自信があります」と言い切られてしまうほど、気が狂いそうになることはない。自分たちの報道が間違っていたとしても、マスコミには説明責任を果たすつもりがないようだ。トランプに責任を転嫁すれば、それで問題ないと思っているのだろう。

そして言うまでもなく、大統領とファーストレディー両方の下で働くことにまつわる困難がある――私としては、業務をよりスムーズに進める巧妙なやり方だと思っていたのだが。しかし、よくあることだが、二人のバランスをとることで厄介な力学が働くものだ――両者の関心が違っているとあればなおさらである。たとえば二〇一九年九月一一日、トランプ夫人はオーバルオフィスで行なわれた、電子タバコに関する話し合いに出席した。保健福祉長官のアレックス・アザールはファーストレディーとケリーアン・コンウェイの側に立ち、フレーバー付き電子タバコの販売を禁止するよう大統領に促した。メーカーが事実上子ども向けの販促活動を行なっていたからである。一方、弁護士、補佐官、そして政界関係者といった人たちは、電子タバコは禁煙を目指す大人たちの役に立つと主張し、冷静に考えるよう大統領に求めていた。

この件についてとても熱心に見えたのはケリーアンである。ずっと以前、彼女は抜け目なくファーストレディーのもとを訪れ、私の見るところ味方につけていた。トランプ夫人が子どもに関連する問題に敏感なのを知っていたのだ。政界関係者は大統領を巻き込むべく干渉しているのだと、ケリーアンは忠告した。

一方、大統領のほうはどっちつかずの態度だった。私たちは以前に何度か、この問題についてブリーフィングしている。だから大統領がケリーアンの肩を持っているとすれば、フレーバー付き電子タバコの販売を禁止すべきだと、彼女に同意するはずだ。他方、ブラッド・パースカルなど選挙アドバイザーの肩を持つなら、支持基盤を怒らせるなどもってのほかだと言うだろう。そしてようやく、フレーバー付き電子タバコを市場から締め出すことなく、子どもたちによる使用を防ぐため、意識向上キャンペーンを支持してはどうかと提案した。この妥協案は、パースカルから見せられた世論調査が裏付けだったようだ。それによると、成人が買えるものと買えないものを政府が規制することに、大統領の「支持基盤」は反対だった。

話し合いはなかなかまとまりがつかなかった。そのため、二〇〇一年のその日に発生したテロ攻撃の追悼行事に参列すべく、大統領とファーストレディーが出発する直前、私たちはオーバルオフィスでこの問題に関する臨時会議を開いた。

そのとき、トランプ夫人の目には光が宿っていた――この問題で屈するつもりはない。彼女はフレーバー付き電子タバコの禁止をひたすら主張したうえで、すぐに発表できるようマスコミを連れて来てほしいと私に言った。

それに私は、今日は9／11であり、大統領夫妻はやはり行事に出席し、黙禱を捧げる必要があると答えた。この厳粛な場で、そうした発表をするわけにはいかない。そして率直に言えば、何かを発表できるほど意見がまとまっていたわけではなかったのだが、そのことには触れなかった。何が禁止されるのか？　どのフレーバー？　どのように実行する？　いつ？　私自身母親なので、ケリーアンやファーストレディーと同じ考えだけれど、自分の職務を果たすという点から、もう二、三日かけてより戦略的なアプローチを考えるよう提案した。

しかし、トランプ夫人は納得しなかった。時間稼ぎをすれば禁止反対派の有利になるとわかっていたからだ。そこで私を手で追い払い、「これは子どものためにならないわ。彼らを呼んできて」と命じた。つまり報道陣のことだ。

私は猛烈に腹が立った。いつもなら私の言うことに耳を傾け、肩を持ってくれるのに。ところが、今は穴に潜り、やりたいようにやろうとしている。これは――またしても――一貫性のあるメッセージ計画を立てなかったことで、私が無能に見えてしまう一件となった。そして、トランプ夫妻のどちらか、または両方が、マスコミに正しく対応するのに必要なことを理解せず、気にしてもいないことを示す実例でもあった――彼らはただ、決着をつけることを望んでいたのだ。

大統領も妻の目に浮かぶ光を見ていたに違いない。彼女が何をもくろんでいるかはわかっている。「結構。わかった、わかった」そうして結局、マスコミを呼び入れ、近い将来フレーバー付き電子タバコの販売を禁止する旨、発表することに同意した。

数週間後、支持者の怒りが激しいことをパースカルから聞かされた大統領は、それを撤回した。

言い換えれば、これもまたトランプワールドの日常だった。

14　人殺したち

神によって鷲の群れの中に投げ込まれたら、ニワトリの態度をとってはならない。
――ジョエル・オスティーン

九月の初めごろ、私は常軌を逸した論争にまたも巻き込まれた。その数日前、キャンプ・デイヴィッドを訪れていたトランプは、南部の国境地帯を脅かしているハリケーンについてのブリーフィングを受けた。その際、ハリケーンの専門家は、暴風雨によってアラバマをはじめとする各州が危険に晒されているものの、進路は常に変動していると言った――私もこの耳で聞いた。するとトランプはすぐさま会見を行ない、ハリケーンはアラバマ、ジョージア、そしてフロリダなどを襲おうとしていると言った。だがそのころ、専門家が言ったようにハリケーンの進路が変動し、アラバマはすでに危険を脱していた。当然、マスコミはいつもの軽薄さでそれに飛びついた。トランプは嘘をついている！　トランプに誤った情報が伝えられている！　トランプは地図を知らない！　悪いことに、ハリケーンの進路が変動したこと、あるいは自分が間違っていたことを大統領は認めようとせず、そのため事態はさらに悪化した。アラバマはハリケーンの進路上にあると、トランプはあくまで言い張った。これは、ある時点では本当だった――あるいは本当である可能性があった。しかし、大統領は妻と同じくらい頑固であり、マスコミに妥協することを決して好まなかった。

二〇一九年九月四日、ハリケーンについての記者会見を前にして、私はオーバルオフィスで大統領と話し合っていた。デスクのそばにはイーゼルがあり、その上には新しい地図が置かれていたが、ハリケーンの進路がアラバマを脅かすことがないのは一目瞭然だった。

「どうしてアラバマに向かっていないんだ？」この厄介な事態にいまだ激怒している大統領はそう問い詰めた。

すると、レゾリュートデスクから黒のシャーピー〔油性マーカー〕を取り上げ、元々の予想進路を示す線をその地図に引いた。自分が正しいことを私たちに思い知らせたかったのだ。

室内にいた他の人たち――私とホーガン、そして他に数名いたと思う――は、それを受け入れた。そう、確かにそうです。あなたのおっしゃる通りです、大統領。マスコミは公平ではありません。かくかくしかじか。私たちはただ、もう終わりにしたかった。

そのとき、大統領の付き人が入ってきて、「大統領、報道陣が待っています」と告げた。トランプのスケジュールはすでに遅れていたので、私たちはみな準備を急いだ。

「わかったわかった。連れて来るんだ」大統領がそう命じると、報道陣を効率的に案内する担当者を含め、全員が素早く動き始めた。

しかし、あの地図がいまだ報道陣の目に入る場所に置かれていることに、誰も――もちろん私も――気づかなかった。

記者たちが入ってくると、その中の数名が地図に注目した。こんな記事が生まれるのもやむを得まい――大統領はまたも自分だけの現実を作り上げている！　公的文書を改ざんしている！この場合、トランプは問題の地図を報道陣に見せようとしていたわけではないのだが。一方、大統領は一切の説明を拒み、自分が誤解していた、あるいは間違っていたと認めようとはしなかった。

かくしてトランプの最新スキャンダル、シャーピーゲートが生まれたのである。

その時点で、私たちの説明を信じる記者はいなかった。大統領の周りにいるのは嘘つきばかりだと信じていたのだ。これもまた、トランプとマスコミの興味深いやり取りの一例である。私の意見では、どちらの行為も間違っているが、いずれもそれを気にしていなかった。そのせいで、トランプと多くの記者たちとのあいだに、有害で、いくつかの点でねじれた関係が生まれた。そうした記者たちは、それぞれの側に害と利益の両方をもたらすという奇妙な形で、トランプのことを報道していた。真相を言えば、シャーピーゲートはトランプのミスというよりも私たちのミスだった。しかし例のごとく、大統領は自分の最悪の敵となってしまい、間違いの可能性を一切認めようとしなかった。認めていれば、大変なことになる前にその報道を潰せたはずだし、マスコミによる新たな攻撃を利用して支持を集めることだってできたはずだ。

シャーピーゲートから間もない二〇一九年九月一〇日、ジョン・ボルトンと大統領が決別した。私がオーバルオフィスに入ろうとすると、偶然ボルトンがそこから出てきた。そして「あとで会おう」と言ったのだが、それは驚きだった。ミラ・リカルデル事件以来、私に口をきくことがなかったからだ。ただその口調から、彼がここを去るのは明らかだった。

ボルトンは私を含む上級スタッフ全員の机に辞表を置いていった。リークされるのを承知で、自分なりのやり方で去ろうとしたのだろう。「個人情報・機密」と記されたＮＳＣの封筒の中にはホワイトハウスの便せんが入っていて、「親愛なる大統領閣下、私はここに国家安全保障問題担当大統領補佐官の職を即刻辞す所存です。祖国に仕える機会を与えてくださったことに感謝申し上げます」という文面だった。

辞表のことを大統領が知るやいなや、私たちはダン・スカヴィーノと一緒に、トランプがボルトンの辞職を求めたというツイートを大急ぎで発信した。大統領によると、前夜に彼を解任したらしい。「ボルトンは気が狂った。だから追い出したんだ」私がホワイトハウスで過ごした残りの期間、大統領は国家安全保障アドバイザーだった人物のことを、「危なっかしい」、「頭が狂っている」、あるいは「戦争を始めたがっている」などと述べていた（大統領はジョン・ケリーのことも、「まったく最低だ」と言っていたものだ）。自分を満足させる形で辞めなかった人に対し、トランプはこういう仕打ちをした。それが自分自身の起用方法の結果である、あるいは自分が数ヵ月前にその人物のことを賛美していたなど、彼の頭にはなかったのだ。ともあれ、国家安全保障アドバイザー三号はホワイトハウスを去った。

それから程なく、私は大統領に同行して国際連合に赴いた。大統領はそこで各国の国家元首と一対一の会談、つまり二国間会談を行なうことになっていた。ボルトンの辞任はしばしば話題になっていたが、それと同時に、ほとんどの人がこれまでずっと無視してきた国にまつわるスキャンダルの嵐も、人々の口の端に上っていた。ウクライナだ。

トランプの（最初の）弾劾を招いたスキャンダルのことに触れる前に、その背景を振り返ったうえで、ドナルド・トランプと外国指導者がいる場に同席するのがどういったものかを説明したい。一対一、すなわち二国間の会談は、大統領の主要な職務である。そのほとんどはG7やG20といった大規模な会合の際に行なわれるが、そこには基本的な手順がある。二人の世界的指導者が顔を合わせ、部屋の端に置かれた二つの椅子に座る。それぞれの脇には通常一〇名ほどの代表団が並び、多くの場合、国務長官、国家安全保障会議の議長とスタッフ、閣僚、そして報道機関の代表者が含まれる。たいてい、会談はおよそ三〇分間で、最初に挨拶と紹介が行なわれる。それから両国の報道陣の立ち入りが数分間許され、写真撮影と、場合によっては質問が一つか二つなされる。もちろん、トランプ大統領が優に三〇分間、報道陣を室内に留め、その間相手国の指導者がほとんど無言でじっと座っていた際も、私はその場にいた。ひとたび報道陣が退出すると、両国の指導者はそれぞれの国が直面している問題や、いずれかの国が抱えている懸念について話し合う。相手の国に応じて、会談は退屈なものになる場合もあれば、生産的なもの、熱を帯びたもの、あるいは面白いものになる場合もある。トランプについて言えば、そのうちの一つに留まらないことがほとんどだった。

報道官に就任するまでそうした二国間会談に同席したことはなかったので、ここで正直に言えば、トランプ大統領はこうした場が得意なのだと、私は感じていた。魅力を振りまき人を笑わせるが、同時に強硬そのものの態度をとり、「アメリカ・ファースト」という自身の信念を貫く。NATO同盟国との会談ではほぼ毎回、合衆国は他国の防衛を支援すべく、他のどの国よりもはるかに多額の出費をしているという事実を持ち出したうえ、ドイツのアンゲラ・メルケル首相、中国の習近平国家主席、カナダのジャスティン・トルドー首相、そして日本の安倍晋三首相といった指導者たちに、自分の意見を遠慮なく押しつけた。イタリアのジュゼッペ・コンテ首相に、「我々はむしり取られている。上品な言い方ではないがね」と言い放ったのを、私は覚えている。総じて、トランプはヨーロッパの指導者を好いていないようだった。フランスのエマニュエル・マクロン大統領は洗練されていて柔らかな語り口の人物だが、トランプは「あいつは臆病者だ。一二五ポンドの身体を怒りでプルプル震わせるだけじゃないか」と評したものだ。

愉快な会談の一つに、ボリス・ジョンソン英首相とのあいだで行なわれたものがある。トランプが許容していた数少ないヨーロッパの指導者の一人だ。いずれもおかしな髪型をした小太りの白人男性だが、二人の会話は「でたらめ」という単語を定義し直すものだった。ある朝食の席で、ジョンソンはこのように言った。「オーストラリアは一番ヤバい国だ――クモ、ヘビ、クロコダイル、そしてカンガルー」そして二人は、カンガルーがどれだけ強いかを長々と論じ合った。

一方のトランプは、ロケット開発に取り組むイーロン・マスクのような起業家のことを話題にして、「金持ちは宇宙が好きなんだ」と言った。

そして、ある政治家について二人は話したのだが、その政治家は胆嚢の手術を受けたばかりだった。「新しい胆嚢を入れられるんだろうか?」と、ジョンソンはスクランブルエッグとソーセージをガツガツ食べながら言った。「胆嚢はいったい何のためにあるんだろう?」

「アルコールと関係があるのさ」トランプはそう答えた。

私たちがダボスを訪れたとき、トランプはスイスという国に驚嘆した。清潔で秩序正しく、富裕層ばかりのこの国こそ、彼が理想とする場所だったのだ。潔癖症の大統領はスイスのウエリ・マウラー大統領に、「ここは何もかも清潔だ。ホテルの部屋も汚れ一つない」などとまくし立ててから、風力発電について不満を述べたうえで、大量の風車がスイスの風景を台無しにすると警告した。「この国の山々がどれほど醜くなるか、想像できるか? 本当に美しいのに。それに鳥たちもみんな殺されてしまう」また、失業者に対する職業訓練プログラムの成果をスイス大統領が誇らしげに語ったとき、トランプは「時計の作り方を教えているのか？」と言ったあと、私たちのほうを向いて「この国は素晴らしい時計を作っているんだ」と、弁解するように付け加えた。

さらに、トランプは欧州委員会のジャン＝クロード・ユンケル委員長について、「中国のほうがEUよりも付き合いやすい……ジャン＝クロード、奴は本当にひどい」と不満を述べてから、イラン人のことを「あいつらはいつもトラブルを引き起こす。あんな風に神経過敏なんだろうな」と言った。

ホワイトハウスでは私に関するジョークがはやっていた。ほとんどのスタッフは英国の女王陛下のような人に会うと胸を躍らせるのに、あの女は独裁者と会うのが何より好きなんだ、と。ここではっきり言っておくが、そうした人たちのことを高く評価したことはないし、今もそうだ。そのような指導者とのあいだで行なわれた、政策や国家安全保障に関する会話が興味深く、そして私たちの大統領の話し方が——そう、時に独特だったというだけだ。

トランプも独裁者たちのことを強く意識しているようだった。彼らのタフさや攻撃性を崇拝しているのではないかと思えるほどだったが、核戦争については心から恐れていた。当然ながら、大統領である彼は核攻撃とそのインパクトについて頻繁にブリーフィングを受けており、そうした連中の誰かと戦争になる可能性を（正当なことだが）ひどく不安視していた。核戦争こそ自分の最大の不安材料だと、彼は何度も言っていた。私に対しても、「気候変動などどうでもいい。心配すべきは核爆弾だ」と語ったことがある。

大統領はいつも、独裁者に尊敬されることを望んでいたようだ。私の目には、独裁者が自分のことを真剣に受け取るよう、あるいは少なくとも自分に対して好意的になるよう、あらゆることをしているように見えた。そして、その一部は成功したと思われる。中国と米国のあいだには厄介な問題や論争があるにもかかわらず、トランプと習近平の関係は極めて友好的なように見受けられたし、金正恩でさえ一度か二度笑顔になったほどだ。しかし、トランプをもってしても、そうさせるのが難しい人物がいた。ウラジーミル・プーチンである。

「力は媚薬である」という言に従えば、プーチンは確かに魅力的な男だ。自信に満ち、冷静そのもので、何があってもうろたえない。彼に比肩する男性モデルがこの世界に多数いるとは思えない。米国のマスコミがプーチンにあそこまで注目しているためなのか、それとも、彼が冷血な殺人者になぞえられることに誇りを感じているという事実のためなのかはわからないけれど、私はプーチンに惹きつけられた。

報道官としてプーチンと初めて会ったのは、二〇一九年に日本の大阪で開催されたG20における二国間会談のことである。その日私は、国家安全保障会議のロシア担当筆頭補佐官、フィオナ・ヒルの隣に座っていた。会談はいつものようにスタートした。全員が簡単に自己紹介し、二人の指導者がしばらく雑談したあと、トランプが相手をじっと見つめ、報道陣を部屋に入れて大騒ぎのサーカスを始めてもよいかと尋ねる。通常、トランプが一分か二分かけて、記者たちがいったいどんな「動物」なのかをとうとうと述べてから、報道陣が入ることになっている。プーチン大統領との会談でも、トランプは同じように始めたものの、やがて口調を変えた。二〇一六年の大統領選挙に対するロシアの干渉、そして様々な人権侵害を理由とした対ロシア制裁措置について述べたうえで、トランプはプーチンにこう言った。「よろしい。これから数分、あなたに対して少々きつい演技をする。それはカメラのためだ。連中がここを出て行ってから話し合おう。わかるだろう?」

私はそれを聞いて驚いたが、アメリカ側は誰一人驚いているようには見えなかった。たぶんいつものことなのだろう。これは私にとって初めての二者会談だったが、ひょっとしたらNSCは、特定のことを言うよう大統領にレクチャーしていたのかもしれない。これでは大統領が弱気に思われてしまう、ロシアに対してどんな批判をするにせよ、効果が薄くなると思ったものだ。

トランプの発言に対し、プーチンは冷静に応じた。トランプに惹きつけられている様子はなく、強い印象を受けた様子すら見受けられない。ともあれ、このロシア人はトランプを見下しているように思われた。トランプがそれに苛立ち、プーチンの敬意を勝ち取りたいとますます強く願う様子しか思い浮かばない。プーチンにはそのすべてがわかっていたはずだ。KGB出身のこの男は、マインドコントロールの達人として有名である。そしてトランプは絶好のカモだ。トランプがプーチンに強い印象を与えたがっている様子に、私は驚いた。プーチンもそれを知っていたと思う。

会談が始まると、フィオナ・ヒルがこちらに身を寄せ、「プーチンの通訳に気づいた?」と訊いた。その通訳は非常に魅力的なブルネットの女性で、髪は長く、かわいらしい顔つきに素晴らしいスタイルをしている。するとフィオナは、あの人は大統領の気をそらすためにプーチンが選んだのではないかしら、と言った。私はその通訳に魅了され、彼女とトランプ大統領のやり取りを見ずにはいられなくなった。果たせるかな、トランプはジョークを飛ばすようにさりげなく、何度か彼女に直接話しかけていたが、そんな光景は初めてだった。

会談が進む中、プーチンが時おり咳をするのに気づいた。実際にははっきりした咳ではなく、かすかにそう聞こえただけで、咳払いがそれに続いた。私はそれが気になり、「目の前にある水を飲めばいいでしょ！」と心の中で思った。しまいにそのことをフィオナに話すと、彼女は早口で「たぶん、わざとよ――大統領が細菌恐怖症なのを知ってるから」と言った。

私は唖然とした――どうしてそれに気づかなかったのだろう？　実際、プーチンがしていることを私がすれば、トランプはひどく怯えて「ここから出ていけ！」と怒鳴りつけるはずだし、最悪私をクビにするかもしれない。だがその場では、トランプは何も言わなかった。しかし、プーチンはトランプの晴れ舞台を台無しにしようとしていたのだと、想像せずにはいられない。

記憶に残る独裁者としてもう一人、G20で顔を合わせたトルコのレジェップ・タイップ・エルドアン大統領がいる。その会談の主要議題はトルコによるアメリカ製航空機の購入だったが、話題はすぐ、オバマ政権下で行なわれたミサイル取引に変わった。トランプは私たち代表団のほうを見ると、エルドアンを指さして「この人は無邪気な子どもじゃないが、ここでひどい目に遭わされた」と言った。

トルコ人と話すたび、あるいはトルコについて語るたび、トランプはいつも同じ話題――トルコ人はいかにしてオバマにひどい目に遭わされたか――を持ち出した。トランプは閣僚やスタッフ、あるいは近くに座る他の人物に対し、この独裁者やあの独裁者に望みのものを与えよと命じることを好んでいた。「連中にそれを与えてさっさと済ませよう。今すぐだ」というようなことを言って、自分のスタッフが困惑する様子を見るのが楽しかったに違いない。そのうえで、相手の独裁者に対し、「何かあったら私に連絡してほしい。他の連中に連絡する必要はない。私が何とかしよう」とさりげなく言うのが常だった。そうすることで、自分がタフで力強く見えると信じ込んでいたのだろう。で、私たちは？　たいていの場合、実行を遅らせるか大統領を無視するかのいずれかで、彼の言葉を正確に実行することはほとんどなかった。

こうした会談の興味深い側面として、大統領がすぐに退屈してしまい、別の話題に移ってしまうということがある。そうした場合、「別のテーマについて話そう。これは私にとって不愉快すぎる」と続けることが多かった。あるいは、「貿易の話はもうやめよう。つまらない」など。

二国間会談の途中で、トルコ代表団の一人が、合衆国大統領、そして当時まだ政権を去っていなかったボルトン大使との個別会談を求めた。ジョン・ボルトンの名が出たときしばしばそうするように、大統領は彼を指さし、「ボルトンならここにいる。おめでとう。ただ、彼は世界のあらゆる国を攻撃したがっている。ボルトンと会ってみろ、君らが標的にされるぞ」と言うのだった。「おめでとう」とは何のことかわからないが、ボルトンがトランプによる発言の他の部分に気を悪くしたのは私にもわかった。

またこの会談では、大統領が言葉を切って私のほうを向き、「ステファニー、強硬なのはどっちだ？　習近平か、それともこの人か？」と訊いてから、笑みを浮かべるエルドアンに視線を向けた。

気の利いた返事をしようと知恵を絞る私に、全員の視線が向かう。いったいそれに何と答えるべきなのだろう？

エルドアンの視線を浴びながら、相手の気を悪くするのはどちらの答えかと迷った――エルドアンは中国の国家主席よりも「強硬」である、あるいは彼ほど「強硬」ではない。そこで、「私にはわかりません。強硬には見えますが」と、トルコ大統領を指しながら返答した。

しかし、その二国間会談のハイライトは、映画『ミッドナイト・エクスプレス』の話題になったときに訪れた。一九七八年に制作されたこの映画は、イスタンブールにて麻薬密輸の容疑で捕らえられ、トルコの過酷な監獄に放り込まれたアメリカ人青年の実話だが、公開当時は過剰に反トルコ的だと批判されていた。『ニューヨーク・マガジン』の批評家も、映画に登場するトルコ人はどれも「堕落した愚かな俗物として描かれて」おり、さらには「人間以下」だと述べた。トランプがエルドアンの出鼻を挫こうしたのか、それとも単にその映画のことが頭に浮かんだのかはわからない。とは言え、会談の途中でトルコ代表団のほうを向き、出し抜けに「君たちの中に『ミッドナイト・エクスプレス』を見たことがある人はいるか？　あれは君たちにとって暗黒の映画だろう」と言った。代表団からの反応はほとんどなく、丁寧なくすくす笑いがいくつか上がっただけで、大統領の発言などなかったかのように、会話は先に進んだ。

会談後、トランプが私のもとに来て、エルドアンに関する私の回答を修正した。「実際には習近平のほうがずっと強硬だ。俺はあいつの行動を見たことがある。奴は冷酷な人殺しだ」いったい何のことやら。たぶん、そのときの私は知りたくなかった。

パキスタンのイムラン・カーン首相と顔を合わせた場で、トランプはタリバンとテロリズム、宗教の違いが原因で生じたパキスタンとインドの緊張関係、そしてアフガニスタンを巡るパキスタンの諸問題について話し合った。その際、カーン首相はトランプに「我が国とインドとのあいだには危機の兆候が見られます。世界中で火を消してくれるよう、私たちはアメリカに期待しています」と述べた。

するとトランプは、その熱のこもった嘆願にこう答えた。「私はここにいるこの紳士を信頼している。パキスタンを信頼しているんだ。歴史学の学生として、解決策は常にあると言っておこう」

そして、インド訪問の可能性と、モディ首相とのあいだで行なった便所の議論について語った。屋外トイレを使う人の多さに、トランプは驚いていた。彼にとって、そんなことは我慢できない。

トランプによると、インド側はそれに対抗してカリフォルニア州におけるホームレスの多さを持ち出したそうだ。

カーンはインドに関する自分の主張を続けたが、会談中のその瞬間、トランプは両手を振りながら部屋を見回した。いくぶん当惑し、退屈すらしているかのようだ。「貿易の話は今ふさわしくない。退屈、とても退屈だ」

エジプトのアブドゥルファッターハ・エルシーシ大統領に対しては、同国が合衆国でなくロシアから武器を購入していることに、トランプは不満を述べた。するとエジプト大統領は、その決定をオバマ政権のせいにした。「それはオバマ政権の結果です。この件については話したくない」

だがトランプは、自分なら合衆国との取引でエジプトに大きく得をさせることができると言い張った。「承認するのはこの私なのだから、あなたたちはすぐに何でも獲得できる。あなたたちがロシアに何十億ドルも払うなど、私は望まない」前に記したように、トランプはこうした会談の場で本当に私たちの国のために戦っていた。「アメリカ・ファースト」は単なるスローガンではないのだ。

その後エジプト側は、「素晴らしい関係」を築いている他の二国に航空機を発注していると述べた。それにトランプは、「日本も我々に爆撃される前は、我々のことを友人と言っていたさ」と応じた。

そして話題はナイル川と、エチオピアが中国の資本でダムを建設している問題に移った。だがトランプはその問題を理解していないらしく、代わりに話題をオリンピックへと変え、「だから彼らは金メダルを獲得できるんだ」と、エチオピア人を指して（だと思う）述べた。「あの川沿いを駆け回っているんだから」

また、トランプはイラクのムスタファ・アル・カーズィミー首相に対し、ISISの妻たちに関するドキュメンタリーを見たと言い、「連中は冷血漢だ」と付け加えた。

以上はほんの一例である。

二〇一九年九月二二日、私は大統領に同行して国際連合に赴いた。トランプは総会で宗教の自由に関する重要演説を行ない、自分の宗教的信仰を行使したことで何らかの迫害を受けている、世界総人口の八割に上る人たちへの注目を呼びかけることになっていた。数十億人に影響を及ぼす問題について、合衆国が再び世界的リーダーの役割を引き受けたことで、少なくともいくばくかの注目を集めたはずだと、読者の皆さんは考えたかもしれない。しかし、マスコミ界の全員が語りたくてうずうずしていたのは、トランプが「完璧な電話会談」と呼んだものについてだった。

15　弾劾その一

否定的な要素がなければ機能しない人もいる。他人が落胆することで気分が良くなるからだ。
——不明

二〇一九年七月二五日、トランプ大統領はウクライナ大統領に就任したばかりの元俳優、ウォロディミル・ゼレンスキーと電話で会談した。その際、トランプ大統領が取り上げたトピックの一つに、ジョー・バイデン元副大統領と息子ハンターの件があった。ハンターはウクライナのガス会社、ブリスマの取締役を務めたことのある人物だ。そして八月、情報機関に所属すると思しき内部告発者が、「合衆国大統領が自身の権力を利用し、二〇二〇年の大統領選挙で外国からの介入を勧誘した」と正式に告発した。この内部告発者は電話会談に加わっていたわけではなく、他の人物から話を聞いたという。そして九月二〇日、マスコミはこの告発を報道した。

民主党がすぐさま飛びつき、この報道はニューヨーク行きの準備を行なう私たちに暗い影を落とした。民主党左派はナンシー・ペロシ下院議長に対して今すぐトランプを弾劾するよう求めたが、彼女は行きすぎと焦りすぎを恐れているように見えた。とは言え、ペロシもその方向に動いているのは明らかであり、大統領はますます苛立っていた。

八月の初めごろ、私たちの国で二つの恐ろしい銃撃事件が相次いだ。第一の事件はテキサス州エルパソのウォルマートで、第二の事件はオハイオ州デイトンのバーで発生した。

私たちは八月七日にこれら二つの州を訪れた。計画では、被害者家族と面会すると同時に、初動対応者たちに謝意を告げることになっていた。だが私にとって、この訪問は惨事になった。大統領とファーストレディーは、医療スタッフが拍手喝采で二人を出迎え、自撮りする光景を報道させようともくろみ、オハイオの集中治療室を訪れたのだが、そこに報道関係者が誰もいないため、私に向かって怒りを露わにした。プライバシーを守るため、そして、できるだけ静謐な環境を維持するために、患者が収容されているエリアには報道陣の出入りを禁止していると説明したものの、そんなことは関係なかった。大統領は腹を立てていたが、ファーストレディーもまったく同じ態度をとっていることに、私はがっくりきた。繰り返し述べてきたように、私は常に彼女が味方してくれることを期待していたのだ。それは確かに現実的ではないが、このときの彼女は大目に見ることすらしてくれなかった。私の忠誠心が両者に向けられている事実に腹が立ち始めているのではないかと、私は思った。結局のところ、彼女の下で、そしてその夫の下で働くというのは、良いアイデアではないのかもしれない。

その後の訪問先で、大統領はこの問題を私にぶつけ続けた。「初動対応センターは素晴らしいが、どうやら君は連中――つまり報道陣――を病院に連れて来ることができないようだ。何て時間の無駄遣いだ」立ち入り制限に関する問題と、その根拠について再び説明したが、無駄だと気づいた。大統領があれこれ批判する限り、私はそれを甘受しなければならない。

オハイオを離れてテキサスに向かう途中、胃がずっしり重くなった。私たちの招きでその病院を一緒に訪れた地元の民主党議員二人が、記者会見を開いていたからである。それが事前に計画されていたのは明らかで、テレビでその様子を見ていた大統領の機嫌が見る間に悪化するのが目に入った。トランプによる訪問は大衆受けを狙ったパフォーマンスで、コミュニティの傷を癒やす役に立っていないと、二人の議員は言った。それを聞いた大統領は私のほうを向き、出会って以来最大級の怒りを爆発させた。目が据わり、瞳は憤怒に満ちている。顔は真っ赤を通り越し、ほとんど紫になっていた。

「こちら側の人間はどこにいる？　テレビに映っているのがあの二人で、俺をかばう人間が誰もいないのはどうしてだ？　そもそも、どうしてお前がこの飛行機に乗ってるんだ？　誰も俺のことをかばわないなら、何のためにこのチームを抱えているんだ？　俺はこの忌々しい飛行機に閉じ込められ、何もできないじゃないか！」

合衆国大統領が自分に向かって「炎と憤激」を放つのに対し、何もできずにただ座っているのがどんな気分か、私にはとても説明できない。そして、周囲には他の人たちもいた。怒りの対象が自分でなくてほっとしていたに違いない。私だってそんなことがあったのだから。そこには私の敬愛するファーストレディーもいたが、その様子を眺めているだけでなく、なお悪いことに火を注いでいるように思われた。

必死に、そして正直に言えば何の効果もないのに頭を働かせつつ、私は「警察官との写真撮影は成功でした」と言った。

しかし、ファーストレディーは同意しなかった。「違う、違うわ。最初の訪問先に報道陣がいなきゃだめだったのよ。そのほうがよかった。あれじゃあだめよ」私はそれを聞いて動揺した。そんな言い方をするなど初めてだったからだ。夫が私に向かって怒鳴るのを聞いた彼女は、それをけしかけているようにすら見えた。

二人が言葉の攻撃を続ける中、私は腹が立っていた。特に、トランプ夫人に対して。彼女に失望していた――別に、いつも私を守ってほしい、私を批判するなんてあり得ない、というわけではなく、この場合は私の説明が論理的なのを知っていたに違いないからだ。私の言うことは筋が通っていると、彼女もわかっていたはずだ。そして、大統領の怒りが不当で、度が過ぎているということも。本当に立腹しているから私への攻撃に加わっているのか？　それとも事態の流れを見て、大統領の怒りが自分に向かないようにしているのか？　私にはわからない。それが判明することはなかったし、彼女とこの件について話し合うこともなかった。

本書を読んだ人の中には、「どうして我慢できたのか？」と疑問に思う人もいるだろう。私は合衆国大統領に仕えており、全員が我慢していた。自分に他の選択肢があるとは思いもよらなかったし、正直に言えば、自分は赤ん坊も同然だといつも感じていた。そして最後になれば、嵐は必ず去る。私たちスタッフ全員が沈黙することで、このサイクルを助長していたに違いない。

大統領はエアフォースワンに同乗していた記者たちの名を挙げた。「今すぐ連中のところに行って、あの病院にいた全員が俺の訪問を喜んでいたと言ってくるんだ。そうしろ。今すぐだ」私は震え、不安で一杯だった。トランプは以前も私に怒鳴ったことがある——誰にでも怒鳴っているのだから。とは言うものの、私がそうした類いの純粋な怒りを経験するのは初めてだった。

私はエアフォースワンのオフィスを出てスタッフ用の会議室に入り、気を取り直した。そして、人に頼んでオハイオ州選出のロブ・ポートマン上院議員に連絡をとり、素晴らしい訪問だったとテレビで伝えることは可能だろうかと問い合わせる。それから、機内の後方に控える報道陣に何を言おうか考えようとした。「病院の医療スタッフは大統領の訪問を喜んでいました」と言ったところで、マスコミは笑い飛ばすだけだろう。P・T・バーナムならどうするかしら？　結局、私は報道陣のところに行かなかった。大統領の望み通りにしていれば——全員が被害者とその家族を思いやるべきタイミングで、記者たちのもとに戻り、「皆さん、医療スタッフは大統領の訪問を心から喜んでいたとお伝えします」などと言おうものなら、彼らは大統領を——そして私を——馬鹿にしていたに違いない。

フライト中、私は姿を隠した。テキサス訪問がオハイオ訪問よりもうまくいき、すべてが忘れ去られることを願いながら。そして自分のチームに指示を出し、私たちの訪問が終わったらすぐ、地元の友好的な共和党議員がマスコミに談話を発表することが可能かどうかを確かめさせた。そこに赴いた理由は悲劇ではあるものの、ありがたいことにテキサス訪問はうまくいった。また今回は、大統領とファーストレディーの一挙一動を報道陣に見せたけれど、オハイオでは大チャンスを失ってしまったと、トランプは私に言い続けた。その途中、私にできないことでも自分にはできると自信満々だった大統領は、ホワイトハウスの報道陣に語りかけ、オハイオの医療スタッフは「手術で血まみれになりながらも」写真を撮ろうと自分に群がったと言った。案の定、記者たちはその病院で撮影された写真を見つけるべく、ソーシャルメディアを検索した。だが、トランプの言うような血まみれの人物は誰もおらず、大統領のついた嘘に関する報道がまた一つ増えた。

その後、私はエアフォースワン機上の最高司令官から、同じように噛みつかれることになる。しかし、それは別の機会のことであり、弾劾審議が理由だった。私たちはある行事からの帰途で、その日の審議が終わったあと、大統領は再び、テレビで自分を擁護する者が「誰もいない」のはなぜかと訊いた。私はデスクの右側に座っていて、向かいのソファにはダン・スカヴィーノとジャレッド・クシュナーが腰掛けている。大統領の声はますます大きくなり、ついには「誰も俺をかばわない！　ステファニー、君のスタッフどもは何をしてる？」と叫んだ。

私はジャレッドに鋭い視線を向けた。数週間前、弾劾についての情報発信を「処理」する人間を起用せよと、私に強制したからだ。それについてはあとでもう少し詳しく話そう。私は「大統領、スタッフに今すぐメッセージを送信します。彼らは議事堂にいて、カメラの前に人を集めているはずです」と言って、スタッフ宛てのメッセージを必死に打ち込み始めた。返ってきたメッセージを読み上げ、マスコミは民主党議員ばかり取り上げているものの、ホワイトハウスのスタッフが全力を尽くし、ジム・ジョーダンやマーク・メドウズなどの下院議員をカメラの前に立たせようとしていると説明する。その間、大統領は口を挟まなかった。大統領の心の中では、この一日はまったくの無駄であり、自分のことを擁護する人間をテレビにもっと登場させられなかった私は完全な負け犬だった。そして、自分はまったく的外れな広報チームを抱えており、私の就任前は「いつも素晴らしく報道されていた」と強い口調で言った。その通りだ。話し合いの途中、トランプはジム・ジョーダンに電話をかけ、おかげで一〇分ほど落ち着きを取り戻したように思われたが、再び報道に対する怒りを新たにした。そのさなか、スカヴィーノとクシュナーは援護射撃をすることなくそこに座っていたが、スカヴィーノのほうはソーシャルメディアの好意的反応を大統領に伝えていた。一方、ジャレッドはこのときも、スタッフがすべきことを自分が引き継ぐ、あるいは指示するという、いつもの癖を発揮していた。だが今回、スタッフとは私のことだが、ジャレッドのそうした癖は何の役にも立たず、彼に指示されたことをした愚かなスタッフ（つまり私）を窮地に追い込むだけだった。そのジャレッドがどっしり座り、私が機内のあちこちに追い立てられるのを眺めつつ、地上にいる私の「粗悪なスタッフ」について、自分はまったく関係ないという態度でいる。それを見て、傷口に塩をすり込まれたような気分になった。

弾劾その一の幕開けに話を戻そう。九月二四日、大統領は国連総会で演説を行なった。グローバリズムの核心に切り込み、「未来はグローバリストのものではない。愛国者のものだ」と宣言すると、中国をやり玉に挙げて不公正な貿易慣行を攻撃した。しかし、そのどれも実際には意味がなかった。同じ日、ウクライナ疑惑に関する正式な弾劾調査の開始を、ナンシー・ペロシ下院議長が発表したからである。

ホワイトハウスが内部通報者の告発について知ったのはわずか数週間前のことであり、私の知る限り、ホワイトハウス法律顧問オフィスは報道の数日前まで、あの悪名高い電話会談の記録を見ていなかった。そして、その通話の詳細を大統領以外の誰にも伝えなかった。ひとたび調査の開始が発表されると、全文を公開するかどうかに関する内部の議論が始まった。だが広報担当者である私は、通話記録を見ていなかったので立ち入ることができなかった。情報を共有するだけの信頼関係が誰ともなかった以上、私はすでに遠く立ち後れていたのだ。トランプのことはよく知っていたので、彼がその通話でとんでもないことを話した可能性があるのはわかっていた。しかし、その内部通報者が告発しているのとは違い、一対一で話す際は相手を脅かさないよう、トランプは普段から気を遣っていた。

大統領が二国間会談を終えるのを国連の控え室で待っていたとき、私は通話記録を初めて見た。ちなみに、それを渡してくれたのはマイク・ペンス副大統領である。マスコミからの質問に答えるべき広報部長がそれを見ていないのは不自然だと、彼は考えたのだろう。ミック・マルバニーも同じ部屋にいたことを覚えている。

私は素早く全文を読んだが、正直に言って、警戒すべき内容はなかった。その理由をここで説明しておきたい。トランプ政権に仕えていた私たちの精神状態を説明するのに役立つと思うからだ。そもそも、トランプが不法行為に手を染めたと立証する内容は、その記録になかった。しかし、通話記録の最後の部分が明らかにしたように、大統領は外国の指導者に向かって正気の沙汰とは思えないことを頻繁に言っていた。単に馬鹿らしかったり不快だったりすることもあれば、我が国の外交官や国家安全保障の専門家が慎重に組み上げた政策を覆してしまう失言の場合もあるし、まったくの大言壮語の場合もある。何を言いたいのかというと、彼が述べる様々なことに、私たちの全員が鈍感になっていたのだ。そのため、通話記録を読み終わり、ゼレンスキーに対する発言を「トランプ言語」の物差しで測定したとき、それほどでもないと思ったのである。彼の振る舞いは正常だった。トランプの広報官だった私は、これが常態になったことについて自分の責任を認める。マスコミに対するトランプの発言を否定する、歪める、あるいは矮小化するのが私の仕事だったからだ。それにこの時点で、私自身深入りしすぎていたかもしれない。私たちは精神的に包囲された状態で活動しており、マスコミを敵視するのに慣れきっていた。今振り返ると、自分がどんな行動をとればトランプの振る舞いを変えられたか、突き止めるのは難しい。抗議の意味で辞職する？　それでドナルド・トランプのやり方に影響を与えられたかどうかは、マティス将軍かケリー将軍、あるいはボルトン大使に訊いてみればいい。しかもここまで来て、いったいどうすれば別の仕事が見つかるだろうか？　自分の財布を心配しなくてもいい、大多数の「オリジナルメンバー」とは違うのだ。同僚たちのことをかばうことはできないけれど、にっちもさっちも行かないと感じ始めていたのは確かである。大統領の政策にどれほど同意し、民主党や一部メディアの不公平な攻撃をいかに憎んだところで、自分が彼の振る舞いや共和党の未来を正常化するうえでどのような役割を果たしているのかと、疑問に思い始めていたからだ。なお悪いことに、自分自身の高潔さを犠牲にして、道徳的な指針に逆らっていたのではないだろうか？　たぶん、そうだったのだろう。

そのため、こうした理由が複雑に絡まり合い、その通話が私を悩ませることはなく、私とミックは、今すぐ通話記録を公表する必要はないということで意見が一致した——隠したいことがあったからではなく、適切な広報戦略を準備する時間が欲しかったからだ（読者の皆さんも、ここにパターンを見出していることだろう）。ミックが法律顧問のパット・シポローネに電話をかけて通話記録のことを尋ねると、パットはこう答えた。「君たちが心配する必要はないよ。ビル（バー司法長官）と私で広報計画を立てたから」

想像できると思うが、その言葉に私たちは目がくらんだ——そして私は激怒した。トランプのホワイトハウスでは、物事がしかるべき形で動くことはない。だからある意味で、これは驚きではなかった。報道官と広報部長を兼務しているこの自分が、合衆国のあらゆるメディアをすでに騒がせ、間もなく世界中で報道されるであろうこの問題について、会話に加わっていないのはなぜなのか？　私はそう問い詰めたが、その苛立ちは正当と言っていいだろう。ミックもそれに同意したうえで、自分も首席補佐官なのに仲間はずれだと言った。彼の怒りは私のそれより深かった。一大スキャンダルのことを一切伝えられない状態で、首席補佐官をどう務めろというのか？　私たちがその疑問をパットにぶつけると、彼はさりげなく、私たちが怒りを抑える方法を口にするだけだった。「これは法的な問題だ」と、彼は私たちを拒絶するように言った。自分と司法長官が対処するというわけだ。

何年か前、アリゾナ州検事総長の下で働いた経験がある私は、事態がどのように展開しているかをはっきり理解した。弁護士の目的はただ訴訟に勝つことだけで、情報を伝えることに対して用心するよう訓練されている。一方、広報担当者は世論という法廷での勝利を目指しており、それはつまり、大衆に正確かつ真実の情報を、戦略的な方法で提供することを意味する。多くの場合、これら二つの優先順位は対立するが、通常は妥協点を探る駆け引きの時間がある。

だがこの場合、そのような時間はなく、対立がすでに火を噴こうとしていた。特にパットと、苛立ちを募らせているミックのあいだで。

「この件についてまったく知らされていないのはどういうわけなんだ？」ミックがそう疑問をぶ

つけるのも当然だった。「対応策を準備できるよう、事態を摑む必要があるのに」

だがパットは、「ああ、その通りだ」などと言って彼の言葉を無視するだけだった。さらに問い詰められても、君たちにこの事件の法律用語はわからないだろう、などと口にする始末。トランプ政権の登場人物がころころ入れ替わることにまつわる問題の一つに、他者への信頼を築く時間が誰にもない、というものがあった。そうであれば、誰がパットを非難できるだろう？　ミックは三番目の首席補佐官であり、私は三番目の報道官、五番目の広報部長だ。いつ四番目と六番目の人物が登場するかわからないことは、誰もが知っていた。だとしたら、パットが私たちに何かを伝える必要があるだろうか？　私たちは全員、自分のことばかり見ていたのだ。

不満なんかそこら辺のごみ箱に捨てておけと、パット・シポローネが私たちに言ったあと、大統領とファーストレディーが入ってきた。しかし、大統領はドイツのアンゲラ・メルケル首相とその部屋で立ち話の会談を行なうことになったので、私はトランプ夫人に事情を伝えた。すると彼女は、急いで通話記録を公表するのではなく、その前に万全の準備を整えるべきだと言った――これはマスコミに対する普段の態度であり、驚くべきことではない。とは言えこの場合、彼女が意思決定者でないことは明らかだった。

数分後には大統領も加わり、近くの椅子に座って三人でこの件を話し合った。私は大統領に、通話記録を今すぐ公開してもメリットはないと言った。まだ準備ができておらず、読んだ人は自分の好きなように解釈することが予想されたからである。大統領はそれに同意せず、自分は何も間違ったことなどしていないのだから、ただちに公表するよう求めた。自分が「完璧な電話会談」をしたと確信するようになったのは、このころだった。何か真実にしたいと思う物事がある場合、大統領がそれをねじ曲げ、現実にしてしまうのを見ることに慣れていた私は、それを聞いてもまったく驚かなかった。どんな非難があっても自分は常に無実であり、いつも不公平に狙われ、不当な扱いを受けている——いつものトランプだ。

「わかりました。おっしゃる通りです」と、私は言った。「しかし、民主党はすでに通話記録を見て、調査の開始を発表しています。つまり、大統領が何か間違ったことをしたと、最初から決めてかかっているんです」そして、私たちとしてはそのどこに問題があるのかを突き止める必要があり、それを理解してから広報戦略をまとめるべきだと言った。戦略をまとめる？　物事を考え抜く？　マスコミに対応する？　それはどれも、トランプにとっては時間の無駄だった。

トランプ夫人が話に割り込み、「ドナルド、急ぐことはないわ。まずは国連総会を乗り切って、それから決めればいいでしょう？」と言っても、大統領は納得しなかった。

ファーストレディーの言う通りにしてくれれば、少なくとも決断するまで猶予が与えられる。そして、通話記録の全文を見直し、いくつかのやり取りについてその背景を把握する時間を得られればと、私は願った。だが、トランプはそれに何も言わず、話を聞いていないのは明らかだった。

その日の夜、マルバニー経由で知ったのだが、翌日に予定されている大統領の二国間会談と夕刻の記者会見に先立ち、通話記録の一部を公開するという決定が下されたとのことだった。マスコミから一日中質問される事態を防ぐというのが、その決定の裏にある考えらしい。私は、これではだめだと思った。通話記録の一部を公開するのは考えられる中で最悪の戦略だ――私たちが何か隠しているという印象を与えてしまう。私はパットに電話をかけてそうした懸念を伝えたうえで、一部しか公開しないとなれば、マスコミは「なぜ全部ではないのか?」と問い詰め、私たちが公表しなかった内容を突き止めようとするだけだ、と言った。するとパットは、友好的な記者に手を回してほしいと言った。友好的な記者? そんな人がいればどれだけありがたいか。さらに彼は、「背景情報をオフレコで彼らに伝えればいい」と口にした。「背景情報をオフレコで」といっても、マスコミ相手に何の成果も得られないし、好意的に受け取られることも絶対にない。なぜなら、オフレコであれば報道することはできないからだ。とは言え、私はそれをわざわざ相手に伝えなかった。以前の章で述べたように、誰もが自分を広報の達人と考えているのだから。

その直後、トランプがウクライナ大統領と面談している場に私も同席した。その会談が始まる前、いつもの炭酸飲料がないことにトランプは気づいた。「どうして俺のダイエットコーラがないんだ?」そう言ってからゼレンスキー大統領のほうを向き、「きっと賄賂と言われるからだな」と、苛立たしげに口にした。

二人は今や広く知られた電話会談について短く触れ、トランプがゼレンスキーに「これについて嘘が入り乱れているが、信じられるか?」と訊いた。

おそらく、ゼレンスキーとしてはトランプの好意を求めていたのかもしれないが、目に見えて苛立っており、あの通話には何もないと私たちに言った。その後すぐ、ゼレンスキーは報道陣にも同じことを発言し、通話の中身は会談を設定すること、およびウクライナに対するワシントンの姿勢を変えることだけで、「ブリスマや軍事支援とは関係ない」と述べた。

私たちがワシントンDCに戻っても、広報戦略を巡る議論が続いた。繰り返しになるが、従来のホワイトハウスでは、広報チームは法律顧問オフィス、首席補佐官、そしてもちろん大統領からの情報を基に戦略を実行する。だがトランプのホワイトハウスにおいては、ここでも飛び入り大歓迎であり、大統領は総じて最後に話した人物のアドバイスを採用していた。

広報関係の仕事をしている人であれば、人々がいつも広報の達人を自任しているという事実に、膝を打つはずだ。メディアの目をこちらに向かせ、完璧な声明文を準備するなど簡単なことで、自分のほうがその仕事をうまくこなせると考えているのだ。一方、ある人物や組織が好ましくない形で報道されたなら、それは広報部門の責任である――大統領、そしてジャレッド参謀長がいつもそう考えていたのは間違いない。好ましい報道がなされたとしても、それは簡単なのだからあなたの手柄になることはない。トランプ政権の多くの人が、大統領をはじめとする人物がもたらすそうした苦痛に苛まれていた。なので、トランプ大統領やルディ・ジュリアーニ、バー司法長官やパット、それにジャレッドなど、ホワイトハウスで一家言持つ人物が、自分なら物事を最適に処理できると考えていたとしても、それは今に始まったことではなかったのだ。

危機がますます大きくなりつつあったある日、大統領が私をオーバルオフィスに呼び、私の胃をずっしり重くすることを提案した。レゾリュートデスクの後ろに座る大統領は、通話記録を手にこう言った。「ステファニー、明日ステージに登って、あの通話を再現してほしい。あれは絶対に完璧だった」ステージとは、ジェームズ・S・ブレイディ記者会見室にある演壇のことである。「わかりました」私は答えた。「ただ、何をすればいいのかよくわかりません。報道陣に向かって通話記録を読み上げるのですか?」

私が当惑していることに、大統領は苛立った。「いいや。演じるんだ。声で。あれがいかに完璧だったか人々が理解できるよう、通話を再現するんだ。優雅そのものに。だから、二つの声を使って演じ分ける必要があるぞ」

いやはや。何てこと。ねえ。お願いだから。私は言葉を失った。自分にとってまさに最初の記者会見で、私は由緒正しいジェームズ・S・ブレイディ記者会見室でデビューを飾り、ゼレンスキーの部分はウクライナ訛りを交えながら、記者やカメラマンの前で通話記録を読み上げるのだ。トランプの部分はどんな声を使えばいいだろう? そのアイデアをトランプはますます気に入り、まるで売り込んでいるかのようだ。それですべてが解決する。頭の中を無数のことが駆け巡る中、私は「わかりました」と言ってオーバルオフィスを出た。自分のオフィスに着くまで誰にも話しかけず、椅子に座って頭を抱える。そう――これは『サタデー・ナイト・ライブ』で風刺されるためのチケットだ。それも良くない形で。ずっとニュースに登場し、その夜だけでなく今後何年間も、間抜け扱いされてしまう。それから数時間、何とか逃れる手はないかと必死に考えたが、そのとき頭の中を駆け巡った無数の思いを書き留めることはとてもできない。病気を理由に欠席しようかと思ったほどだ。その後ようやく、大統領の素晴らしいアイデア（私の最上級の皮肉を感じ取っていただきたい）について、マルバニーの補佐官であるエマ・ドイルに話したところ、ありがたいことに、彼女は素晴らしいプランを考え出してくれた。それによると、これは確かに秀逸なアイデアですが、むしろ議会で通話記録全体を議員に読み上げてもらい、将来のために記録に残すべきですと、大統領に伝えるのだ。声の使い分けはオプションだ。私たちはそのアイデアを大統領に伝えるべく、彼がオーバルオフィスを出てマリーンワンに乗り込むのを待った。急いでいるからじっと耳を傾けることはあるまい、と計算してのことだ。エマが新しい「戦略」を提示すると、果たせるかな、大統領は後世の人々のために記録に残すというアイデアをえらく気に入ったではないか！　強いエゴを持つ人間は、報道官に「ステージ」で道化を演じさせるよりも、歴史書に不朽の名を残すほうを選ぶものなのだ。翌日、私たちが最も信頼する下院の「イエスマン」の一人である、カリフォルニア州選出のデビン・ヌネス議員が下院情報委員会で通話記録の全文を読み上げ、「完璧な通話」がいつまでも記憶されることになった。

それから二週間、私のチームと法律顧問オフィスの緊張は増す一方だった。ウクライナと弾劾は今や大統領にとって最優先課題であり、程なくしてジャレッドが割り込んできた。ホワイトハウスの全員が、ジャレッドのレーダーに捕捉されて喜ぶこともある。自分が重視されている証しだからだ。しかし、ジャレッド・クシュナーに目をつけられるのは死神がやって来るようなものだと、私はこの時点で気づいていた——必ず厄災を持ち込み、かすり傷一つ負わずに逃れ出る。

ある日、ジャレッドは私のオフィスに姿を見せ、弾劾に関する情報発信の「現状」について尋ねたうえで、私のチームが「あまり積極果敢に」反撃していないという懸念を口にした。それはまるで、自分は何でも知っていると言いたげな口ぶりだった。自分は君の味方だ、助けたいんだとでもいうような、低い小声。

堂々巡りの議論がそれに続いた。私はその中で、自分のチームが直面している課題をジャレッドに説明し、中でも法律顧問オフィスから最も基本的な情報を引き出すのが大変だと言った。するとジャレッドは、自分が法律顧問オフィスに掛け合い、情報共有の重要性をそこのスタッフに説明しようと提案した。うまくいけばいいわね、ジャレッド。「もちろんです」などと言って、あなたを無視するでしょうよ。

私たちの最初の会話からおよそ一週間後、細身の死神が新たなアイデアを携えて私のオフィスに現われた。「やあ、ステフ」と、例の「僕は君の味方だよ」的な小声で切り出す。「弾劾調査を専門に扱うチームを組織しようと思うんだが、君はどう思う？　君たち報道・広報チームや法律顧問オフィスのメンバーをそこに含める。もちろん僕と僕のチームのメンバーも、時々そこに加わるよ」チームが顔を合わせて戦略を立てられるよう、作戦司令室を設けようとしていたのだ。

私はジャレッドに、そんなことは無駄だと大統領が明言したことを思い出させた。チームを組織するなんてもってのほかだし、自分は悪いことなど一切していないのだから、作戦司令室も必要ないと、大統領は私たち全員に言っていたのだ。私たちが大統領を守るべく、目に見える大規模な活動を行なえば、それこそ自分は有罪だと思われてしまうという発想だ。もちろん真の問題は、最優秀の広報担当者をかき集め、レイチェル・マドー〔米国のニュースキャスター。当時、大統領選挙におけるトランプとロシアの共謀疑惑を批判していた〕でさえもトランプの無罪を宣言するような主張を組み立てたところで、何の効果もないということだった。トランプは自分の好きなことをツイートするか、何か正気の沙汰ではないことをルディ・ジュリアーニに言わせるはずだ。

ともあれ、ジャレッドは私たちを救いにここに来たのであって、そんなことは気にしていなかった。いつものようにウインクしてうなずくと、「大統領のことは僕に任せてくれ」と言った。自分ならいともたやすく義父をコントロールできると自慢するのが、ジャレッドは何より大好きだった。まるで自分がトランプの最高の訓練士であるかのような口ぶりで。それなら私は何だろう？　いずれにせよ、こんな問題を長々と述べる紙幅はない。

その後、ジャレッドは私に指示を与えた。それこそが私たちの関係を本当に悪化させるきっかけだったと、私は信じている。彼は私に対し、広報活動をサポートするため特定の人物を起用するよう言った。私はすぐさまその考えに反感を覚え、人を増やしたところで士気がさらに損なわれるだけだと反論したうえで、必要な情報さえ手に入れれば、効果的な広報プランを作って実行できると説明した。さらに、ホワイトハウスでリークが頻発している現状では、新しい人を雇っても事態が悪化するだけだと付け加えた。ジャレッドが選んだ人物は情報漏洩の常習犯だと、彼の同僚や私のスタッフの一部は知っており、その人物がやって来るという気配を察知すれば、私の補佐官たちは不満を抱くに違いない。

「ステフ、感情が傷つくことを心配しても仕方がない」と、ジャレッドは返答した。「僕たちはここへ働きに来ているんだ」

私はそれに対し、「そうね。だけど、情報がなければ私たちは働けない。人を増やすことで実際の問題がどう解決できるのか、私にはわからないわ」と応じた。ジャレッドの言葉は攻撃的で、こちらを見下すようだった。私はチームの士気について、そして同じ仕事をしている人たちがすでにいるところに、人をさらに増やすことの危険性を話していたのに。

ジャレッドはここが自分の縄張りとでもいうように、うぬぼれていた。政権の初期に見られた、友好的で政治のことなど何も知らないという印象はもはやなかった。今の彼には力と肩書きがある——権力中枢にいる者にとって危険な組み合わせだ。エマ・ドイルと私は知恵を絞り、ジャレッドが選んだ人物ではなく、元フロリダ州検事総長のパム・ボンディではどうかと提案した。彼女は知名度が高くてテレビ映りも良く、法律の経験があり、大統領からの信頼も厚かったが、何より重要なこととして、チームメンバーが彼女のことを信頼していた。ここに来てドナルド・トランプを擁護するとなれば、人材の選択肢は多くない。私たちは結局、二人とも雇うことになった。

ジャレッドとの会話のあと、私は大統領のもとに赴き、スタッフを増やすよう命じられたことについて自分の懸念を伝えた。

するとトランプは、私がこれまで彼から聞いた中で最も正直な返答をした。「君はジャレッドの悪い一面が嫌なようだな」と言ったのだ。ジャレッドは天才だと、大統領は必ずしも考えていたわけではないのだろう。あるいは、ジャレッドがさっと手を振りさえすれば、自分の問題はすべて片付くが、他の誰もそんなことはできないと、考えていたのでもないのだろう。私の見たところ、トランプが事実上無制限の権力をジャレッドに与えていたのは、ただ一つの理由からだった。イヴァンカだ。愛娘の機嫌を損ねるのが嫌だったに違いない。このことは、自分がどれほどトランプ一家《トランプ》に近い存在だと感じていても、家族ではないということを私に思い知らせた。家族は何物にも優るものだ。

大統領がジャヴァンカをはねつけたのは、私の記憶では一度しかない。私はそのとき、大統領に対する会見要請を説明しようとオーバルオフィスで待っていた。そこではイヴァンカが、父親に何かを話している。すると大統領の補佐官が入ってきて、次の予定まで三〇分しかありませんと伝えた。それは刑事司法改革に関するもので、超党派の幅広い支持を受ける数少ない議案の一つだった。その情報に大統領は機嫌を悪くした。「ジャレッドにもうやめろと言うんだ」と、トランプはイヴァンカに告げた。「俺は刑事司法関連の仕事ばかりこなしているが、何の収穫もない。本当だぞ。俺はこれに満足していないし、お前のアドバイスが役に立ったとは思えないと、奴に伝えろ」イヴァンカは夫を守ろうと——静かに——反撃したが、大統領は聞く耳を持たなかった。「とにかく奴にそう言え。俺はもううんざりだ」トランプが愛娘に対してここまで怒りをぶつけるのを、私は見たことがなかった。彼女は賢明にもそれ以上反論せず、オーバルオフィスを後にした。そのため私は不機嫌そのものの大統領と二〇分も顔を合わせる羽目になった。本当にありがとう、イヴァンカ。

総じて言えば、大統領は「ジャレッドのイベント」などごめんだと口にすることが頻繁にあり、そのためジャレッドはスケジュール会議の場で、「ジャレッドのイベント」と言うのはやめさせなければと不満を述べた。また、トランプが「これをしても俺の功績にはならない。もうそんなことはしないぞ。まったく無駄だ」と言うと、ジャレッドがやがて戻ってきて、別のイベントを提示するのが常だった。

新しい広報担当者の起用を巡る戦いに敗れた翌日、二名の人員追加に関する情報がさっそく漏れ始めたのだが、それに驚く人はいなかった——いや、一名の人員追加と言うべきか。二名のうち一名だけが、魔法のように注目を集めだしたからだ。とある地方紙に最初の記事が掲載されたとき、私はまだ自分のチームに事態を伝えることができずにいた。ショック。続く数週間、法律顧問オフィスと私の「新チーム」とのあいだで朝のミーティングが行なわれた。そのチームには私の補佐官の一人とともに、議事堂に毎日赴き、弾劾手続きを追跡したうえで、その日テレビに出演する議員たちにレクチャーするという仕事が任された。ジャレッドの新しい戦略はさほど助けにならなかったが、パム・ボンディは全力を尽くし、私が関与できるようにしてくれた。法律に関する彼女の経験はまさに資産で、テレビ出演が始まったときは特にそうだった。

もう一人の新メンバーは、自分もテレビに出演させろと交渉担当者にしつこく求めていた——とは言え、出演を希望していたのは『ルー・ダブズ・トゥナイト』や『ジャスティス・ウィズ・ジャッジ・ジャニーン』といった私たちに友好的な番組だけで、それらは大統領がほぼ毎回観ている番組でもあった。そのうえ、弾劾がようやく終結を迎えようとしていたころ、ジャレッドがその人物を政治集会に向かわせるべく、エアフォースワンの乗客名簿に加えているのを私は見た。その一週間前、ジャレッドは会議で上級スタッフに対し、「政治関連行事のスタッフは最小限に抑えるつもりだ。選挙活動資金で賄われ、無駄遣いするわけにはいかないからだ」と言っていたのに。それでいて臨時職員を乗客名簿に加えるなんて、どれだけお金があるのだろう。

私は旅行オフィスに電話をかけ、絶対にだめだと伝えた。私のスタッフの半数はいまだエアフォースワンに搭乗できていないし、本来なら必要となる私の許可を得ずに物事が進められている。この人物は困ったらすぐジャレッドを頼るはずだし、実際そのようにした。そして、ジャレッドは私の決定を覆すはずだし、実際そのようにした。それから数週間後、ジャレッドは私のもとに立ち寄り、この人物は本当に貴重な存在で、集会に出かけさせたのは「弾劾に関する彼の懸命な働きぶりへの感謝の印」だったと伝えた。私はそれに対し、「そのすべてに不同意だと、同意する必要があるわね」と素っ気なく答えた。ジャレッドが納得していないのは明らかだった。それ以降、私たちの関係が元に戻ることはなく、新しい首席補佐官の着任とともに事態はさらに悪化した。

最初の弾劾まで、私はマーク・メドウズのことをあまりよく知らなかった。あるときオーバルオフィスにいたところ、大統領がスピーカーフォンで彼と話していたことは覚えている。私がいることを大統領に伝えられると、マークは「そうですか。私たちはステファニーのことが大好きですよ」と返答した。記憶にある限りこの人物と会ったことはないので、「どういうこと？」とすぐに思った。しかし、上司の前で褒められるのはいつだって嬉しいものだ。

数日後、私はＦＯＸテレビに出演すべく控え室でメイクをしていたが、その傍らには私のスタッフの一人が控え、マーク・メドウズとリンゼイ・グラハムが自分のメイクの番を待っていた。私の出番が終わると、スタッフが私を脇へ引き寄せた。目を大きく見開き、顔は真っ青。そして、二人の議員の話を立ち聞きしたと言った。それによると、こんな会話が交わされたらしい。「いつ首席補佐官のポストを引き継ぐんだ？」と、グラハムがメドウズに尋ねる。

それにメドウズは、「この弾劾が終わったら引き継ぐだろうな」と答えたそうだ。ところで、グラハムはミック・マルバニーの親友だとされているが、これほどまでに陰険な人物だと聞いても、私は驚かなかった。ワシントンDCという沼地に入ることを考えれば、グラハムの返答はこれ以上ないほど友情に満ち溢れ、友を応援するものだった。「それはよかった。ミックは対外政策のことを何も知らないからな。君が必要なんだ」マルバニーの命脈が尽きようとしていることを、グラハムは知っていたのだろう。彼は自分のことしか考えていなかった。他の全員と同じように。

私はメドウズのことをまったく知らなかったけれど、ミックと彼のスタッフのことは好きだったし、とても困難な状況の中でとてつもない仕事をしていると思っていた。それが、以前の二人の首席補佐官と同じく、自分たちにはどうしようもできない馬鹿馬鹿しいことのために責められるなんて、考えるだけでも嫌だった。状況に応じてミックに警告できるよう、私はエマ・ドイルにこの会話のことをすぐ伝えた。

それは緊張感溢れる瞬間だった。もちろん、自分が作り出した問題のことで大統領がマルバニーを非難するのは驚くべきことではない。当時、トランプはあらゆる人のことを罵っていた。連邦準備制度理事会のジェローム・パウエル議長を「忌々しいくそったれだ、あの野郎は」と罵るだけならまだしも、エタノール業界団体すらもやり玉に挙げた。「あのエタノールの連中ほど厄介な人間はいない」そう言ってから、「パレスチナ人は別だが」と付け加える。そして、取り乱しているのはトランプだけではなかった。

弾劾の件で持ちきりだった二〇一九年一〇月、民主党と共和党の議会指導者がホワイトハウスを訪れ、大統領、およびジム・マティスからポストを引き継いだマーク・エスパー国防長官らと会談し、中東地域の緊張緩和を目的としたシリア北部への今後の対応について話し合った。民主党が多数を占める下院では、シリア北東部から撤兵するというトランプの決断に対し、非難決議が可決されたばかりである。トランプの天敵とも言えるナンシー・ペロシ下院議長が会談の場に姿を見せたが、すでに激怒している様子だった。到着するやいなや、携帯電話を渡さなければならないことへの怒りを露わにする。それはセキュリティを目的とした一般的な慣行であり、出席者の全員が事前に同意していた。やがて彼女も携帯電話を引き渡したものの、いかにも不満な様子だ。

私は閣議室の壁際に座ってメモをとっていた。テーブルの周りには、行政府の長と立法府の長、そしてそれぞれのスタッフが同席している。

大統領もナンシー・ペロシのことは嫌っていたので、その感情は明らかに共通のものだった。ペロシは公の場でも、そしておそらく私的な場でも、トランプは正気を失いかけており、国家にとって危険な存在だと考えていることを絶えず隠さなかった。マスコミは後に、この新たな会談――そして最後の会談だったと私は思う――をペロシの視点から見れば、トランプは「敗北」し、

「メルトダウン」を起こしたと特徴づけた。しかし私から見れば、それはトランプだけのことではなかった。

会談が始まったとたん、ペロシはトランプを苛立たせたが、それは簡単なことである。「下院はシリアからの撤兵反対を決議しました」それは私たちの全員が知っている。だからここにいるのだ。

トランプはその流れを好まず、「おめでとう。オバマと民主党がロシアを力づけたな」とはねつけるように言った。

会談の途中、ペロシか、あるいは室内にいた民主党の誰かが、マティス将軍も公の場で撤兵計画を非難していると指摘した。「マティス」と、トランプは室内を見回しながら、軽蔑するように言った。「世界で一番過大評価されている将軍だ」

私はメモをとっていたが急ぐあまり、民主党側がトランプに「ISISにはどう対処する計画なのか?」と尋ねたとき、「angry Dem guy（怒った民主）」と書き記した。「怒った民主」とは、民主党の少数党上院院内総務、チャック・シューマーのことである。

トランプの反応はいつもと同じだった――傲慢で、具体的なことは何も言わない。「撤兵計画は我が国を守り、我々の兵士を保護するためだ」

緊張が急速に高まった。ある時点で、ペロシは立ち上がってトランプを指さし、「あなたがいるといつもロシアに辿り着く。ロシアにウクライナとシリアを与えたのよ」と言い放った。トランプは激怒し、「あんたは三流の政治家だ！」と言い返した。

それをきっかけに、民主党の指導者たちは立ち上がり、閣議室を出て行った。これが計画されたことかどうかはわからないけれど、民主党側は屋外に並ぶマイクへと直行した。まあ、直行ではなかったかもしれない。その前にまず、自分の携帯電話を回収しに行ったのだ。ペロシが怒りを爆発させたのはそのときだった。

親しみを込めてＲＯＴＵＳ（Receptionist Of The United States＝合衆国受付係）とも呼ばれるホワイトハウス受付係は、彼らがこんなに早く退出することを予想しておらず、それぞれの携帯電話を返却しようとあたふたしたのだが、ペロシはそれに立腹したようだ。「携帯電話もちゃんと返せないなんて、信頼できないわ！」と、大声を上げる。「あんたたちに携帯電話を渡すべきじゃなかったわ！　知ってるわよ、盗聴したんでしょう！」

そして、受付係の若い女性を無能と罵り始め、傘がないことに激怒した。その日は雨で、彼女はこれから屋外のマイクの前に立ち、カメラの前で大統領を酷評することになっていたのだ。ドナルド・トランプを憎む人はこれほど多く、彼の不利になることを行なうのであれば、誰が何をしても大目に見たことだろう。とは言え、ペロシが若い女性を大声で怒鳴りつけたのはまったく大人げない行為だし、トランプのことをいつもそれで非難していたではないか――つまりいじめだ。しかし、トランプが人々の一番悪いところを引き出してしまうのも事実だ。

そして同じころ、私も同じ目に遭った。

それは、私がトランプの広報官に就任して以来、恐れていた瞬間の一つだった――私をうんざりさせるトランプのリクエストだ。

その年の一〇月、『ワシントン・エグザミナー』が主催するシーアイランド・サミット政治活動会議で、ジョン・ケリーは先日去ったばかりのトランプ政権についてコメントした。ウクライナ疑惑を巡る弾劾の話題で持ちきりの中、自分ならその惨事を防げただろうとほのめかしたのである。「私はつらい思いで現状を見ている。私が、あるいは私に似た誰かが今もそこにいれば、彼が我を忘れることはなかったはずだ」さらに、自分がホワイトハウスを離れる前、イエスマンを首席補佐官に起用してはならないと大統領に警告し、その他の意見を伝えたところ、大統領は激怒したと発言した。

その週の土曜日、私のもとに大統領から電話があった。私は週末の電話をいつも恐れていた。多くの場合、何が飛び出てくるか、トランプが何を見て激怒しているのかわからないからだ。そのとき、大統領はケリー将軍の発言に関する報道を見ていた。以前のように怒りを爆発させているわけではないが、機嫌が悪いのは間違いなく、私に「強く反撃せよ」と要求した。

私は目の前にノートを置いたまま、ベッドに座っていた。大統領はしばらくのあいだ、ケリーが言ったことは嘘だとまくし立てたうえで、自分のもとを去った人間に関するいつもの発言を繰り返した。将軍はまったく無能な弱虫で、「俺は奴をクビにした」と。そして、トランプは続けた。「今すぐ行動しろ。何か発表するんだ。いいか？　今から言うことを書き留めろ」

これはいつだって悪い兆候だ。ダン・スカヴィーノに向かってツイッターを口述するときもこれと同じだ。大統領は声明文を言い始めたが、文章の途中で何度か変更するものだから、意味が通じる文章にするのは容易でなかった。そして最後に私の発言として、「私はジョン・ケリーと働きましたが、彼には私たちの偉大な大統領の天分に対処する準備がまったくできていませんでした」と言わせることにした。

出来上がった声明文を読み上げさせ、私が正しく把握したかどうか確かめる。間違ったりしていると確実に機嫌を損ねるので、私はそれを恐れていた――しかも、自分が変更を加えたことを忘れることすらあるのだ。それでも私は読み上げた。「よろしい」と、ご満悦な様子で口にする。トランプは一度ならず「天分の持ち主」を自称していた（「非常に安定した天分の持ち主」など）が、どれだけ奇妙なことか実感できた。

大統領に向かって読み上げる自分の声を聞きながら、私はうんざりしていた。まず、これでは自分がまったく間抜けに聞こえるし、頭がおかしい典型的なトランプ信者そのものだ。それに、ケリー将軍が首席補佐官として行なったすべてのことを評価しているわけではないけれど、私は彼に対して、そして彼の奉仕に対して敬意を払っていた。そのケリー将軍を平手打ちするなんて、私には納得できない。ファーストレディーに仕えていたときと同じように、私は実際に攻撃されている他の人間に代わり、自分の名前で誰かに反撃するという状況に置かれてしまった。

ともあれ、トランプにそれを言うわけにはいかない。どうして断わらなかったのか？　そんな選択肢など、頭に浮かびさえしなかった。大統領はそれほどまでに機嫌を損ねており、自制を失っていたのだ。これもまた奇妙な形の忠誠心テストであり、私は合格しようと決意した。とは言え、喜んでそうしたわけではもちろんない。

声明文を発表する前に、私は他の数名に電話した。その全員に、私が感じたのと同じように、これはひどいと言ってほしかったのだが、みんなそう言ってくれた。入り始めていた報道関係者からの問い合わせに対し、勇気を振り絞って（大統領はそれを「弱気」と呼んだだろうけど）返答するまで優に二〇分かかった。正直に言えばもう少し待とうと思ったのだが、大統領がテレビを見つめ、あの文章が画面にそのまま映し出されるのを待っているのはわかっていた。

それを言うのが絶対に嫌で、自分の声でなかったことは間違いないものの、私は合衆国大統領の報道官である。なので、私の心の中では、発言するよう命じられたことを文字通りに述べることが自分の仕事だった。「私はジョン・ケリーと働きましたが、彼には私たちの偉大な大統領の天分に対処する準備がまったくできていませんでした」何年経っても、このことを考えるだけで恥ずかしさに顔を覆ってしまう。ノーと言う勇気がなかったことに、ケリー将軍夫妻に申し訳ないと思う。これは私にとって一番大きな後悔の一つだ。

そして、ケリー将軍に関する「私の」コメントが報道され、私が辱めを受けるという、お決まりのパターンが始まった。ＭＳＮＢＣは「北朝鮮の口調そのもの」と言った。私の故郷を拠点とする『アリゾナ・リパブリック』紙のベテランコラムニストも、このように批評した。「ケリーのような人物について、トランプの『天分に対処する準備がまったくできていなかった』と示唆したのは、単にグリシャム氏が大統領の信奉者であることを証明するだけではない。彼女が大統領中毒であることを証明しているのだ」

数日後、大統領が私に電話をかけ、アブ・バクル・アル＝バグダーディー〔イスラム過激派組織ＩＳＩＬの指導者〕を襲撃し、殺害に成功したと興奮気味に伝えたうえで、「ジョン・ケリーが大統領の天分を理解していないことについての、君のコメントに感謝する」と付け加えた。そもそもあの文章を考えたのが自分であることを、忘れてしまったようだ。私は穏やかにそれを思い出させようとしたけれど、相手はどうでもいいようだった。

16　隠れた敵

見えない敵こそ常に最も恐るべき存在である。
――ジョージ・R・R・マーチン

それまでの三年間で私たちが耐えてきた数々のことを考えれば、二〇二〇年は大統領にとって有望な幕開けとなった。経済は好調、ウクライナ疑惑に端を発する弾劾手続きは不発に終わるのが濃厚で、支持率も堅調だった。マスコミはトランプにまつわるスキャンダルや陰謀――ロシアの介入、シャーロッツヴィル、ストーミー・ダニエルズ、「糞まみれの」国々、シャーピーゲート、ウクライナ、確定申告、トランプ財団など――を数多く報道していたが、そのすべてを追うことは誰にもできなかったはずだ。

しかし、私はこの時点でウエストウイングでの職務を引き受けたことを後悔しており、自分ならやり方を変えられると考えた自身のエゴに腹が立っていた。それまでイーストウイングが盾になってくれていた、一部の同僚や大統領の色々な側面を目にしており、自分が同僚だけでなく、マスコミや一般大衆からどう思われているかについて、嫌気が差していた。職場だけでなく自宅にさえも、警戒しなければならない頻度で嫌がらせのメールが届いていたし、「タフ」になろう、あるいは一人の人間に対して「心から忠誠を尽くそう」と思っていたせいで、孤独を感じていた。それは誰にも話したことのない、語られざる思いだったからだ。実際、その時期のある夜、映画『ボヘミアン・ラプソディ』を観ていると、その中のセリフに胸を打たれた。映画の終盤、フレディ・マーキュリーがこのように言う場面がある。「本当に腐ってしまったと言えるのがいつか、知ってるか？　ハエ。汚い小バエが残飯の上に止まったときさ」この一節は、私の当時の気持ちを見事に捉えていた。自分の選択、沈黙を守ってきた事柄、そして私を取り囲む一部の人々に対する良くない感情。

一方、トランプはいつも上機嫌で、いつものように様々なことをぺらぺらしゃべっていた。それから程なく、トランプがヴィーガンになるよう公然と挑発する少年の姿が、テレビコマーシャルや高速道路沿いの看板に現われるようになった。あるとき、私は彼に対し、菜食に挑戦することを考えてみてはどうかと冗談のつもりで訊いてみた。ヴィーガンになるのは一ヵ月だけでいいし、好ましい目的のために大金を集められるからだ。ステーキとチーズバーガーをこよなく愛しているのは知っていたけれど、一ヵ月がそれほど長いとは思えない。

トランプの回答は短く、口調は真剣そのものだった。「いや、だめだ。代謝や脳が滅茶苦茶になる」菜食について聞いたと思しき話を引用しながらそう言うと、このように付け加えた。「それに、俺が脳細胞を一個でも失ってみろ。みんな終わりだぞ」

二〇二〇年二月下旬、大統領とファーストレディーはインドを訪れた。その訪問では何もかもが慌ただしかったけれど、それ以上に、プランの立案からして今までの外国訪問と違っていた。大統領は二国間会談の場でインド訪問にとりあえず同意し、自分のカレンダーに追加した。しかしそれは、Ｃｏｖｉｄ‐１９（新型コロナウイルス）という新しい感染症が世界中に広まる前のことである。訪問日が近づくにつれ、上級スタッフの大半とファーストレディーはこの新型ウイルスを恐れ、今回の訪問について不安を抱き始めた。

理由は不明ながら、ジャレッドはあくまで訪問すべきだと主張したが、彼こそが「真の」首席補佐官とあって、その発言には重みがあった。そして、訪問を実行するかどうかを決める最終会議がオーバルオフィスで行なわれた。出席者は大統領とファーストレディー、リンゼイ・レイノルズ（ファーストレディー首席補佐官）、ミック・マルバニー（首席補佐官代行）、エマ・ドイル（大統領次席補佐官）、ロバート・オブライエン（国家安全保障問題担当大統領補佐官）、トニー・オルナート（大統領次席補佐官）、そして私。私たちがオーバルオフィスに入るのを待っていると、ジャレッドとイヴァンカがその前を早足で通り過ぎ、大統領専用のダイニングルームに入った。まずトランプと内密に話し合うためだ——何てこと。偶然のことながら、会議の開始時刻は弾劾の採決と同じタイミングだったので、私たちはインド訪問について話し合う前に、一緒にそれを見ることになった。上院は無罪としたものの、大統領は機嫌が悪く、自分の胸の内を室内の全員にはっきり伝えた。「俺は行きたくないな。二日で終わるとしても長旅だし、我々はコロナに対処している最中だ。今は時期が悪いから二期目に入ったら訪問すると、モディには説明しよう」そこにジャレッドが口を挟み、すべての外国訪問についてすでに「二期目に」実行すると約束しており、このままだと合衆国にいる時間がなくなると言った。ファーストレディーがコロナウイルスについての懸念を提起すると、室内の多くの人間は、コロナはまだインドを襲っていませんと言って彼女を安心させた。

だが大統領はあくまで訪問中止にこだわった。するとジャレッドが、「わかりました。ただし、モディに直接伝える必要があります」と指摘した。この一件は、ジャレッドが義父のことをいかによく見抜いているかを示している。私たちの全員と同じく、大統領はなかなかノーと言うことができず、インドを訪れるようモディ首相に説得される可能性が高いとわかっていたのだ。それでもオーバルオフィスを後にしたとき、この訪問は中止だと私は考えていた。

ところが、モディと連絡をとることがなぜかできず、翌日になって大使から正式な招待状が届けられた。つまり、私たちが断われば、肘鉄砲を食らわすことになる。計画立案の残りは突如、ジャレッドの手中に収まったように見えた。モディ、あるいは彼の側近から入ってくる情報のすべては、ジャレッド経由で首席補佐官のもとに届いた。そのうえ、私たちは当初、二つの都市を訪問することで合意していたのに、ジャレッドはそれをいきなり三つの都市に変えた。事実、私たちが合意に至る前に、その第三の都市では私たちの訪問に向けて道路や駐車場の舗装が行なわれていた。その間、ジャレッドは大統領に「大規模な群衆」を約束していた。特にアーメダバードでは、私たちの訪問のためだけに巨大なスタジアムの建設が進められていた。ところが、私たちが到着する五日前に、ステージが崩壊したという。私たちはすぐさま、より安全な別の場所に変更しようとしたが、再びジャレッドが干渉し、問題は何もないと約束した。

ひとたびインドに到着すると、ガンジーが一時期暮らした僧院を大統領、ファーストレディー、そしてモディの三人で訪れることになっていたが、(心の準備はいいだろうか)ジャレッドとイヴァンカがそこに割り込んできた。今になっても、ジャレッドにとってその訪問がなぜそんなに重要だったのか、あるいはそこから何を得たのかはわからない。さらに、ジャレッドと彼のチームは、シークレットサービスの人員と警備上の問題について懸念を抱いていたインド政府と交渉を行なった。それはまったく無責任で、プロトコルに反しているが、トランプ政権におけるジャレッド・クシュナーの典型的な振る舞いだった。

当初はトランプの側近の誰も、新型ウイルスを深刻に捉えていないようだった。トランプはインドで行なわれたモディとの会談の途中、コロナウイルスに感染したため軍用船に隔離されている三四名のことに触れ、報道のせいで株式市場に影響が出ていると愚痴をこぼした。「インフルエンザに比べて過大評価されているんじゃないか」と、彼は言った。

もちろん、感染したのはこれら三四名だけではない。感染者数がますます増えても、トランプは大胆な措置を取ることに抵抗を感じているようだった。後の発言とは対照的に、中国旅行の即時禁止を望まず、ホワイトハウスの高官たちに「大騒ぎしすぎではないのか？」と尋ねるほどだったのだ。

二月の前の週、イタリアで感染者数が急増し、ブラジルでも最初の感染例（これはやがてホワイトハウスに大きな影響を与えることになる）が報告されたうえに、合衆国でもワシントン州で最初の死者が発生した。

私はと言えば、個人的にも仕事のうえでも、ミック・マルバニーが辞任した日から物事が滅茶苦茶になり始めた。これは決して、その後何年にもわたって私たちの国を席巻し、私たち全員の暮らしに影響を与えるウイルスのことを軽視するのでも、過小評価するのでもない。ミックは二〇二〇年三月六日金曜日に辞任の意向を明らかにしたが、大統領をはじめ、私たちはその日ずっとワシントンDCを離れていた。疾病予防管理センター（CDC）で新型コロナウイルスの最新情報を入手すべく、朝のうちにホワイトハウスを発ってジョージア州アトランタに赴いたのである。同行したのは少人数で、私、エマ・ドイル、同じくミック・マルバニーのオフィスで働いていたマイケル・ウィリアムズ、ジャレッド・クシュナー、そしてダン・スカヴィーノ。ミックが同行しなかったので、エマが彼の代理を務めた。彼女と私はますます親密になっていたが、その日はいつもの元気がなく、プロに徹している様子でないことに私は気づいた。少々落ち込んでいるようだ。

大統領による視察旅行で首席補佐官代理を務めるのは大変なことである。深刻な事態が発生しても政府が機能し続けるようにしなければならない。CDCを訪れた際、大統領はパンデミックに関する政府の対応について記者と言い争ったが、私たちは疲れて苛立っており、今すぐマー・ア・ラゴに行きたいほどだった。私たちだけで上級スタッフ用の個室に待機していると、エマがついに打ち明けた。その日の朝、マリーンワンの機内で、大統領がジャレッドを見つめ、「今の事態をエマに伝えるべきだろうか」と訊いたというのだ。

ジャレッドは誰も信用しておらず、情報を独占するのを好んでいたので、その質問に口ごもっていたが、大統領は続けざまに「エマは信頼できる。それに、ここに留まってくれるだろう」と言った。

そしてジャレッドは、ミックを解任することが決定したものの、大統領は後任を誰にするかまだ決心がついていないと彼女に告げた。そのためエマは、大統領が考えを変える時間がまだあると思ってはいたが、その知らせに打ちのめされた。ホワイトハウス入りする前から、議会事務所と行政管理予算局でミックと一緒に働いており、二人のあいだには緊密な絆があったからだ。

それから大統領とジャレッドは、この件はまだ誰も知らないから胸の中に留めておくようにと言った。報道官である私も初耳だったのだから、これは確かだ。当然エマは動揺したものの、事前にこのことを知らされ、自分のチーム、そして自分自身にとってそれが何を意味するか、心の中で咀嚼する時間が与えられたことに感謝した。フライトの残りの時間、私はあの手この手で彼女を笑わそうとしたうえで、ウエスト・パームビーチにあるお気に入りのレストラン、カポー・ヌードル・バーで一緒に食事をとろうと計画した。時間に余裕があればショッピングしたり、浜辺で過ごしたりしよう。その日の夜、温暖なパームビーチに降り立った私たちはいつものように車に乗り込み、一〇分かけてマー・ア・ラゴに向かった。

その週末はクラブが満員だったので、エマも私もそこに泊まることができず、部屋が与えられたのはボディーガードとダン・スカヴィーノだけだった。どこか別の場所に泊まれとスカヴィーノが言われていたら、私たちは週末ずっと、それを彼から聞かされていたはずだ。彼も自分自身のことをとてつもなく重要視する人間の一人になっていたのだ――まあ、この私もそうだったけど。スティーブン・ミラーも旅の主役になっていた――たとえば、自分の荷物を朝運び出すときに、特別なルールを要求していた――が、スカヴィーノはまるで違っていた。大統領に一番近いスタッフ用のバンに乗車すると言い張り、聞き入れられないと激怒する。ホテルでもトランプと同じ階に泊まりたいと要求し、彼曰く「自分はまったく尊敬されていない」「こいつらは自分を何様だと思っているんだ?」と感じたときなど、もう辞任すると脅していた。そのため大統領の任期が終わるころには、私たちが彼を孤立させようとするまでになった。彼の望む部屋や座席が自分に与えられたら、私はそれを前もって彼に譲っていたし、他の人たちも同じようにしていた。

スカヴィーノは間違いなく子どもだが、大統領にとっては欠かせない存在だった。そして正直に言わせてもらえば、仮に彼がいなくなったら、残った私たちがトランプの相手をしなければならない機会がぐっと増えるのだ。

事実、首席補佐官代理を務めるエマは、何か起きた場合に備えて大統領と同じ場所に宿泊すべきだったが、スカヴィーノと争うだけの価値はなかった。マー・ア・ラゴの私道で全員が降りるのを待っていると、スカヴィーノから電話がかかってきた。ミック・マルバニーの首席補佐官辞任を発表するツイートが「数分後に」発信されるので、それを私に予告しようとしたのだ。私は、報道官なら知っておくべき当然の質問をした。いつ効力が発生するのか？　円満な辞任なのか？　後任は誰なのか？　スカヴィーノはそのどれも知らなかった。ツイートが発信された数秒後、私の電話が鳴り始めるものの、回答がないので推測が始まることは間違いない。しかし、彼らはそれを知ってはいても、気にしてはいなかった。今振り返ると、大統領はこの騒動と推測の嵐を楽しんでいたのだと思う——世界的なパンデミックが幕を開ける中、自分のスタッフ、私たちの国、さらには世界がどれだけカオスと不確実性に包まれようとも関係ないのだ。たった一日でも、トランプ政権で繰り広げられるドラマを内密にすることができないのだろうか？

なお悪いことに、私はエマ、そしてマイケル・ウィリアムズと同じバンに乗っていたのだが、二人に事態を話そうとしたまさにそのとき、ツイートが発信された（さっき約束された「数分後」は何だったのか）。丁寧な言い方をすれば、ホテルに着くまでの一五分間は最悪だった。エマは泣き、マイケルは明らかに動揺しており、私は尊敬する友人や同僚たちが傷ついていることに怒っていた。ミックと彼のチーム全員のことを心から好きになっていたからだ。彼らは分け隔てせず、楽しく、とても頭が切れ、政権に巣くう多数の狂人に対処できる人たちだったのに。

ホテルに到着したとき、私たちはロビーのバーで一杯やることにしたのだが、大統領の専属医、シーン・コンリーが自分も混ぜてほしいと言った。それから二〇分、私は自室で報道関係者の相手をし、ミックの辞任や後任についてそれ以上のことは知らないと言い続けた。もちろん、報道関係者の大半は私の言うことを信じなかった。広報部長兼報道官ならホワイトハウスで進行中の事態を知っているはずだと、当然ながら思い込んでいたからである。私にはいつだって何も知らされないという苛立ちを、それらの報道関係者は悪化させるだけだった。週末の残りの時間、私たちは苛立ち、困惑、怒り、そして次に何が起きるのかという不安を抱えながら、みな自分の部屋に引きこもった。私にはすべき仕事が山ほどあり（そのほとんどは、次から次へと電話してくる相手に「私は何も知りません」と答えることだった）、残りの人たちはひたすら嵐をやり過ごそうとしていた。実際のところ、私とエマはブラジル代表団との会談、そしてすでに予定されていた資金集めの円卓会議を欠席することについて話し合った。憐れみの目で見られたり、あれこれ質問されたりするのが嫌だとエマは言ったが、私もそれは十分理解できた。自分も欠席しようと実際に思っていたものの、ブラジル大統領ジャイール・ボルソナーロの報道官という、私と同じ立場の人物が出席するとあって、罪悪感が湧き上がった。しかし、すぐにわかったのだが、それは大きな間違いだった。

土曜日の午後、私はブラジル側の報道官に会うべくマー・ア・ラゴに向かった。会談は儀礼的な要素が強く、何事もなく進んだ。私たちはおよそ一時間にわたり、「リビングルーム」と称する絢爛豪華な広間のソファに座って社交辞令を交換したのだが、この訪問の直後、ボルソナーロ大統領の報道官にコロナウイルスの陽性反応が出たと発表されたのだ。

そして会談の数日後、私の鼻がぐずり始めた。とは言え、自分が勝手に怯えているのか、これがいったい何かは見当もつかなかった。この段階でコロナウイルスのことは誰もあまり知らず、感染経路、潜伏期間、症状、隔離期間、およびその他の重要な事柄など、未知のことがいまだ多かった。しかし、私は世界最大級の細菌恐怖症患者の下で働いていたので、マー・ア・ラゴへの訪問についてすぐさまコンリー医師に相談した。すると彼は帰宅して静養するようアドバイスしたうえで、ウォルター・リード国立軍事医療センターに行って検査を受ける必要があると言った。正直言って、私は家に帰れることが嬉しかった。大統領は機嫌が悪く、私は体調が優れず、私の筆頭代理を務めるホーガン・ギドリーは、大統領と顔を合わせることにいつも胸躍らせていた——つまり全員にとってメリットがあるわけだ。

翌日、私は検査を受けるべくウォルター・リードに赴いた。医師の一人が非常に長く、とても恐ろしげな棒を透明なビニール袋から出すのを見たとき、私は「それを鼻に突っ込むつもりじゃないでしょうね?」と力なく訊いた。すると別の医師が、「そうですよ。それに、二度突っ込む必要がありますト」と言った。そしてどこまで深く鼻に入れるのと質問したところ、その拷問具を手にした医師が棒の底にあるマークを示したので、私はたじろぎ、背後の流し台を摑みながら、「いや、だめよ。そんなに深く入れるなんてとんでもない」と口にした。

その後の一五分間は、「お願い!」「やめて!」「だめだって!」「何するの!」「殴るわよ」などといったことを繰り返し声に出していたと思う。そしてついに医師が綿棒を挿し込んだのだが、そのつらさは筆舌に尽くしがたいものだった。脳を突かれた感覚がするどころか、おまけに棒をかき回すではないか。医師はそんなことを二度もしたのだ。ともあれ、私はこのプロセスを無事に乗り越え、自分の振る舞いを深く謝ったあと、結果を待つべく自宅に向かった。帰途、コンリー医師からこんなメッセージが届いた。「ひどい悪態をついたそうだね。さすがは君だ」この男は私のことをよく知っている。

二〇二〇年三月一一日水曜日の時点で、私は軽い咳と喉の腫れの症状が出ていた。どんな種類であれ、咳や寒気の症状が現われた場合、大統領から離れていなければならないというのはよく知られた事実なので、私はできるだけ大統領に近づかないようにした。

その日の正午ごろ、私の補佐官の一人からオフィスに電話があり、ホープ・ヒックス、ジャレッド・クシュナー、パット・シポローネの三者で行なわれた話し合いの場に偶然入ってしまったと言った。どうやら、その日の晩に大統領がオーバルオフィスから、コロナウイルスに関する国民向けの談話を発表する必要性について話し合っていたらしい。

新たに発表すべきことはないものの、彼らにとってそんなことは関係ないらしい。そして、この特定の集団の考えを変えさせようとしても無駄だということは、私も今までの経験から知っていた。その問題に加え、発足したばかりのホワイトハウス・コロナウイルス・タスクフォースの長にペンス副大統領が任命されていたので、コロナウイルスに関する情報発信は副大統領オフィスが主導することになっていた。そのため、政権――そして国民――が直面している最重要課題の一つについて、私は脇役に徹していた。

国民向けの談話は重大な事柄であり、可能であればできるだけ多くの時間を使ってきちんと準備する必要がある――ただし当然ながら、トランプのホワイトハウスではそうはならない。火に包まれたサーカスの車が、大量の花火が積まれた倉庫に向かって全力疾走する――そこではあらゆることがそうだった。

数時間後、オーバルオフィスで会議が開かれ、コロナウイルス・タスクフォースのメンバーがウイルス関連の最新情報を大統領に説明した。私は呼ばれなかったが、いつものことだ。このホワイトハウスでは、会議はいつも「たまたま生じる」のだから。人々が無作為にオーバルオフィスへと入り、適当な物事について話し始め、突然何かが決定されるか、トランプが何かすることに同意する――その場にいなかった人たちは、あとになってツイッターやケーブルテレビのニュースでその中身を知る。トランプが何かを発表し、私が誰かに「いったいこれは何？」と尋ね、「ああ、そうだ、会議があってね……」という答えが返ってくる——そんなことが何度あっただろう？　自分が広報担当スタッフ、副大統領のスタッフ、ホワイトハウス法律顧問チームのメンバー、あるいはどうでもいい省庁の閣僚だったとしても、自然発生的に行なわれた会議のことをたまたま知らなければ、それは自分の問題なのだ。別の言い方をしよう——トランプ政権で何かのテーマの専門家になり、自分のテーマに関する会議が行なわれたと想像してほしい。あなたはそのテーマについて他の誰よりも知っており、一貫性のある実行可能な計画を立てようと数ヵ月にわたって必死に努力してきた。ところが、その会議が行なわれていることを誰も教えてくれず、そのテーマについて自分の一〇分の一しか知らない人たちによって、決定が下されてゆく。さあ、トランプのホワイトハウスへようこそ。私たちはこのように悪戦苦闘していたのだ。

しかしそのときは、大統領のスケジュールに追加されていたのを見たため、コロナウイルス会議に気づくことができた。ジャレッド、あるいは復帰したばかりのホープ・ヒックスが参集し、誰を呼ぶかを決めたのだろう。私はすでに、呼ばれていようといまいとオーバルオフィスの会議に出席するようになっていた。咳こそ止まっていないけれど、その会議はとても重要であり、たとえ呼ばれていないとしてものど飴を大量に持ち込んで出席すべきだろう。

会議の出席者の中には、トランプ政権の新たなスター、アンソニー・ファウチ医師とデボラ・バークス医師の二人がいた。ＣＤＣのロバート・レッドフィールド所長が加わっていないのはなぜかとお思いだろうが、それは一種の後知恵である。その会議は、ファウチとバークス――特にファウチ――が仕切ることとなった。

トランプはファウチ医師のことを気に入った――およそ一〇分だけだったけれど。そして、ファウチはテレビに映る自分を見るのが大好きな目立ちたがり屋だと判断したのだが、ホワイトハウスのほぼ全員が同感だった。ファウチが最悪のシナリオばかり話すのをトランプは非常に嫌がり、彼の発言は国民を怖がらせ、経済だけでなく自分の再選のチャンスに傷をつけると考えた。もちろんファウチとしては、見たままの真実を話しているだけだと言いたかっただろう。とは言え、彼はマスコミ対応に並外れて優れており、記者たちは彼のことを崇拝していた。副大統領オフィスはファウチ医師を統制し、彼の発言が私たちの発言と矛盾しないように試みていたものの、ファウチは私たちの考えに配慮しようとはしなかった。彼の背後にはメディアの力があったのだ。これは言っておくけれど、コロナウイルスやその他の感染症について、彼が私たちの誰よりもはるかに多くのことを知っていたのは確かである。だから、彼の言うことに耳を傾けた人たちを責めることはできない。けれど、ファウチはマスコミのヒーローになりたがってなどいなかった、と言うのはやめよう。

ファウチがマスコミ相手の屋外ゲームの名人なら、バークスは屋内ゲームの達人だった。彼女は大統領が聞きたいことを伝える術を知っていた。あるいは少なくとも、彼を喜ばせる形でニュースを伝えることができたのだ。

その会議は人で溢れていた。レッドフィールド、バークス、そしてファウチの三名がレゾリュートデスクの前に座り、ペンス副大統領とムニューシン財務長官も同席している。副大統領首席補佐官のマーク・ショートがペンスの後ろに立ち、私はソファの一つに腰掛けていた。左側にはイヴァンカが座っているが、妙に感じた。今までコロナ関連の案件に関わることがなかったからだ。私たちの背後にはジャレッド・クシュナーが立ち、国家安全保障問題担当補佐官のロバート・オブライエン（ジョン・ボルトンの後任）、そして補佐官代理のマット・ポティンガーが私の右側の椅子に座っていた。向かいのソファには、ペンス副大統領の国家安全保障問題担当補佐官を務めるキース・ケロッグが座り、その後ろにはホープ・ヒックスが立っている。

ホープがホワイトハウスを去ってからおよそ二年が経っていた。彼女の辞任はストレスのせいであり、ロバート・モラーによる捜査（その際、彼女が大統領のために「罪のない些細な嘘」をついていたことが明らかになっていた）で召喚を受け、証言を余儀なくされたことを恨んでいた。また、私生活でもパパラッチにつきまとわれていた。そこで、彼女は骨休めとしてFOXテレビに入社したのだが、立派な肩書きを与えられ、伝えられるところでは数百万ドルの報酬を手にしたという。

そんなホープの存在が私を苛立たせたのは間違いない。私から見ても、あるいはここに留まってあらゆる狂気に対処している他の人たちから見ても、ホープは楽な道を選んでいた。どこか別の場所で二年も楽な仕事に就き、やがて政権を「救って」ほしいとホワイトハウスに復帰を請われるなんて、どれだけ素晴らしいことか。今、彼女は大統領と一対一で会い、広報戦略についてアドバイスしている——そんなことをする人間を私は軽蔑していたはずなのに、ホープは気にしておらず、私はなぜか再び感心していた。

ところで、当時は二〇二〇年三月である。マスクをしている人は誰もいない——大統領も、ファウチも、そしてバークスも。ソーシャルディスタンスなんてものも存在せず、話題にすらなっていなかった。

会議はいつもと変わらない形で始まった。タスクフォースのメンバーが、自分たちが把握している情報、国ごとの感染者数、そして今後数週間の見込みを大統領に伝えたが、それはその場の人々を慄然とさせた。ヨーロッパからの入国を一時禁止するというのが一同の勧告だった。明らかに、これは劇的な措置と受け取られ、その準備作業は大規模かつ複雑なものになるはずだ。大西洋の向こうにアメリカ市民がいるとしたら、最初に帰国させることができるだろうか？　他の国々から合衆国への接続便はどうか？　この措置は経済に影響を与えるだろうか？　貿易についてはどうか？　旅行禁止はいつまで続くのか？

こうしたことを話し合っているさなか、イヴァンカはひっきりなしに口を挟み、「だけど、今夜国民向けに談話を発表すべきだと思うわ」などと言った。

だが、私はそれを聞き流した。スピーチの準備が整っておらず、広報戦略がなく、意見が一致していない状態で、わずか数時間後に談話を成功させるなんてとても不可能だ。私たちは何度もでたらめなことをしてきたが、その私たちですら、それはあまりに正気の沙汰でないと思った。いつになったらわかるのだろう？　議論が続く中、ムニューシン財務長官は経済に対する影響を何度も話題にした。彼は、国境封鎖はあまりに厳しすぎ、それが我が国や世界にもたらす経済的影響から回復するには数年以上かかると考えていた。

話し合いは極めて熱を帯びていたが、とりわけムニューシンとオブライエン補佐官とのあいだでヒートアップした。オブライエンは会議の途中、ムニューシンに「このパンデミックがいつまでも終わらないとしたら、原因は君だ」と言い放つほどだった。

ホープ・ヒックスもひたすら話に割り込み、数週間前に話し合った疑問やアイデアを口にする。そして女性の権利、中小企業、コロナウイルス、および危機広報活動のエキスパートであるイヴァンカは、「オーバルオフィスから談話を発表すべきよ」と言うばかり。やがてお姫様は、父親に次いで最も強力な支援者のほうを向き、「ジャレッド、あなたはどうなの？」と訊いた。

ジャレッドが何と返答したか、推測する必要があるだろうか？

ある時点で、私はイヴァンカを名指しして、「私たちはそこで何を言うんです？」と尋ねてみた。父親に伝えてもらいたいメッセージが彼女にあったとしても、私はまだそれを知らないからだ。

イヴァンカは私を見つめるだけだった。せっかくの素晴らしいアイデアなのに私がそう考えないのはなぜなのか、困惑している様子だ。バークスとファウチ、そして室内にいる他の専門家たちは、このくだらないやり取りを無言で眺めるだけだった。彼らのために言っておくと、いずれも真面目な表情をしていたが、自分たちは狂人に取り囲まれていると思ったはずだ。

私は心の中で、「これはテレビのリアリティショーじゃないのよ。大統領を大統領らしく見せるというだけの理由で、意味不明なことを国民に向かってあれこれ語りかけるわけにはいかないわ。そんなことをしてもうまくいかない」と言い続けた。まったくくだらない話し合いで、みんなが考えているのはテレビ、イメージ、そして世論のことばかりだった。しかし言っておくが、私はそう考えていただけである。自分にとって一番の後悔は、その計画についてジャレッド、イヴァンカ、ホープに反論する勇気がなく、それが国家と大統領にとっていかに有害かを主張しなかったことだ。だがその時点で、それが無駄なことはわかっていた。この人たちは自分のしたいことをするまで。人々は彼らに逆らうことを恐れていたが、自分もその一人であることは認めなければならない。トランプはそうした状態をずっと保っていたのだ。

しかし少なくとも、私は自分の考えを大統領にはっきり伝えるべきだった。自分が発言できる瞬間もあったはずだ。実際、まさにその理由で、私はムニューシン財務長官に感銘を受けた。国境の完全封鎖を支持する人々が室内に居並ぶ中、ムニューシンは何度も彼らに反撃した。彼の見解には賛成できないけれど、自分の思考を室内の人々に伝えようとする意欲は立派だった。

およそ三〇分にわたる堂々巡りのあと、大統領は閣議室に行くよう全員に命じ、「何をすべきか結論を出してほしい」と言った。

合衆国大統領が自分のスタッフに対し、結論を出して戻って来いと言わなければならないなんて、どれだけ馬鹿げているの、と思ったことを今でも覚えている。大統領のために言っておくと、時間はどれだけかかってもかまわないが、プランを持って戻って来いと、彼は私たちに告げた。一方私は、会議が開かれるのであれば全員が推奨策を持ち込むべきだと考えていた。私たちは物事を逆の順番で進めていたのだ。

一同は揃って閣議室に入った。長机の端にはマーク・ショートとケイティ・ミラー副大統領報道官がすでに座っていて、私はその隣に腰を下ろした。向こう側のテーブルには副大統領とジャレッドが座っている。二人と正対する席にはムニューシン、オブライエン、マット・ポティンガーが腰掛けた。そしてテーブルの反対の端には、ホープとイヴァンカが身を寄せ合うように座っていた。タスクフォースの医療関係者は、テーブルの周りに散らばっている。私たちが閣議室に入ったのは午後三時だったが、これはまずいと私は思った。今夜、オーバルオフィスで国民向け談話が行なわれるのはもはや避けがたい状況である――なのに私たちは、大統領が何を言うべきかを決められずにいるのだ。

議論が始まったが、先ほどのそれとほとんど変わらなかった。ヨーロッパ発のフライトに対して入国を禁止する必要があるということで、ムニューシン財務長官を除くほぼ全員の意見が一致した。その会議で私の印象に残ったのは、合衆国副大統領の隣に座るジャレッドが会議を乗っ取り、すべての話し合いを支配していたことである。彼が上級スタッフ相手にこのような振る舞いに及ぶのを私は何度も見てきたけれど、今回の相手は副大統領なので特に不快だった。敬意がまったく見られず、私は恥ずかしさと嫌悪を同時に感じた。イヴァンカも「私の父は」という常套句を繰り返し、スタッフが別の見方を提示できないようにした。ある時点で、この狂気の列車はもうごめんだと判断したバークス医師は、仕事があるのでと言い訳して退出した。

私もこのチャンスを捉えて部屋を出た。何を発表するにせよ、自分のチームを集め、作業に取り掛からなければならない。それに、談話を中継できるかどうか確かめるべく、テレビネットワークに今すぐ電話する必要がある。その時点で、談話まであと四時間しかなく、テレビ局側が同意してくれるかどうかさえ確信できない。番組の放送を諦めなければならないとなると、収益源であるコマーシャルも捨てなければならないからだ。

私は自分のチームを集めると、間もなく大統領が談話を発表すると伝えたうえで、詳細はまだまとまっていないけれど、声明文、プレスリリース、そして概要文書をまとめる必要があると告げた。そして私の補佐官の一人に、午後八時からの放送時間を確保すべくテレビネットワークに連絡するよう指示した――いまだかつて、誰一人として考えすらしなかった行動である。

談話の発表がどうなるかについて、ケイティ・ミラーは力を尽くして私たちに知らせてくれた。そして、私たちは待った。ありがたいことに、ケイティの夫は大統領のスピーチライター、スティーブン・ミラーなので、彼女は夫のオフィスに赴き、ジャレッドが必死になってスティーブンに口述筆記させ、スティーブンが何かを書き留めるのを待ち、最新情報をリアルタイムで私たちに伝えることができたのだ。

その間、談話のことを嗅ぎつけた報道関係者が、その内容を突き止めようと私のオフィスに殺到した。知りたいのはこっちよ！　私が自分自身に苛立つのと同じくらい、彼らは私に苛立っていた。基本的な仕事すらできず、無力感とみじめさが募る。そして、それを考えれば考えるほど、ジャレッドの振る舞いに対する怒りが膨らんでいった。彼はそうしたこと――国境の封鎖、経済や医療への影響――についての専門家じゃないのに、私たちが人類史上最も深刻な危機の一つに対処するにあたって、自分一人で最初の行動を決めようとしているのだ。

二〇二〇年の選挙で敗北するとすれば、それはジャレッドが原因だろうと、私は繰り返しトランプ夫人に言っていた。そして、彼女はそれに反論しなかった。年を経るごとに彼の傲慢さと偏見が膨らんでおり、恥ずかしげもなく自分の力を振り回しているというのが、私の強い意見だった。あえて言えば、ジャレッドはホワイトハウスにいることで人が変わってしまったのだ。私たちの国が世界的なパンデミックと戦おうとしている今、彼がスピーチライターの横に座り、その計画を立てるべき理由はどこにもない。しかも、談話によって事態が悪化したら――そうなるのは避けられまい――、彼は誰よりも早く大統領のもとに行き、広報チームがすべてを台無しにしたと吹き込むだろう。細身のスーツに身を包んだラスプーチンだ。

それから二時間、ホワイトハウスでは事態が激しく揺れ動いた。これは誇張などではない。テレビネットワークが生中継に同意したので、私たちは撮影クルーをオーバルオフィスに迎え、照明、カメラ、マイクのセッティングを行なわなければならない。私はチームメンバーと一緒になって、談話の内容についてわずかに知っていることや、バークス医師から提供してもらった情報を基に、必死に文章を書き上げた。さらに、一部の主要メディアに発信するコメントを全力で見直す。あと三〇分で、トランプ政権にとって最も重要なものとなり、大統領の再選を左右するであろう談話が始まるのに、まだ執筆の途中だった。事実確認やチェック、あるいは友好的な議員や同盟国に通知する時間もない。大統領が原稿を読み、変更を加える時間もないほどだ。イヴァンカと彼女の手下が父親をテレビに出したいというものだから、最初から最後まで大混乱になってしまったのだ。

ついにその時間となり、大統領はオーバルオフィスのレゾリュートデスクから国民に談話を発表した。私はそれを自分のオフィスで見た。政権内の他のほぼ全員と同じく、談話の大半は初めて聞く内容で、それは国民にとっても同じだった。いいことを言っている部分もあり、口調もいつもと違って真剣で、聞く人を安心させるものである。そして、大統領が何かをしているように聞こえる談話だった。私はただ、もっと練り上げる時間があればよかったのにと思った。たぶん、間一髪だったのだろう。しかし、談話が進むにつれて、記者からのメールや質問が受信ボックスにたまり始めた。よくない兆候だ。大統領が語った内容には誤った主張やまとまりのない言い回し——その一部は、大統領がいくつかのフレーズでつっかえたことが原因だった——が多数あり、旅行制限によって影響を受けるのはどの国か、国際貿易も禁止されるのかといった事柄について、混乱が生じることになった。世界中の報道機関が談話に含まれる矛盾に気づくだろう。様々な連邦機関の職員からも電話があり、内容の一部をどう説明すればいいのか、あるいはどう整理すればいいのかと私たちに尋ねた。そして再び、オフィスの外では記者が列をなしている。もちろん、これは私たちの問題であって、ジャレッドやイヴァンカやホープの問題ではない。いや、彼らはオーバルオフィスの脇にあるダイニンググルーム——トランプのいつもの居場所——で祝杯を挙げ、本当に素晴らしい談話だったと大統領に伝えていたのだ。談話に対するマスコミの反応が悪化したら、まずはこの三人が私か広報チームのヘマを責めるだろうと、私は覚悟した。しかし思いもよらず、対処しなければならない他の問題がすぐに発生した。

前述したように、私と同席していた大統領報道官にコロナウイルスの陽性反応が出たと、ブラジル政府は発表していた。症状が悪化していたこともあり、私はホワイトハウスから隔離されたのだが、それによってその後三週間にわたり、私の人生を永遠に変える一連の出来事が始まるのだった。

17　首席補佐官四号

不快な人々から話しかけられなくなるのは、とても素晴らしいことである。それは、ゴミが自らゴミ箱に飛び込むようなものだ。

——不明

次の一週間、私は自宅に閉じこもっていたが、病状は悪化する一方だった。やがて声も出なくなり、一日のほとんどをベッドで過ごすまでになった。

そのころ、マーク・メドウズが首席補佐官としての仕事を本格的に開始していた。プリーバス、ケリー、そしてマルバニーを経て、私はようやく真相に気づいた——三年もかかったわけだ。つまり、トランプ、イヴァンカ、ジャレッドの三人こそがホワイトハウスを牛耳っており、物事が失敗に終わっても責任をとることはない。支持率の急落、好ましくない報道、政策の混乱、大統領による約束の不履行、あるいは何らかのスキャンダルといった失策の責任は、常にスタッフが負わされるのだ。その解決策は、自分たちを失望させた当の人物、すなわち生け贄の排除であり、一時的には完璧な後任者がやって来る――そして、その後任者は数週間にわたり、現代版のジェームズ・ベイカー、ロイ・コーン〔一九五〇年代に赤狩りの急先鋒に立ち、共産主義者を排除するマッカーシズムを主導した検察官〕、またはP・T・バーナムを演じるのである。私は心のどこかで、マルバニーが去ったあと、自分が生け贄第二号にされるとわかっていた――サラ・ハッカビー・サンダースはそれと同じ理由で、その運命が自分に降りかかる前に賢明にも辞任したのだ。ホープ・ヒックスがあっさり新天地に向かったのもそれが理由だろう――だからトランプに惜しまれ、自分も生け贄にされることを逃れたのである。

ともあれ、私が隔離生活を送る今、新たなスターとなったマーク・メドウズは私のスタッフとミーティングを行なったうえで、私のチームの各メンバーについて、そして私が今までの形で指示を出していた理由について、私に電話をかけて尋ねるように求めだした。ここで注意してもらいたいのは、私の思うところ、マーク・メドウズはトランプのホワイトハウスに入った人物の中で最悪の一人だったが、これはおそらく、私が彼について同情的なことを述べる唯一の機会であるということだ。つまり、彼はこのうえなく混乱していた時期に政権入りしたのであり、それが大変なのは間違いない。コロナウイルスの状況は刻々と悪化しており、報道官兼広報部長が政権内で最初の感染者となってしまったにもかかわらず、メドウズはいまだホワイトハウス内部の主要プレイヤーを把握している途中なのだ。もはや、夜に電話で合衆国大統領と話し、くだらないことを言うだけの存在ではない。今やこの騒ぎの中で自分が舵取りをしなければならないのだ。

トランプ政権の無様さを五段階で評価し、一番ひどい人物に五点満点を与えるとしたら、私はマーク・メドウズに一二点をつけるだろう。私がホワイトハウス報道官を辞任する際に彼が果たした役割のために――そしてもっともながら、私が心から激怒したために――私がきつい評価をしているのだと思われるのはわかっているが、その評価については完全に間違っていないと思っている。

まずは、そう考えていたのが私だけでないことを伝えるために、背景を述べておこう。ジョン・ベイナー元下院議長は回想録の中で、当時新人議員だったマーク・メドウズが議長室の床にひざまずき、ベイナーの議長就任に反対票を投じたことについて赦しを請うたことを振り返っている。ところが、ベイナーに赦されたメドウズは、再び彼への反対票を投じたのだ。つまり……この一件によって、メドウズはペテン師であり（チェック）、人が聞きたいことを言い（チェック）、上司が誰であっても靴を舐め（チェック）、自分の目的のためならその人を再度騙すのも厭わない（ここもチェック）という人物像になるだろう。甘ったるい南部訛りで、「いやあ、そんな」「ねえ、頼むよ」などといった常套句を連発するメドウズは、まるでアンディ・グリフィス〔米国の俳優〕だ――アンディに悪魔の双子がいればの話だが。映画に登場しようものなら、彼が部屋に入ってくるたび、空に雷鳴が轟き、オルガンが不気味に鳴り響くだろう。要するに、私はマーク・メドウズのことが嫌いだった。

メドウズは大統領に向かって、自分は好ましい報道を実現し、リークを残らず暴き出すと約束したと思われる。そして、大統領がそれに対し、君は好きなように物事を動かし、人の起用や解任を自由に行なっていい、これは「君のショーだ」と答えたのは間違いない。もちろん、大統領は同じことをラインス・プリーバス、ケリー将軍、そしてミックにも言っていた。これら二つの使命――好ましい報道の実現とリークの特定――を胸に、メドウズは活動を開始した。

メドウズを観察していると、業務の進め方にパターンがあることに気づいた。自分のオフィスに人を呼び、君の仕事ぶりは立派だ、大統領も喜んでいるなどと伝え、その後切り捨てる。自分が気に入らない人物は決して起用させない。見ず知らずの人間を行政府ビルのシベリアに追放し、その人物を連れ戻そうと力を尽くす振りをする。年中無休のサディストだ。

メドウズがそれと同じことを、私の友人エマ・ドイルにしたのを見たことがある。マルバニーの下で懸命に働き、成果を上げていたエマは、首席補佐官の役割と彼が知るべき事柄についてメドウズにブリーフィングしようと提案した。すると彼は感謝の言葉を述べ、それは素晴らしいアイデアだと言ったのだが、彼女を呼ぶことはなかった。そのうえ、君に留まってもらいたいとエマに言いながら、突然通りの向かい側〔行政府ビルのこと〕に異動させたのだ。さらに、同じくシベリア送りにされていた私のアシスタントの一人をオフィスに呼び出し、「ここでどんな仕事をしたいか、教えてほしい」と言った。そこでアシスタントがしたい仕事を述べると、メドウズは「いや、その仕事はだめだ」と言い放つ。別の仕事を挙げても、メドウズは首を振り、「いや、それもまずい」と返答する。それが何度も繰り返された。そのうえ、私がスタッフのために提案した昇給、肩書きの変更、そして昇格を、彼はすべて差し止めたが、それを本人に伝えることは一度もなかった。

メドウズはジャレッドの領域にも割り込むほどで、自分の承認がなければ他の省庁から人を連れて来ることはできないと言った。ジャレッドはそれに対し、クソ食らえと返答した。まあ、言葉遣いは丁寧だったはずだが。知恵者のメドウズはすぐにその意味を悟った。

メドウズはホワイトハウスの人々の不利になる情報を、マスコミに相当リークしていると疑われていた。私が隔離されているのをいいことに、すべての業務を乗っ取る様子を、私は遠くから眺めていた。隔離生活が始まる前、私はチームの組織構造、そこにいるメンバー、そして各メンバーの仕事を彼に説明した。けれど、相手はあまり関心がない様子で、自分もブリーフィングを行ないたい、君に起用してもらいたい人物がいると述べたうえで、大統領はテレビに登場しているケイリー・マケナニーを気に入っているが、君がもう一人別の広報担当者を起用することを望んでいると言った。私はそれに対し、ケイリーを起用することに問題はなく、副報道官として何度でもテレビに出演させられる素晴らしい存在だと答えた。

しかし、もう一人の人物については「絶対にだめ」と言った。その女性は以前に副大統領オフィスで働いていたものの、辞任する際、私のチームの多数にとても悪い印象を残していたのだ。私はその人物に会ったことはないけれど、自分のスタッフ、さらには報道関係者からも、彼女の仕事ぶりについて多くのことを聞いていた。そこで、弾劾裁判に向けて人を雇うという問題を乗り切ったばかりなのに、このうえ彼女を起用すれば士気に悪影響が及ぶと言った。するとメドウズははっきりとした言葉で、彼女は私の議員時代に一緒に働いたが、素晴らしい仕事ぶりだった、この件について君に選択肢はないと言い放った。ホワイトハウスの広報担当者を務めるのは、『ガン・アンド・アモ』誌〔銃器の専門誌〕に素敵な記事を寄稿するのとはわけが違うと説明しようとしたけれど、相手が聞く耳を持たないことはわかっていた。甘ったるい南部訛りの「優しさ」と、父親のような接し方にもかかわらず、マーク・メドウズはどんな形であっても挑戦を受けることを好まなかった。顔を真っ赤にし、私に憤怒の表情を向ける。ポーカープレイヤー失格なのは間違いない。ポーカーフェイスができないのだから。

私の下で広報担当大統領補佐官を務めるジェシカ・ディットは、すでに辞表を提出していた。私が隔離生活を送る中、コロナ関連の情報発信についてメドウズに意見具申するという大罪を犯してしまったのだ。メドウズはそれを相手にせず、彼女の「態度」が気に入らない、復帰したら「それに対処する」必要があると私に言ってきた。ジェシカが広報活動について並外れて有能であり、最初からそのポストに就いていたという事実は、メドウズにとってどうでもいいのだ。ジェシカが彼に異を唱えたことを、私は誇りに感じた。

コロナウイルスによる隔離生活はほぼ三週間続いた。テレビのリアリティショーに夢中になり、報道を把握し、電話で会議に耳を傾ける毎日。ある日、私の調子を確かめようと大統領が電話をかけてきた。「まったくひどい声だな」そう言ったものの、親しみを感じさせるジョークのような口調だ。そのときの大統領はとても優しく、家にこもって体調を回復させるようにと言ってくれた。

その後の二週間は本当にきつかった。私のように隔離生活を送るのは大変なことであり、パンデミックが人々の精神衛生に及ぼす影響が心配だと、私は会う人ごとに言った。確かに、私が士気に焦点を当てて必死に構築したチームを、新たな首席補佐官が再編したがっているというストレスを抱えていたし、チームのメンバーも事態の推移に動揺し、私に毎日電話をかけてきた。加えて、どういうわけか最初の検査結果が行方不明になってしまったので、二度目の検査を受ける必要があった（これであの恐ろしい棒を四回も脳に突っ込まれることになってしまったわけだ）。その時点で、「分析待ち」の検査件数があまりに急増していたので、感染から三週間経ち、回復こそしていたけれど検査結果がいまだ出ていない状況で、私は自分のオフィスに留まるという条件で職場復帰を許された。私がホワイトハウスに戻ると、全員が私から離れて座るというルールを徹底し、私も化粧室に行く場合以外は自分のデスクから離れなかった。

復帰して間もないころ、私はオーバルオフィスに呼ばれた。体調は元に戻りつつあり、ほぼ一ヵ月にわたって誰とも会っていないことから喜んでそこに向かうと、大統領は専用のダイニングルームにいた。ジャレッド、スカヴィーノ、そしてパット・シポローネが同席している。近づいてくる私の姿を認めた大統領は片手を上げた。そして、やって来たのが「腸チフスのメアリー」であるかのように私を見ると、入口の外に立っているよう命じた。

大統領は「よおハニー、気分はどうだ?」と尋ねた。私はそれを聞いたとたん、入室を禁じられたにもかかわらず気楽になった。

私はずっとよくなりましたと答え、それから一同は本題に入った。その会議のテーマが何だったか、正直言って覚えていないけれど、全員から離れたところに気まずい思いで立っていたことは記憶にある――文字通りののけ者だ。おそらく一〇分経ったころ、大統領の機嫌が悪くなり、ついには激怒した。パット・シポローネに向かって怒鳴り始め、お前のところの弁護士は全員「弱虫」で、誰も大統領のために戦おうとしないと言った。やれやれ、またか。

雄叫びの途中、大統領は私のほうを向き、「それに、お前はいったいどこにいたんだ?」と言い放った。わずか数分前に交わした会話も忘れてしまったようだ。「広報担当者が近くにいない大統領なんて俺だけだ! 何かあったとき、誰に連絡すればいいかわからない。これでは丸腰じゃないか!」私は着任直後に大統領から言われたことを思い出した。他の人間のことなどどうでもいい。「俺だけだ」

それからさらに数分間、大統領は自分がどれほど人材に恵まれていないかをまくし立てたうえで、自分には戦士が必要だ、お前たちは役立たずだ、などと声を上げた。自分への攻撃が終わったのをきっかけに、私はその場を後にした。そしてオフィスに入り、泣いた。前にも言ったように、そんなことはめったにない。しかし、体調がまだ万全ではなかったその時点で、マーク・メドウズを心から憎む気持ちは強くなる一方だった。そしてどういうわけか、体調を崩して職場を離れていたことについて、トランプは私に罪悪感を植えつけた。ドナルド・トランプ以外のあらゆるものはどうでもいい——私はいつになったらそれを理解するのだろう?

18　東への帰還

心が平穏なとき、自分が正しい決断を下したことがわかる。

――不明

ジャレッド・クシュナーの機嫌が悪い――トランプのホワイトハウスでは、これは絶対に聞きたくない一言である。隔離期間中、大統領の婿殿がホワイトハウスによるコロナ関連の情報発信に不満を抱き、予想通り私のせいにしていると、私はスタッフから聞かされた。事実、私のことを「影が薄い」と評する匿名の記事もあったくらいだ。きっとそうなると言わなかった？　大統領によるコロナ関連の情報発信を一手に管理し、妻が要求していた国民向け談話を実現させ、私と他の全員を排除していたジャレッドが、私たちによるコロナ対策の受け取られ方について文句を言っている。あらゆる問題――国境の壁問題に始まり、貿易政策、そして前例のない世界規模のパンデミック――で専門家を名乗ってきたジャレッドが、自分は今の騒動に無関係だと突如言い張っている。そんな男のことを魅力的で、誠実で、果ては親切だと思っていたなんて信じられない。

その時点で、私はジャレッドと彼の愚かな発言に辟易していた。本書のどこかで彼の発言を紹介していただろうか？　最初は「大統領が波を作っている。僕たちはそれに乗るだけだ」どういう意味かは定かでないが、考えてみればその通りかもしれない。次に、ホワイトハウスの全員がいつも耳にし、彼のいないところで繰り返しからかった言葉。「政府にいて知ったんだけど……」「政府にいて」って、たった一二秒じゃない〔ライト兄弟による人類初の有人動力飛行の滞空時間は一二秒間だった〕。それに、実際に何を知ったのかは不明のまま――彼が知ったのは、自分が非難されるのを避けて新たなカモを見つけ、その人物を捨てるまで調子のいいことを言う術くらいだ。そして、新たなカモがマーク・メドウズだった。

私が復帰して間もなく、私のチームにいくつか変更が加えられるとメドウズが言った。いずれ後任の報道官を見つけるものの、私が広報部長としてウエストウイングに留まり、引き続き業務を監督することを望んでいるという。そのうえ追い打ちをかけるかのように、新しい報道官の就任は「もう少しあとでいい」とも言った。それはどうも、ご親切に。その一方で、副報道官のポストをケイリー・マケナニーに提示するよう私に指示した。私は立派な兵士のごとく、オフィスに直行してその通りにした。ところで、ケイリーはそのポストを断わった。その肩書きは自分にとって「降格」ではないか、というのが理由である。私はそんな考え方に失望した。肩書きが何であれ、ホワイトハウスで働くのは名誉なことではないか。

数日後、私はニュースサイト『ＡＸＩＯＳ』の記者から問い合わせを受けたが、その人物はトランプワールドを情報源にしていることで知られていた。彼によると、メドウズの采配により、私の二つの役職をケイリー・マケナニーとアリサ・ファラーが引き継ぐことになっており、その記事を執筆しているという。彼はしょっちゅう事実誤認したり、信頼できない情報源を抱えていたりする記者ではない。なので、これは上のほうからの情報だと、私の本能は告げていた。

すぐさまそのメールをマークに転送し、「士気を保ち、臆測をやめさせるためにも、オンレコでこれを否定するのが何より重要だと思います」と付け加えた。そして承認を得るべく、彼が述べる声明文——「これは虚偽であり、現時点で人事異動の計画はない」——を送信した。すると、「これに対応する必要はない」という返信。記事が虚報だという保証はないし、自分がかつて私に言ったこと——私が更迭されることはない——は今も有効だと、わざわざ私に伝えることもなかった。しかも、「右往左往しているスタッフ」という再度のマスコミ記事から大統領を守るべく、記事を否定することに興味すら示さなかった。素晴らしい仕事ぶりだと相手を安心させたうえで、人々を解雇しては入れ替えている様子を見ていた私は、私にも同じことを試みているのだと確信した。そのうえ、私の更迭を直接伝える勇気もないらしい。

私は激しく怒り狂い、すぐさまホワイトハウスで（たいていの場合）頼りにできる唯一の人物にすがった。トランプ夫人はメールのやり取りを読み終わるやいなや、電話を手にした。私はメドウズと彼のチーム、さらには大統領など、この件の黒幕と思われる人々への怒りを乱暴な言葉でぶちまけたが、彼女は長い付き合いで初めて、私が感情を爆発させるのを見たのだ。トランプはいつだって人々をこのように排除していた――本人のいないところで、マスコミに、あるいはツイッターで情報をリークすることによって。

トランプ夫人はメドウズに電話をかけると申し出てくれたけれど、私はそうしたところで効果があるとは思えず、こちらが弱く思われてしまうと考えた。ウエストウイングの他のスタッフに対するメドウズの仕打ちなど、彼女には関心がないようだったが、自分の下で働く人たちにちょっかいをかけるとなれば、話は別だ。しかもトランプ夫人は私を安心させようとこう言ってくれた。「大統領はあなたを愛してるわ。そんなことは口にしていないし、知ってるとも思えない」その言葉はありがたかったけれど、彼女の言うことを自分は信じているのかどうか、私にはわからなかった。

私は彼女に、辞任したいとまず言ったうえで、アドバイスを求めた。

「広報担当者として私のチームに戻ってくるのはどう？」と、彼女は答えた。魅力的な提案ではあるけれど、私がウエストウイングで使い物にならず、尻尾を巻いてホワイトハウスの向こう側に逃げ込んだなどという記事が出れば、彼女の得にならないと説明した。

次のアイデアはシンプルで――なおかつショッキングだった。「その記者に声明文を送って、これは真実ではないと言ったら？」言い換えれば、開き直れということだ。

そんなことをすれば、対応するなとはっきり命じた、権限を有する新任の大統領首席補佐官に公然と楯突くことになる。そうしたことは普通のホワイトハウスでは起こらないが、もちろん私たちは普通でないことに対処していたのだ。規則を無視することもたびたびあったのだから。

私がためらっていると、トランプ夫人はさらに言った。「強くならなきゃだめよ。それが真実でないなら、声明を出しても問題ないでしょ？」そしてさらに、「自分のために戦う必要があるわ。これは正しいことじゃないし、彼がしていることは正しくないんだから」

私は気が変になりそうで、もう辞任しようと思っていた。この先の事態はもう見えている。けれど、私はずっと忠誠を尽くしてきたし、よりよい扱いを受ける権利があるはずだ。そうして、やってやろうと決心した。ここを去るにしても、戦わなくては。私はトランプ夫人に、文章を書いて送信するから、あなたの考えを聞かせてほしいと言った。それから数分間、私たちは何を書くべきかをあれこれ考え、「私に対する権力闘争のように聞こえるが、実際には隔離生活を送っていた。更迭の話が本当なら、報道官が自分の解任を報道で知るなんてまったく皮肉なことだ」ということで決着した。私の発言を目立つ形で載せた記事が投稿されると、トランプ夫人からいくつかの絵文字が送信されてきた。笑顔、力こぶ、火、そして花火。

日が明けた土曜日、メドウズからメールが送られてきた。「ステファニー、私たちが話し合った報道部門の変革を進めることにした。君には広報部長に留任してもらいたいと考えているが、月曜日に後任の報道官を発表するので、心の準備をしてほしい」後任が誰か、彼はわざわざ伝えなかった。

リーダーとしてのメドウズのやり方は十分知っていたので、私は自分のチームを守ることができないだろうし、また彼が押しつけてきた人々、私が信用も信頼もしていない人々がいる中で、広報部長として成功することも無理だとわかっていた。さらに、完全なるエゴの側面から言えば、私が報道官のポストを追われるのは記者会見を行なおうとしないからだと、マスコミが報道するであろうことは自明の理だったし、そんな言い方をされるのは私にとって耐えられなかった（私は今もそんな言い方をされている。念のため）。真実であろうとなかろうと、マスコミは新任の報道官と私を対立させるはずだが、それが誰のためにもならないのは明らかだ。

私は再びそのやり取りをトランプ夫人に転送し、考える時間が必要なのであとで電話しますと伝えた。

そして実際に電話するころには、再度決心を固めていた。もう辞任する時だ。私の決意を聞いた彼女は、私を驚かせる解決策——「イーストウイングに戻って私の首席補佐官になりなさい」——を提示した。私がホワイトハウスを去らなくてもいいようにそうした提案をしてくれたことを、私は心から光栄に感じるとともに、深く感謝した。問題は一つだけ——彼女にはすでに首席補佐官がおり、ファーストレディーになってから一度も交代していない。

トランプ政権の最初の二年間、リンゼイ・レイノルズと私は極めて親密だった。互いに切り離すことができず、いくつかの愉快な状況、そしていくつもの厄介な状況を二人で乗り切ったけれど、結局は楽しかった。私にとって最も素晴らしい思い出の一部は、彼女と一緒にいるときのものだ。確かに、緊張が生じる場面もあった。しかも数ヵ月前、業務担当首席補佐官代理の後任選びを巡り、私たちは仲違いした。メドウズのスタッフに対する共通の苛立ちのおかげで再び連絡をとるようになったのは、つい最近のことである。しかし、リンゼイは最近――イーストウイングとウエストウイングの両方で――スタッフの問題を抱えていた。しかも、コロナ禍のため学校が休みになってしまったせいで、州の外にある自宅で子どもたちと時間を過ごすことが多くなっており、そのためトランプ夫人は、そうした状況でも彼女が仕事を続けられることを望んでいた。メドウズに関する私の状況は、二つの異なる形で全員にメリットをもたらすという点で完璧だったわけだ。

それでも、彼女が即座に、しかも冷静に、リンゼイを下ろそうとしていることに驚かざるを得なかった。人をあっさり解任することを厭わない彼女の体質を見たのはこれが二度目だが、その事実は、彼女も夫とさほど変わらないことを警告していたに違いない。しかし、私はステファニー・ウォルコフのときと同じく、この異動は多くの点でメリットがあると自分自身を納得させた。トランプ夫人がまさに同じ形で私を切り捨てることになろうとは、その時点では思いもよらなかった。私のエゴはあまりに大きく、自分は違う存在、不可欠な存在だと思い込んでいたのだ。誰も私にそんなことをするはずはない、と。

三年間も首席補佐官を務めた人物にどう告げるのかと訊いたところ、彼女はあっさりこう言った。「リンゼイは子どもともっと多くの時間を過ごしたいのよ。マルシアが面倒を見てくれるわ」マルシアとは彼女の上級アドバイザーである。

一方、イーストウイングに戻るべく、「私の仕事の半分を提示していただいたのはありがたいですが、ファーストレディー首席補佐官のポストを引き受けることにしました」というメドウズ宛てのメールを作成していると、心から楽しくなった。それに対する返答は、少々サイコがかっているように思われた。「いやはや。それについては月曜日に詳しく話そう」ところで、南部地方で「いやはや」というのは、「くそったれ」のマイルドな言い方である。

やがてメドウズはリンゼイに電話をかけ、辞任する機会を提供した。彼女は事態の推移の早さにショックを受けていたと、私は聞かされた。当時の私が気づいていなかった皮肉がある。メドウズがまさに私にしたことを、私たちはリンゼイに対して行なった——何年も前からファーストレディーと一緒に働き、緊密な関係だったにもかかわらず、何の警告もなく辞任するよう求めたのだ。そして、私がメドウズに対して激怒したように、彼女も激怒した。

リンゼイがその後の数ヵ月間、以前の（そして私の新たな）スタッフの大勢に絶えず電話をかけていたという報告を、私は後に受けることになる。私が彼女を罠にかけたと思い込み、そしてトランプ夫人にも、イーストウイングの人たちは不満を抱いているとか、あの人はきちんと仕事をしていないなどと言っていたのだ。後にそれらのスタッフは、それは事実でないとファーストレディーに言わなければならなかった。リンゼイは起きたことにうまく対処できずにいた――それは私にもわかる。彼女の怒りと非難は筋違いだが、自分の憤りをトランプ夫人に向けようとしていたわけではない。むしろ、私がトランプ夫人を操り、自分を辞任させるよう仕向けたのだと、自分に言い聞かせていた――あの女性を操ることなど誰にもできないと十分わかっていたはずなのに。

私がウエストウイングを去ることは、翌朝発表するということで意見が一致した。また、私はメドウズに対し、広報チームと報道チームがテレビでそれを知る前に、直接話したいと伝えた。そして、午前九時に発表すると。その日の朝、私にははっきりとしたスケジュールがあった。リンゼイに電話をかけ、あなたの仕事を引き受けたと告げる。ホーガンに事情を伝える。そして私の上級スタッフ――ホーガン・ギドリー、ジャッド・ディーアの両副報道官、およびジェシカ・ディテット広報担当大統領補佐官――と顔を合わせる。自分の辞任の意向をこの人たちに伝えていると、ある記者からメッセージが入った。あなたが辞任するという情報を同僚が摑んだが、それは本当かという内容だ。一方で、私はそうした事態を信じられずにいたが、他方ではまったく驚いていなかった。メドウズと彼のチームは私を辱め、私が自分の意思で去るのではなく、ケイリー・マケナニーとアリサ・ファラーに置き換えられるのだと広く知らせたいのではないか。私はそう疑っていた。そして、チームと一緒に情報が広まるのを眺めていたが、スタッフの残り九割がそうした形で知らされることに、私は嫌気を感じていた。

トランプ夫人からすぐメッセージがあり、「ニュースを見た？？？？」と訊かれたので、責任は首席補佐官オフィスにあると思いますとはっきり伝えたうえで、情報をリークした人物の名前を告げた。三名の記者がそれを知らせてくれたのだ。

トランプ夫人は明らかに何か大統領に伝えたらしく、一五分後、顔を真っ赤にしたマーク・メドウズが私のオフィスに入ってきた。「私のチーム、あるいは私が情報をリークしたと触れ回っているそうだな」と、高い声で言う。「言っておくが、君についての情報をリークするつもりなら、ずっと前にそうしていたさ」

「ねえ、マーク。私はあなたたちがリークしたと信じているわ」私はそう応じた。「ここに来てからずっと、リークされたことなんかないもの。嘘だと思うならイーストウイングに訊いてみて」

「リークしたのは私ではないと、みんなを納得させなければだめだ。問題になる」彼は「みんな」と言うけれど、それは大統領のことだろう。情報をリークした人間ほどトランプが憎むものはない――もちろん、リークしたのが自分であれば話は別だが。

「自分が解任されることをどうしてリークしなきゃいけないの？　とにかく、今日の一連の出来事については意見が異なると、私たちは同意しなきゃならないようね。あとは放っておきましょ。だけど、私があなたと違うのは、何か疑ったとしても、人のオフィスに押し入って文句をぶつけないことよ。ここではそうすることになっているの」メドウズは立ち去ろうとしたが、ドアノブを摑んだまま私のほうを向いた。顔つきが一瞬にして変わり、不気味なほど穏やかな声で「私は心から喜んでいるよ。おめでとう。とてもわくわくする」と口にする。私は何と言っただろうか？　この男はおかしい。

それから二週間、メドウズのチームは、私の下で働いていた広報担当スタッフたちを「スパイ」だと確信したらしく、すぐさま排除に取り掛かり、私の上級スタッフの大半と接する際も軽蔑するような態度をとり始めた。前に記したように、私が定めた昇格と昇給もすべて取り消された。大統領と政権にとても忠実だった人々が、新たにやって来た人たち、自分自身にしか忠実でなさそうな人たちにこんな扱いを受けるなんて、見ているだけでつらかった。しかし、私にとってなおつらかったのは、声を上げる、あるいは何かを言う権限を持つ人たちがそうしなかったことだ。とは言え、他の人が同じように扱われているとき、私も常に声を上げていたわけではなかった。トランプのホワイトハウスで長い期間過ごしていると、新たな粛清を乗り切ったことで喜びを覚え、さらには奇妙な胸の高鳴りを感じるほどだ。周りの人を出し抜くことに、私はいつもおかしなプライドを感じていた。私たちの政権にリアリティショー的な精神構造があったと言っても、それは冗談なんかではない。そして、恥を忍んで言わせてもらえば、自分が何をしにそこへ来たのかを――つまり、国家に奉仕すべくホワイトハウスへ来たことを――私は一度ならず見失っていた。それがドナルド・トランプとの日常なのだ。

19　ドッグランの女

トンネルの出口で光を待つのをやめ、自分の手であのあばずれに火を点けた。
——不明

今から話すことについては、あまり時間を割きたくない。ただただ、気が進まない。とは言うものの、それもこの旅路の一部だし、今の私がある理由の大きな部分を占めている。私の人生のこの部分が、なぜ本書に強く関連しているのかを理解するのにしばらくかかった——奇妙ではあるけれど、トランプのホワイトハウスにおける日々を理解するうえでそれが重要であることに、私は数ヵ月、いや数年間も気づいていなかったのだ。

ホワイトハウスにいた当時、私は同僚と恋に落ち、ほぼ二年にわたってデートを続けた。相手は以前の章で述べたミュージックマンである。彼は事前活動チームに所属しており、大統領の当選前、遊説の調整作業をしていたときに知り合った。私がなかなか人を信用できないたちなので、私たちの関係はゆっくりと始まった。しかし、彼はいつもそばにいて、常に忍耐強かった——少なくとも、私はそう思っていた。やがて、私にとって安心できる居場所、生活のあらゆる側面で信頼できる数少ない人たちの一人になった。私には、色々なことを切り離して考える傾向がある——私の職場を考えれば、そうしないのは不可能だ。けれど、彼は私の家族、過去の過ち、もろさ、そして将来の希望をわかっていた。たぶんそれは、その場の感情的な空気だったのかもしれない。私たちの地位が上がるにつれて（その大半は私の地位で、それに伴い彼の地位も上がっていった）、関係も深まっていった。やがて同居するようになり、素敵な犬を飼うようになった。私たちはいつも——そう、いつも——一緒にいて、それは永遠に変わらないと思っていた。

ところがある時点で、私たちの関係が悪化し始める。最初は、彼の短気さを目の当たりにしたのがきっかけで、私はいつものパターン通り、それは自分のせいだとか、大げさに考えているなどと思って打ち消した。しかし、私がコロナに感染して自宅で隔離生活を送るようになったころには、たびたび口論するようになっていた。隔離生活を終えて私たちが同居している家に戻ると、彼は奇妙な振る舞いを見せた。三週間も一人で閉じこもっていたことに怒っているようなのだ。その段階で、彼は私のすることなすことに立腹していた。毎朝目を覚ますと、彼の今日の機嫌はどうだろうかと、不安で身体が震える毎日。ある朝ベッドから出てコーヒーを飲みにキッチンへ向かったところ、彼はソファに座っていて、私に「そもそも君はなぜここにいるんだ？」と言い放った。

先ほど述べたように、私は彼の短気を目の当たりにしたことがあり、幼児期に体験したことのせいで恐怖を感じた――そうした体験や恐怖は、もう彼に打ち明けていたのだが。

それから二ヵ月間、彼の気分はころころ変わり、いつも怒っていた。そして、以前に隣人の紹介で知り合ったドッグランのグループにしょっちゅう入り浸るようになったのだが、なんとこの隣人は、彼にコカインを定期的に売っていた。そのグループには魅力的な女性がいて、私も何度か彼にせがんで参加したけれど、二人のあいだに流れる奇妙な雰囲気を感じ取った。自分は嫉妬深い人間ではないものの……女の本能は伊達じゃない。私は自分の気持ちを何度も伝えたうえで、ドッグランでたまたま出会ったにしては妙に親しすぎると言った。すると彼は、私のことをサイコパスと決めつけた。彼がこれほどまでに私を苦しめる理由を理解し、一緒に話し合おうとしたけれど、向こうは耳を貸そうとしなかった。彼の上司と会い、彼を「プロジェクトで忙しくさせる」ことはできるかと訊いたことさえある。彼が薬物を乱用しているのではないかと、あからさまに言うことなく上司に伝えたかったのだ。私の混乱した頭の中では、彼の怒りはそうとしか説明がつかなかった。ここで思い出していただきたいが、コロナ禍の発生後、ホワイトハウスの多くの人が自宅で仕事をするようになっており、それゆえかなりの時間を持て余していた。何かあると考えた私は、それを突き止めようと必死に考えを巡らせた。一方、ドッグランの女に関する直感はいまだ強く働いていたが、私が自分の疑いを口にすると、彼は私をひたすら罵るか、憤然と家を出て行くかのどちらかだった。

そんなある日、深夜に目が覚めると、ベッドに彼がいなかった。廊下を歩いていくと、本書でつぶさに描写したくない光景にぶち当たった。ソファに寝そべり、誰かとテレビ電話で話していたとだけ言っておこう。そのうえパンツもはいていない。私がカッとなり、「何してるの！」と大声を出すと、彼はすぐに携帯電話をオフにした。私はトイレに駆け込み、中から鍵をかけた。もう嫌。かつて自分が恋に落ち、自宅と愛犬を共にして、以前に出会ったどの男性とも違う形で私の人生に入り込んできたこの男と、これ以上一緒にいたくない。

彼は何度かトイレのドアをノックしたが、私が出てこようとしないのを見て取ると、またも私のことをサイコパスと呼んだうえ、「フィットネスクラブのモデルを見ていただけだ」とか「お前は狂ってる」などと言って寝室に戻っていった。その夜は、彼が「ただ写真をスクロールしていた」あの忌々しいソファの上で私は眠った。

別れた日のことはぼやけているが、それでいて明瞭だ。ホワイトハウスの近くに「Joe's Seafood, Prime Steak & Stone Crab」という、私たちのお気に入りの有名店があり、私は電話でシーフード料理を大量に注文した。以前の交際とは違い、彼と一緒にいようと必死になり、ひどい扱いをされていたにもかかわらず、逃げ出そうとはしなかった。強い人ならきっとそうするという理由で、彼の振る舞いを許し、前に進もうとしていたのだ。しかし時に、強さが関係ないこともある。虐待に直面したときは無理にしがみつこうと考えず、「強く」なろうとしたり、ただ相手を喜ばせたりしてはならないということを、私は子どものころに学んでいなかった。この国で最も影響力のあるポストの一つに就き、家族や友人やチームメンバーから「手強い人物」と思われている私だが、自宅であんな扱いを許していることを認めるのが恥ずかしかった。なので、私は決して認めなかった。

二人で料理のデリバリーを待っていると、彼の携帯電話にメッセージが届いた。そしてわずか数分後、彼はジャケットを羽織り、葉巻と愛犬のお気に入りのボールを手に取ると、これから「グループの連中」に会うと言った。私も行っていいかと尋ねたが、過去二ヵ月間で何度もそうだったように、彼は即座に激怒した。階段の一番上に立ち、私の頼みに怒りをあからさまに見せながら、「勝手にしろ」と言ってボールを私に投げつけた。

言うまでもなく、私は自宅に残った。だがまたしても、頭の中で間違いを正そうとしていた。彼が家を出たあと、妹に電話をかけたものの、すすり泣くだけで言葉が出てこない。妹は「姉さん、いったいどうしたの?」と繰り返すばかり。しばらくして、これまで数ヵ月秘密にしてきたこと、愛した男に虐げられる気持ちを口にした。彼はかなり長く外出していたが、帰宅すると、コロナ禍のせいで警察にドッグランから追い出されたので、「メンバーの自宅」に行ったと言い張った。シーフードはずっと前に届いており、私は冷静さを保とうとした。すると彼は、携帯電話を開きっぱなしでトイレに行った。今となってはどうでもいいので、私が見たものは秘密にしておく。ただ、これだけでなく他の多くのことについて、私は彼を問い詰めた。かなり前から彼の短気と振る舞いに我慢し、三週間にわたって隔離生活を送り、そして二ヵ月ものあいだ、地獄のような環境で日々を過ごしてきたのだから——すべて、「愛」という名のもとに。

数ヵ月にわたる虐待と冷酷さの日々は私に打撃を与え、もうこれ以上は無理だった。家を出るとき、室内は文字通りのカオスだったが、詳しくは触れない。私はパニック状態でハンドバッグを掴み、建物から駆け出した。コートを着ていないので寒さに震えつつ、泣きながら歩道に座り込んでウーバーの車を待った。そして、妹にメッセージを送る。「もう終わり。家を出たわ」

交際が終わったことで、彼の残酷な行為も終わったと思った。人生でこれほどひどい扱いを受けたことはない。


私と同じ立場に置かれた全員が、一瞬で別れることのつらさに心の準備ができているとは思わない。その夜、私が秘密を打ち明けられる親友で、他の誰よりも私のことを知っているアシスタントのアニーがやって来た。そして、泣き疲れた私が眠りに落ちるまで、ベッドのそばにいてくれた。人が私のためにしてくれた、最も優しく、他の何より癒やしをもたらす行為の一つだった。

それから数日間は、泣いては寝るの繰り返しだった。自宅に来てくれた友人と一緒に過ごし、リアリティショーを見て、シャワーを浴びるの繰り返し。私が二人の家を出て行ってから数日後、今や元彼となった彼からメッセージが来た。そっちで犬を飼いたければ渡すという。みじめな日々に、少なくとも明るさをもたらしてくれるはずだ。結局のところ、その犬は私への誕生日プレゼントだったのだから。

　別れてから一週間が経ったころ、犬はどうしたのと何度も質問したが、返事はなかった。四、五日彼から何の連絡もなく、ようやくメールが届いたものの、犬は渡せないという。彼の言い分によると、私たちの犬は家に来たときからずっと私たち二人と暮らしてきたので、「この犬はここしか知らない」、だから自分のマンションから出すわけにはいかないということらしい。そのうえで、登録書類には俺の名前が記されているじゃないかと私に告げた（書類を記入するあいだ、私がずっと犬を抱きかかえていたからだ）。そして、二人とも「前進」できるよう、「これまで君が支払った飼育費用の半分を返す」と言った。その約束が果たされることはなかったと言ったら、皆さんも驚くに違いない――別に、金銭のことが気になったわけではない。犬好きの人やペットを飼っている人にしかわからないと思うが、私はまたしても打ちのめされ、絶望した。わずか数週間で、愛するものをまたしても失ってしまったのだ。

　私は数日待ってから、交代で飼うのはどうかと提案した。もちろん、元彼の答えはノー。そのうえ、私は「サイコパス」であり、犬の所有権を「要求」していると、ホワイトハウスですでに触れ回っていた。私は犬の所有権を得る方法について弁護士に相談さえしたけれど、最後は勝ち目がないと判断した。しかも、共同で犬を飼うことになれば、これから何年も元彼と連絡をとらなければならず、それはあり得ないことのように思われた。ただ、これだけは言っておきたい――後に（私の心の中で）重要な意味を持ち、これまで言わずにいたから。今述べてきたことが起きていたあいだ、私はずっと、いつかよりを戻せるはずだと考えていたのだ。これもまた、虐待行為の被害者が考えることであり、愛を「オフ」にするスイッチがないのである。

このころ、数十万の人たちがコロナウイルスに命を奪われていたことを考えれば、私の苦労など些細なものだと、心のどこかで気づいていたのは当然である。しかし、この状況にどう対処すればよいかと途方に暮れていたし、それはトランプのホワイトハウスも同じだったようだ。今や、私たちの誰もが悲しい思いで認識しているように、コロナ禍による隔離生活を送っていると、自分の生活における一部の物事が、実際よりも大きく、しかもつらく感じられる。私の犬についても、それが当てはまったのだろう。

メドウズはホワイトハウスの業務に対する支配を強める中で、他の人たちの声が大統領に届かないようにしているらしかった。そうした事態を見て取り、トランプに優れた忠告を与えるだけでなく、時には彼が耳にしたくないことを告げる、心ある人たち——たとえばケリーアン・コンウェイ——は、自分が脇役に追いやられているように感じていた。マルバニーなど、メドウズが脅威と見なしている人物に忠実だと疑われた人たちは、急に会議へ呼ばれなくなった。各部門のトップも、首席補佐官の承認がなければ誰も起用してはならないと告げられる。事実、誰がどの会議や行事——重要度は関係ない——に出席するかは、首席補佐官オフィスが決めるようになっていた。さらにメドウズは、自分のお気に入りの「トランプ応援団」を引き連れてきて、大統領をなだめたり、元気づけたりするようになる。その応援団は、ルー・ダブズ、ショーン・ハニティ、そしてジム・ジョーダンおよびマット・ゲーツ両議員といった顔ぶれだった。誰かがテレビや何かでトランプのことをかばう必要があるたび、ゲーツがその役目を引き受けていることは、私たちの全員が知っていた。彼はトランプのため、そしてテレビ出演のためなら何でもするだろう――必ずしもその順番ではないが。あなたは実に素晴らしいと誰かがトランプに言う必要があれば、スタッフはゲーツを連れて来る。すると彼は食事の場でトランプを褒め称えるというわけだ。

そしてもちろん、パンデミックに関するトランプのあらゆる決定は、来たる選挙の影響を受けていた。二〇一六年の選挙と同じように、自身の「支持層」が奇跡を起こして自分に勝利をもたらすと、トランプは謎めいた信念を抱いていた。そのため、ブラッド・パースカルやジャレッド、あるいは大統領の支持層が何を信じているかを知っていると思しき、私が先ほど名前を挙げた人たちの言うことに耳を傾けていた。また、自分が必要とするエゴをいつも膨らませてくれる、ラスムセン・レポートなどの世論調査を信頼していた――つまり、他のものとは異なり、自分がジョー・バイデンをリードしていること、あるいは正しい方向に進んでいることを常に示してくれる世論調査だ。私がウエストウイングで働いていたころ、「今日のラスムセンはどうだ?」と、大統領がダン・スカヴィーノに訊かない日はなかった。トランプは妄想や陰謀論にますます取り憑かれている様子だったが、マーク・メドウズは最大限それを利用しているように思われた。なぜか？　たぶん、彼はそのようにして権力を維持しているのだろう。コロナ禍に関しても、メドウズと応援団はトランプの一番悪い直感をくすぐっていた。その中の一人が、大統領が怯えていると思われ、支持層を激怒させるので、公の場でマスクをつけるべきではないと進言したところ、全員が何も考えずに同意した。大統領が聞きたがっている言葉を知っていたに違いない彼らは、強気な姿勢を見せるよう大統領を励ました。つまり、ウイルスに感染していたり、不安を感じたりしている大勢の人たちに対し、一切共感を示さないということだ。

トランプが違う行動をとって人々の不安を和らげ、さらには自分の弱さを一度でも見せていれば、人々の印象が変わっていたはずだと、私は固く信じている。少なくとも、コロナウイルスのことを真剣に受け止め、しっかりマスクをつけるよう、より多くの人に促すことができたはずだし、そうすれば多数の人命を救えたはずだ。

二〇一九年秋、トランプがウォルター・リード国立軍事医療センターを予告なしで訪問したときのことを、私は思い出した。その際、少数の人たちに訪問理由が伝えられたのだが、その中にはペンス副大統領も含まれていた。そしてペンスは、「念のため」ワシントンＤＣに留まるよう告げられた。当時、私が誰にも言うことを禁じられていたのは、五〇歳以上のすべての男女が受けているはずのごく当たり前な検査を、トランプも受けることになったということである。こうした検査では、患者に全身麻酔が施されることもある。トランプの場合、それは憲法修正第二五条で定められた文書に署名し、一時的に権限をペンスに委譲することを意味する。しかし、大統領は結局全身麻酔を受けなかった。権力を放棄したと見なされるのが嫌だったからに違いない。彼から見て、それは弱さを示すことになるのだろう。また、この検査のことをマスコミが知れば、深夜番組で大々的に取り上げられると気づいていたのかもしれない――そうだとしたら、私も大統領と同意見だ。婦人科を訪れ、全国放送でジョークのネタにされるなんて、私だって嫌だ。

アメリカ国民は大統領の健康状態について知る権利があると考えていたし、それは今も変わらないが、私はそのことを深く追及しなかった。大統領はその検査を受けることを恥ずかしがっていたのかもしれない。とは言え、ジョージ・W・ブッシュ大統領も在任中に同じ検査を受け、しかも一切隠しだてしなかった。私はファーストレディーから、人の健康問題を話題にしてはいけないとしつけられていたので、自分の中で再び言い訳した。しかし、他の大統領は病気の発症や定期検査を公にし、国民もそれにならうよう促していたではないか。トランプだってこの病院訪問を利用して、そうした検査の必要性をはっきり伝え、みんなに受けるよう促すことができたはずだ。そうすることで、人命を救えたかもしれないのに。しかし、コロナ禍の場合と同じく、彼は自分のエゴ、そして自分の力強さに関する妄想の虜になっていた。

それから数ヵ月後、そのさなかに起きたおかしな――私にとってはおかしくもなんともない――エピソードが、私に向かって牙を剝くことになる。しかしエピソード自体は、ホワイトハウス在籍中で一番気に入っているものの一つである。

破局の直後、友人のリッキーが我が家に立ち寄り、ワインのボトルを持ってきてくれたうえに、犬を取り返すべく二人の弁護士を紹介してくれた。彼女が去ったあと、私は親友のアート夫妻に会いに行った。今やいつもの行動になっていたのだが、私は二人に向かって涙を流し、落ち込んだ声でアドバイスを求めた。その夜は彼らの自宅に泊めてもらったけれど、別れてから毎晩そうだったように、心が乱れて眠れなかった。私の人生で、そして世界中で大変なことが起きているのに、自分は何もできない。午前一時ごろ、私は起き上がるとウーバーを呼んだ。

自宅に戻る途中、私はリッキーにメールを送り、私より先に彼女が二番目の弁護士に連絡をとる場合に備え、言ってほしいことのリストを伝えた。そのうえで、犬の所有権が自分にあることを証明するスクリーンショットが携帯電話に保存されていること、そして翌日はほとんどホワイトハウスのシチュエーションルームにいるので、携帯電話はデスクに置きっぱなしにすることを告げ、セキュリティコードを教えた。リッキーが以前に私の家を訪れたとき、眠りを助けるためにアンビエンを服用してはどうかとアドバイスしてくれたので、自宅に戻った私はその通りにした。

目が覚めると、ベッドの横に二人の男性が立っていて、大丈夫かと私に向かって訊いている。状況全体をはっきり伝えておくと、私はテレビと扇風機をつけっぱなしにして眠っていただけでなく、天井に星を瞬かせるたわいもない機械をオンにしていた（これは「塞ぎ込んでいた私」が一週間前にアマゾンで購入したものなので、どうか大目に見てほしい）。突然目覚めると、そんな光景が目に入り、二人の知らない人物が自分の部屋にいる――これがどんなに意味不明なことか、説明するのは不可能だ。

一分ほどして、私は「ええ、大丈夫」と言えるようになり、いったいどういうことかと二人に訊いた。最初に思ったのは、国家安全保障に関わる一大事が起き、安全な場所へ連れて行かれるのだ、ということだった。すると一人が、キッチンで話しましょうと言った。ローブを羽織り、ダイニングルームに入る。キッチンにはスーツ姿の男性がいて、廊下やダイニングルームにも人がいる。コンタクトレンズをつけていないのではっきり見えないが、先ほどの男性が着ているものから判断して、シークレットサービスの制服部門に所属しているようだ。

全員がしばらく互いを見つめ合ったあと、スーツ姿の男性が、私が誰かご存じですかと尋ねた。そちらに向かい、ごく近づいて見てみると（コンタクトレンズをつけていないから）、トランプ夫人の主任エージェントではないか。「まあ！　いったいどうしたの？」するとそのエージェントは、私をダイニングルームに連れ出したうえで、最初見たときにわからなかったのはなぜかと訊いた。コンタクトレンズをつけていないからよと私が答えたところ、今度は、自分たちは何度もドアを激しく叩いたのに、どうして気づかなかったのかと尋ねた。それに対して私は、さっき寝室に入ったら、色んな音や光がぐるぐるしてたでしょう？　と答えた。

その後別の男性が、このアパートメントで犬を飼っているのかと質問した。私は変だと思ったけれど、状況全体がそうなのだから、いいえと返事した。すると相手は追及を続け、前夜に何か薬物を摂取したかと訊いた。それに対し、最近眠れないので、アンビエンを飲んだと答える。すると相手は思いもよらぬことを言った。私のことを心配した「ある人物」が、安否確認を求めたというのだ。私は仰天した。いまだ深い眠りから目覚めたばかりで、頭がぼんやりしていたものの、すぐに自問し始めた――自ら命を絶ちかねないと人に思わせるような思い切ったことをしたのだろうか？　私は相手に通報者は誰かと聞いたけれど、相手は言おうとしなかった。しかしそのとき、ひらめいた――親友のリッキーだ。犬についての情報を並べたメールを読み、何か誤解したに違いない。

リッキーは並外れて親切だが、時に物事を考えすぎることがある。リッキーなのと訊いてみると、そうだと言う。私は続いて、彼女に送ったメールの件とその理由を話し、最近ひどい別れを経験したので、これはすべて誤解なのよと言った。恥ずかしくて仕方がなかったけれど、このエージェントのことはとてもよく知っているので、ある種の安心感を覚えた。すると彼は、この件を知っているのは業務担当副補佐官のトニー・オルナートとその上司だけなので、漏れることはないから安心するようにと言ってくれた。一行が立ち去ったあと、ベッドに戻った私はなぜか笑った。奇妙そのもののエピソードで、たぶん取り乱していたかもしれない――とは言え、他の誰かが知ることはないだろう。本当に？

数時間後、携帯電話が鳴った。トランプ夫人からで、私が大丈夫かどうか確かめるためだった。私は彼女に、どうして知ってるんですかと訊いた。

トランプ夫人によると、マーク・メドウズから電話があり、「彼女の家にエージェントを送り、安否を確認する」必要があると伝えられたとのことだった。あら、そうなの。私が憎み、向こうも私を憎んでいるに違いないこの男が、私が自殺するのではないかと思ったのか。この件の全体像が彼に伝えられたかどうかはわからなかったが、そもそも彼が知っていることが腹立たしかった。トランプ夫人に電話をかけ、同情を示す役割を演じたというその事実こそが馬鹿げており、ウエストウイングの他の誰がこの件を知ることになるのだろうかと考えた。

トランプ夫人に真相を伝えたところ、二人ともリッキーについて同じ考えを抱いていたので、笑い合った。そして、このことを知っているのは自分だけで、他の誰にも知らせるつもりはないとマークから告げられたと言って、私を安心させようとした。

とは言うものの、メドウズが関わっているとなれば、もはや奇妙でおかしいエピソードではない。話が漏れれば屈辱的だし、私の仕事に大きな害を及ぼす可能性もある。私がセキュリティクリアランスを取り消されるだけでなく、この情報はワシントンDC中のゴシップ好きにとって格好のネタになるはずだ。私は次いでリッキーに電話をかけ、自分は大丈夫と伝えるとともに、いったい何があったのかを突き止めようとした。要するに、夜中に目を覚ましたリッキーが私のメールを見たらしい。そして、私にワインをプレゼントし、アンビエンを服用するようアドバイスしたことを思い出した。彼女には数年前にアンビエンを過剰服用したいとこがいるので、心配になって私に電話をかけたのだ。

ところが、私が電話に出ないものだからパニックになり、信頼しているホワイトハウスのアクセスコントロール担当者に電話し、心配だから確かめに行ってほしいと要請した――彼が上役に知らせ、プロセス全体が動き始めることには気づかずに。彼女は心から申し訳なく思っており、大統領、メドウズ、トニー・オルナート、そして私の安否を確かめたエージェントたちに電話をかけ、これは「自分の思い違い」で、過剰に反応してしまったと伝えようかと申し出てくれた。

私はリッキーに、ホワイトハウスにはもう十分電話してくれたから大丈夫よと静かに言った。リッキーがただ助けようとしていることはわかっていたし、そんな彼女がますます好きになっていた。今、私は彼女とこのことを笑っているけれど、彼女にとってはまだ早すぎるかもしれない。

私はエージェントとトニーにメールを送り、この一件について謝るとともに、彼らの思いやりと口の堅さに感謝した。そして、私たちが互いに心配し合っていることがわかってよかったと付け加えた。その後、トニーが私のオフィスに立ち寄り、二人して笑い合ったうえで、この件に関する書面の記録はないし、知っているのはメドウズだけだと言って私を安心させようとした。しかし、彼らと私ではマーク・メドウズについての認識が異なっていて、ファーストレディーにも話が行っていたのよと言うと、トニーは驚いていた。

その日の夜、トランプ夫人からメールが届き、大統領も心配していて私のことを訊いたと教えてくれた。なんと、この件を大統領に伝える必要があると、メドウズが考えたらしい。メールには、これが誤解であることは彼も知っているし、心配しないようにというメッセージに続けて、

「二人ともあなたを愛してる」と記されていた。おかげで私の気が多少晴れた。恐ろしい虐待、ドラマ、そしてトラウマを経験した私に対し、大統領とファーストレディーが味方してくれている。自分がいつものパターンを続けていることに、その時点ではまだ気づいていなかった。

20　男子はいつまでも男子

ワルは看板を背負わない。そして、我々はみな人間に過ぎない。
――バーバラ・ニックレス著『BLOOD ON THE TRACKS』より。

私の交際について大統領とファーストレディーがずっと前から知っていたことは、ここで言っておくべきだろう。アフガニスタンやイラクといった場所への先遣任務で、彼が素晴らしい仕事を割り当てられるように手助けしていたし、彼にとっては何より重要なこととして、できるだけ大統領の前にいられるようにしていたからだ。

彼にとって私は、すべて利用し尽くすまでは便利な存在だったと言えば、多くの女性がわかってくれると思う。スティーブン・ミラーは彼を相手に、こんな言い方でそれを表現した。「株価が安いときに入ってきたな」――つまり、私がまだ下級スタッフだったころに私と知り合い、私の昇進に合わせて自分の格も上がっていったというわけだ。

当時のホワイトハウスでは、ドナルド・トランプ以上にゴシップが好きな人間はいなかった。私たちが付き合っていることを知った大統領は、うまくいっているのかとしょっちゅう尋ねたうえで、実に似合いのカップルだよと言った。それにボーイフレンド本人も、エアフォースワンに搭乗し、みんなが音楽を聴いていたときに、彼女はベッドではどうだとトランプから訊かれたんだと、私に言うほどだった。

破局の直後、大統領、元彼、そして私の三人が、たまたまマリーンワンに同乗することになった。何て気まずい！　けれど、その場の雰囲気をより気まずくするかのように、大統領は私のほうに身を寄せ、「なあ、今夜元彼と会ってどう思った？」と囁くではないか。

「大丈夫です」私情を挟まず、そうした質問攻めが終わってくれるように祈りながら、私は答えた。

「ほう、それは奴も傷つくな」トランプは言った。「あいつ、本当に動揺しているぞ」

「くだらないことです」私は怒りが燃え上がっていた。合衆国大統領とこんな立ち入った会話をする必要なんかなかったのかもしれないが、私がベッドではどうかと質問するのであれば、彼との関係が実際にはどうだったのかくらい、打ち明けてもいいだろう。「ひどい人でした」と、トランプに答える。「私を騙し、嘘をつきました」

「何だって？」私の返答を批判することなく、トランプは言った。「君とよりを戻したいと言っていたぞ」

「くだらない」私は再び口にした。「あなたの前だからそんなことを言っているんです」元彼が数列後ろに座っているので、私は声を抑えていた。

さらに、最後のころは彼にひどい扱いをされていたという、トランプ夫人に伝えた事実を、大統領にも話した。元彼を不利な立場に追い込む発言であることはわかっていたけれど、ただ黙って座り、元彼もつらい思いをしているなどという話を聞くつもりはなかった。

だがその一言も、大統領には何の効果もないようだった。君を騙し、そんなにひどく扱うなんて、まったくどうしようもない奴だ、などと言うつもりはないのだろう。結局のところ、ファーストレディーもそこに座って会話に加わっていたので、自分の派手な女性関係を彼女に思い出させたくなかったのだ（まるで、彼女がそれを決して忘れていないかのように）。

このような言い方が許されるならば、トランプ大統領にも執務上の悪徳があった。私が報道官だったころ、彼が私のチームに所属する、若く魅力的な報道担当スタッフに異常な関心を示しているのに気づいたことがある。そう、私もかつてその仕事をしていたけれど、今やはるか昔のように思えた。

話を始める前に、このことをはっきりさせておきたい。大統領とその女性とのあいだで何かあったかどうか、私は知らないし、そう主張するつもりもない。たとえ大統領がそうしたいと思っても、極めて難しいはずだ。私が知っているのは、大統領の振る舞いが適切ではなかったということである。そして、その女性が自分の下で働いていた以上、私は彼女を守り、大統領の異常な関心を抑え込む義務があった。

以前に記したように、オーバルオフィスや行事の場で記者たちの案内をするのは報道担当スタッフの役割であり、取材の秩序を保つのも通常はこの人たちである。ずっと前から私に対してそうだったように、トランプはそうしたスタッフの一部に目をつけた。しかし、彼が目をつけたその若い女性は、他の人たちとは異なっていた。

報道担当スタッフの中に彼女の姿がなければ、大統領は私に居場所を尋ねたし、彼女を外遊に同行させるかどうかを訊くこともあった。彼女が同行するとなると、機内の執務室に連れて来るよう、大統領は私に対して頻繁に要求する。他の人にそうすることはめったにない。私は言い訳することもあったけれど、それが見つからなければ必ず彼女に付き添い、ずっと執務室にいた。警戒しなければならないと、本能が告げていたのだ。とにかく、あらゆることが適切でないと思われた。

マーク・メドウズに率いられた新生報道担当チームは、一部のスタッフを放逐した。その中に、政権発足時からそのチームに所属している、強気で声の大きな女性がいて、大統領は彼女を気に入っていた。ここではスザンヌとしておこう。ケリーアン・コンウェイはそれらの報道担当スタッフを何度もかばっていたが、あるとき大統領のもとに赴き、こう言った。「知っていただきたいのですが、スザンヌが解雇されました。若手スタッフはみな、あなたのためにいつも必死に頑張ってきたんです。こんな扱いは我慢できません」トランプが彼らに注意を向け、スザンヌをそのポストに留めておくことを願って、これほど強気の態度に出たのだ。だが、大統領はそうしなかった。気にしていたのは、彼がとても魅力に感じていたと思しき別の女性を、メドウズが解雇していないかどうかだけだったのだ。「彼女はまだここで働いているな？」と、大統領は訊いた。

私はエアフォースワンの機内で絶えず不安だった。トランプが彼女の同行を頻繁に求めている事実を、マスコミが嗅ぎつけはしないか？　通常、報道担当スタッフは取材陣の背後に控えているからだ。彼女を伴って機内の執務室に向かいながら、私は大統領が会いたいとリクエストしているということ以外は口にしなかった。実際のところ、彼女のことをよく知っているわけではないし、トランプの異常な関心に彼女が気づいていたかどうかもわからない。彼女を怯えさせることも、マスコミに話すように仕向けてしまうことも、私は望んでいなかった。

「彼女をテレビに出演させろ。彼女を満足させ、昇格させるんだ」トランプはよくそう言っていた。しかも本人の前で「テレビに出たいか？　きっとテレビ映りはいいはずだ。本物のスターだぞ」と口にしたことさえある。これはもちろん、トランプの世界では最高の褒め言葉だ。

私の代わりに副報道官が同行した際も、トランプはその女性のことを尋ねてから、自分の執務室に連れて来るよう命じた。その直後、私のもとに電話があり、大統領が「彼女をここに連れて来て、ケツを見ようじゃないか」と言ったことを伝えられた。その後は彼女を同行させまいとした。私の知る限り自身の責任ではないことで、彼女が罰せられるのは嫌だったが、私が彼女を、そして率直に言えば大統領を守る必要があることもわかっていた。

私が検討した選択肢が他にもう一つある。大統領の振る舞いについて、何度かトランプ夫人に言おうとしたのだ。それについて大統領に釘を刺してくれれば、止めさせることができるだろう。しかし、私は言えなかった。たぶん、自分が巻き込まれているこの馬鹿げた事態に、彼女を巻き込みたくなかったのかもしれない。たぶん、信じてくれないに違いない。たぶん、私を信じてはくれるけれど、そんなことを言うなんてと私を責めるか、私が過剰に反応していると思うかもしれない。たぶん、私はあまりに臆病だったのかもしれない。たぶん、私の出番でも、私に関係のあることでもなかったのかもしれない。私にはわからない。トランプ夫人は今も知らずにいるだろう。

ホワイトハウスでつらい日々を送っていた私にとって、妹は力の源だった――政権が発足したその日から。ボーイフレンドと別れ、またマーク・メドウズとの問題が悪化し続ける中、毎日電話で話すようになったと言えば十分だろう。妹はある日、ドライブがてら、自分が住むカンザスの田舎町に来ない？　と提案した――「車でたった二四時間よ」と。まるで近所のスーパーマーケットに出かけるような言い方だ。妹が住む町の人口は約一四〇〇名で、レストランが四軒あることが自慢である。以前にそこを訪れたことがあるので、最初は妹の提案に声を上げて笑った。

しかし、後に眠れない夜が続いたとき、私はベッドから出て、「長い週末」に向けて荷物をまとめた。そして翌朝、荷物とスナックを車に積み、カンザスへ向けて出発したが、もう一つ別のものも載せていた――生後一〇週間のフランス犬である。ベンという名のその犬は、私の新たな親友になろうとしていた。この自動車旅行は、控えめに言っても冒険だった――何せ二四時間というう、非常に長時間のドライブだ（妹よ、ありがとう）。長距離を運転したことはないし、ベンもよくしつけられているとは言いがたい。車を停めてトイレ休憩するときも、大きな袋に隠して連れて行った。到着するまで丸三日かかったものの、何もないところを一直線に走る道路と、カーラジオから鳴り響く音楽を心から楽しんでいることに、自分でも驚いた。

コロナウイルスが猛威を振るう中、イーストウイングでは一〇〇パーセントのリモート勤務になっていた――前に述べたように、トランプ夫人はほぼ最初から基本的にはリモート勤務だった――ので、私は電話を受けたり、メールに返信したりすることができた。この小さな町に着いたとき、これまで六年間味わったことのない新鮮な空気を吸ったように思われた――文字通りの意味でも、比喩の意味でも。人々は親切で気取っておらず、喜んで手を貸してくれるし、偏見を一切抱いていない。ここでの生活はとてもシンプルなので、最初は理解するのが難しいほどだった。大雑把に言えば、目を覚まして職場や学校に行き、家に帰り、食事（すぐにわかったが、ディナーなどではない）をとり、近所の人たちとベランダで一杯やり、テレビを見て、ベッドに入るという生活だ。

ここでシンプルと言ったが、それは私にとってシンプルだという意味である。と言うのも、私がここで説明しているのは、七五パーセントに上るアメリカ人家庭の生活だからだ。私はあまりに長く「普通の」生活を送ってこなかったので、それがすっかり縁遠いものに感じていたのだ。家族と一緒に時を過ごし、ワシントンDCという泥沼から遠く離れているのは、医師から指示されたことでもあった。家族とゲームに興じ、たくさん眠る。ベンは広々とした庭を駆け回り、私は毎日手作りの料理を食べた。人々が現実から逃れて自分の物の見方を取り戻し、これまで無視していた物事を評価し直す理由がわかってきた。

長い週末は一週間になり、一日が過ぎるごとにワシントンDCに戻りたくない気持ちが強くなった。そこで、もう一日か二日ここに留まる口実を探すとともに、他の家族と会う計画を立てた。ちなみに、私はほぼすべての人に自分の居場所を秘密にしていた。かつてのようにあれこれ噂されるのはごめんだし、プライバシーによって得られた心の平安にしがみついていたかったのだ。

カンザスに到着して二週間が経ったころ、ニュースメディアに「地下壕の話」をリークしたと言って、マーク・メドウズが私を非難していることを初めて聞いた。二〇二〇年五月下旬、私がカンザスに向けて出発する一週間ほど前、「ブラック・ライブズ・マター」をはじめとする抗議運動が、首都で毎日のように発生していた。五月二九日金曜日には、数百名のデモ参加者がホワイトハウスの近くを行進し、物を投げつけたり、トランプ大統領を脅迫するような言葉を叫んだりした。しばらくのあいだ――特に、一部のデモ参加者がホワイトハウスの外部ゲートから侵入したあと――状況はますます緊迫し、不確実になる一方だったので、シークレットサービスは予防的措置として大統領一家を安全な地下壕に移すことにした。

その週末、私はワシントンDCにいなかったけれど、大統領一家の移転後、業務担当大統領補佐官のトニー・オルナートが通常の手順にのっとって私に電話をかけ、トランプ夫人と息子のバロンは無事だと教えてくれた。これはあくまで予防的措置で、大統領一家はすぐにレジデンスへ戻れるだろう、と。翌日、大統領一家が地下壕に移ったのは本当かという記者からの問い合わせが、電話やメッセージで私のもとに入り始めた。今いる地域は携帯電話の通信状況が悪かったので、私は正直に言って、この件についてマスコミの相手をしなくてもよい口実が見つかってほっとした。とは言え、オルナートにメッセージを送り、どういうわけか情報が漏れたこと、私が問い合わせに対応するつもりはないことを警告しておいた。国家安全保障や大統領一家の身の安全といった事柄について、私がマスコミにほんのわずかでも情報を漏らすことなんかあり得ない。

この件に関する記事がついに世に出たとき――日曜日に掲載された『ニューヨーク・タイムズ』の記事が最初――トランプは激怒している様子だった。地下壕に行ったことで、弱虫とか怖がりといったイメージがつくと思ったのだ――そして、それがシークレットサービスの決定かどうかに関係なく、トランプは怯えて逃げたと左翼のデモ参加者を満足させることが何より気に食わなかったのである。何度も述べてきたが、トランプにとって「弱虫」と思われてしまう以上に嫌なことはなく、安全確保のために地下壕へ移ったことを否定したうえで、自分は「検査」のためにそこへ行ったのだと、真っ赤な嘘を主張した。さらに、情報をリークした人間を必ず突き止めるとわめき散らしたが、メドウズにその仕事を任せたのは明らかだった。私に言わせれば、防火運動を放火魔に任せたようなものだ。メドウズと彼のチームこそが情報漏洩者だと思えたからだ。

メドウズが「ただちに直接」会いたがっているという素っ気ないメールが、私のもとに突如届き始めた。ホワイトハウスでの日々が終わりに近づくにつれ、トレンドになっていたこと――そして、多くの状況で私の救いになっていたこと――がある。ホワイトハウスの中で、あるいは外部の報道関係者に向かって、私についてどんなことが言われているか、親切にもこっそり教えてくれる記者がいたのだ。また、地下壕についての情報をマスコミにリークした私は解任されると、メドウズと彼のチームが言いふらしているらしいことを、電話で私に知らせてくれる人もいた。

ホワイトハウスの高官が次々と情報漏洩者捜しに乗り出すたび、当の情報漏洩者が見つかることはめったになかった。しかしそうした犯人捜しは、気に入らない人間を排除する口実として用いられることが多かった。最も悪名高い実例として、『ニューヨーク・タイムズ』のコラムや書籍の中で、トランプは道徳的に不適切で、国家にとって危険な存在だと述べた匿名のホワイトハウス高官を見つけ出そうとしたことが挙げられる。ピーター・ナヴァロが自ら志願して調査の陣頭指揮を執り、他の数名とともに、ビクトリア・コーツというNSCの幹部職員を第一容疑者として名指しした。ところが、彼らが証拠と称するものはいずれも薄弱だった。コーツは無実だったものの、彼らにとってそんなことはどうでもいい。様々な理由でコーツをホワイトハウスから追い出したかったのであって、彼女が匿名の著者であるというのは完璧な口実だった。コーツは地獄のような数週間を過ごし、自分についての情報をマスコミにリークされ、ホワイトハウスの中で一切の影響力を失った。最終的に、国土安全保障省のマイルズ・テイラーが、自分が匿名の著者だと名乗り出た。地下壕についての情報をリークしたのが私だと、なぜメドウズが考えたのかはわからない。それが真実だと思っていたのか、それとも私を排除する口実として利用していたのかは定かでないが、政権内部の状況がこのような中、少なくとも数名の人物にとって、私は「情報漏洩者」のレッテルが貼られた人間だった。

保守系コラムニストのミランダ・ディヴァインは『ニューヨーク・ポスト』紙の中で、自分の情報源によると、大統領一家が地下壕に移った事実を知っているのは三人だけだと記した。ダン・スカヴィーノ、大統領のボディーガードであるニック・ルナ、そして私。これは馬鹿げた嘘である。たとえば、シークレットサービスのメンバーもそのことを知っていた。彼らこそが大統領一家を移した人物だからだ。また、私に知らせてくれたトニー・オルナートも知っている。オーバルオフィスで大統領と一緒にいた人たちも全員知っている。大統領が出て行くのを目撃していたのだから。さらにファーストレディー、またはその息子が移動しているのを見たスタッフも知っている。優に一〇人以上がその場にいたのだ。しかし、私が第一容疑者であるというほのめかしさえあれば、メドウズには十分だったのであり、ディヴァイン氏がそれを提供したわけだ。こんなことを言ったところで、あのグループの活動ぶりを直接見ていない人にとってはパラノイアのように聞こえるかもしれないけれど、私を永遠に排除する方法を見つけようと、努力がなされていたのだ。とは言え、私はそれに屈するつもりはなかった。

メドウズとのメールによるやり取りが、穏やかな言い方をすれば再び「緊迫」した。彼は私との面会をひたすら要求する。それに対し、私は街の外でリモート勤務しているのだから、電話のほうがありがたいと返信する。すると、それではだめだ、「直接話したい」と返ってくる。そして私が、何を話したいのかと相手に尋ねると、向こうは無視するという具合だ。こうしたやり取りの間、私はトランプ夫人に、今起きていること、そして自分が耳にしていることを伝え続けた。あるとき彼女は、自分が彼に電話すると申し出てくれた。私はそれを断わったものの、大統領には今の事態を伝えてほしいと頼んだ。ワシントンDCを離れて三週間が経つころ、ニュースサイト『AXIOS』の記者からメールがあった。メドウズがホワイトハウスのスタッフに対し、私が地下壕の一件をリークした人物であると伝えるつもりだということ、および大統領に対して「自分が知っていること」を伝えたうえで、私の解任を勧告したことを、これから記事にするという。さらに、トランプ夫人が解任という屈辱から「私を救った」ことも報道するらしい。

私は猛烈に腹が立ち、そのメールをメドウズに転送したうえで、「あなたが私に会いたがっている理由は、これしか考えられません」と書き加えた。自分の身を守るために、メドウズへメールを転送して公式発表するよう求めざるを得なかったのは、これで二度目だ。偶然の結果だとは思わない。私はこう送信した。「私はほぼ六年間にわたってトランプ一家に仕えてきたけれど、彼らの信頼を裏切ったことはないし、これからも絶対にそうするつもりはありません。言っておきますが、地下壕の話が本当かどうかを記者が尋ね始めたとき、私はオルナートに警告しました。ご覧になりたいのであれば、スクリーンショットもあります。あなたが今すぐ公式発表を行ない、この件を片付けることを希望します」

私のメールに対する返信はなかった。彼のスタッフが、噂を広めたのが自分たちであることを激しく否定し、それは事実でないと公式発表することを申し出たと、私はあとで知った。一定の効果はあったわけだ。しかし、コロナウイルスの感染拡大、私の隔離生活、破局、公職の異動、そしてウエストウイングの新たな首席補佐官とのくだらないやり取りを経て、私はマーク・メドウズと、彼の卑劣な（そしてアマチュア的な）やり方を気にしなくなっていた。

とは言え、そうしたやり取りが大きな負担になっていたことは確かだ。メドウズと彼の手先による嫌がらせに対処することのストレスで、私はこの間ずっと体調を崩していた。そこで（またしても）トランプ夫人にメールを送り、辞任を申し出た。私に留まってほしくても、メドウズと働くのは絶対にお断わりです、と。

するとすぐに電話があった。「辞任してはだめ。強くなって、彼に悩まされないようにしないと。あなたが情報漏洩者でないことは、大統領も私も知っているし、イーストウイングのころと同じように、自分の仕事に集中しなきゃ。あの人と話す必要はないわ。エマを会議に向かわせればいい」

私は彼女のサポートと、私のために戦ってくれたことをありがたいと思ったけれど、同時に疲労と失望を感じていた。政権に留まる道が開いたとはいえ、辞任したいと心から思っていたのだ。だが今回も、私は悪しきプライドにしがみついていた。自分は嵐のような三年半ものあいだ、ホワイトハウスの忠実な「生き残り」であり続け、無数の人たちが出入りするのを見てきた、だから私の価値の大半はそこにある、と。すでに三名の首席補佐官を見送っており、残りの首席補佐官よりも長く在籍したかった。メドウズが勝利するのを、私は自分のどこかで許せなかった。

とは言え、自分を気の毒に思う気持ちや怒りは長続きしない。リモート勤務が可能になり、必要に応じてワシントンDCに行き来できる今、私は妹と一緒に正気の沙汰とは思えない計画を考えついた。向かいの家が入居者を募集していたのだが、そこに隠れ家となるカントリーホームを作ることができれば最高だ。泥沼から遠く離れたまま、そこで仕事をし、家族の近くで暮らせる。私は妹とベンを車に乗せてワシントンDCに戻り、自宅の荷物を引き払ってからカンザスに舞い戻った――たった三日間で。このことは、最も近い友人たちにしか知らせなかった。その時点で私はパラノイアも同然になっており、絶えず怯えていたからである。最新の報道では、私は「追い出された」とされており、新しい生活環境に移ることがそのストーリーに花を添えるとは思えない。だが振り返れば、追い出されたのは確かだ。それは間違いない。人は山のような憎しみにいつまでも対処できるわけではない。メドウズがやって来た時点で、自尊心と巨大なエゴを脇にのけて立ち去るべきだったのだ。

その後起きたことを考えると、私は辞任を試みたときに初心を貫き、きっぱり辞めるべきだった。

21　ヘビとホーム・デポ

最後は結局自分だけ。
――サニー・ロースター

新しい生活スタイルに慣れてきたこともあり、私は自分の小さなレンタルハウスを改装しようと思い立った。手を動かすことが一種のセラピーになると考えたのだ。唯一の問題は、自分のアイデアをどう実現するかはおろか、壁に絵を掛ける方法すら知らないことだった。それから数ヵ月、私はホーム・デポ〔米国のホームセンターチェーン〕にほぼ毎日通い詰めた。そんなある日、妹と一緒に家のカーペットをすべてはがした――カーペットと言ってもぶ厚くて重く、汚らしい代物だ。そのうえ、家の中にはヘビが何匹もいて、私は見つけるたびに椅子や手すりに飛び乗り、妹に向かって「追い出して！」と悲鳴を上げた。ヘビ好きの人には申し訳ないけれど、とぐろを巻いたりあたりを這い回ったりしている動物は、どうしても好きになれない。

さらに、私はハンドサンダーで床をヤスリがけした。元彼に対する愛憎が募るあまり、七時間ものあいだ手と膝を床につき、音楽に耳を傾け、汗をかき、悪態をつき、そして泣きながら、ひたすらヤスリでリビングの床を磨く日もあった。それだけでなく、照明器具も自分で交換しようとしたものの、感電してはしごから落ちてしまったこともある。まずブレーカーを落とさなければならないことを知らなかったのだ。家中のすべての壁にペンキを塗り、ドアや窓枠、そしてキッチンの戸棚をヤスリで磨く——そのどれも、以前の入居者によってペンキが七層も塗られていた。夜になって妹の家に戻るころには膝が腫れ、身体のあちこちに切り傷や擦り傷ができていた。こんな悪戦苦闘の末、この家は愛の作品となった——あるいは、憎しみの作品だったかもしれない。

ある日、まるで木材に自分の怒りをぶつけるように猛然と床をヤスリがけしていたところ、突然手が止まった。天啓とも言おうか、すべてが突如明らかになる瞬間があることを、私は耳にしたことがあった。それが自分に起きたのだ。出し抜けに理解した。すべてのピースがぴったりはまった。私を虐待した男たち、私に嘘をつき、なじり、みじめな気分にした人間たちに、ずっと対処してきた人生。お前は狂っている、お前はサイコパスだ、お前は感情的だ、お前は自分の目も耳も信じることができないと、ひたすら言われ続けてきた。そして、私はそんな人を信じてきた。あるいは、信じたいと思ってきた。ひたすら彼らを許しながら、私を暴力で、あるいは言葉で虐げるのをやめさせようとした。それがうまくいかないと、自分は悪い人間で、こんな扱いをされるのは自分のせいだと自身を納得させた。

トランプのホワイトハウスは、私が生まれてこのかたずっと相手にしてきたみじめさの、華麗な新しい舞台に過ぎなかった。元彼、マーク・メドウズ、さらには大統領――私に嘘をつき、私についての嘘を広め、私の悪口を言い、自分は無価値だと思わせた、あの男たち。元彼とトランプ大統領については、自分の苦痛を和らげるとともに、彼らが再び私を好きになり、私を受け入れ、それで満足するようにと、全力を尽くした。しかし、マーク・メドウズは――クソ食らえだ。メドウズは遅くに登場してきたので、彼が私についてどう考えているのか、私は気にする余裕がなかった。その瞬間から、私はトランプ政権のウエストウイングと縁を切ったものの、向こうのほうはそうではなかった。


ファーストレディーのための仕事はまだ続いていた。今も彼女が好きで、彼女を尊敬し、支えたいと思っていた。いつも優しくしてくれていたので、少なくとも彼女の下で働くにあたっては、精神の均衡を保とうと全力を尽くした。二〇二〇年の年末においては、それは簡単なことだった。世界中でコロナウイルスが猛威を振るい、大統領の支持率が低下する中、熱のこもった選挙活動が続いていたものの、イーストウイングはいつもとあまり変わらなかった――冷めていて、しばしば生気のない雰囲気。しかし、テニスパビリオンのことははっきり記憶に残っている。

トランプ夫人は数ヵ月にわたり、設計士と一緒にホワイトハウスのテニスパビリオンの改修に取り組んでいた。当時、これが優先順位の高いことかと批評家はコメントしていた――それはそうだ。とは言うものの、彼女は優れた仕事をした。そしていつものように、完成後はすべての写真を眺めていたが、そこにはささやかなオープニングセレモニーの写真もあった。ところがどういうわけか、新しいパビリオンの前でリボンを手にする彼女の姿が撮影されていなかった。こうした場合、ほとんどの人は両手を上げて、「しまった、あの写真を撮っておけばよかった！」などと言うだろう。しかし、私たちのメラニアは違う。トランプ夫人は新しいリボンを作るようリクエストし、数週間後、カメラマン、スタッフ二名、そして守衛とともにパビリオンへと舞い戻り、二時間――これは誤植ではない――にわたって写真を撮った。皆さんも予想できると思うが、新しいリボンをはさみでカットする写真や、パビリオンの中で椅子に腰掛け、卓上の本を読んでいるかのようにポーズしている写真などがそこにはあった。

　言い換えれば、私たちは通常生活に戻ったのだ。トランプ夫人がそのようなことをするのを、私は何度も目にしてきた。休日とか、あるいは公式晩餐会などホワイトハウスにおける重要行事の直前になると、トランプ夫人はカメラマンを呼び、ポーズをとったり歩き回ったりする自分の写真を何枚も撮影させ、調度品や食器を確かめる。そして、ハワード・ヒューズ〔アメリカの大富豪。病的なまでに潔癖症だったことで知られる〕が自分の爪を確認するかのごとく、そのすべてをじっくり吟味するのだが、この場合、写真に次ぐ写真やアルバムは例外である。たぶんそれらの写真こそ、彼女に癒やしをもたらすものだったのだろう――精神病棟のような当時のホワイトハウスでは、私たちの全員がそうしたものを必要としていたのだ。

ファーストレディーが政策のことや夫の活躍を気にしていなかったなんて、ここで言うつもりはない。話はそれほど単純ではない。彼女はマルバニーのオフィスに所属していた私の友人、エマ・ドイルを仲間に引き入れ、政策のアイデアに関するサポートをさせていた。ビー・ベストや児童問題への関心を失ったわけではないし、夫の支持率について尋ねたり、どの州を訪れれば役に立つかを訊いたりすることもあったのだが、最後の一年間は、私たちが立てた計画のほとんどをキャンセルするようになっていた。あるとき、ネイティブアメリカンの問題に彼女の関心を向けさせ、アリゾナ州を訪れてもらおうとした――大統領の再選に向けて重要な意味を持つ州だ。すると彼女は、いつものように「考えさせて」と言った。つまりノーだ。夫と同じく、遠い場所に行くのが嫌だったのである。

夫の任期が終わりに近づき、コロナ禍が人々の暮らしに大きな影響を与える一方、自分の公的義務の大半から解放されたトランプ夫人は、自分にとって関心のあることや優先順位の高いことにますます引きこもった。すべての休日、主要行事、そして特別な瞬間を収めた写真のアルバム作りもその一つである。おそらく、何かの予感を抱いて、自分の姿を永遠に残したかったのかもしれないし、単に退屈していたのかもしれない。あるいは、何もかもがどうでもよくなって、元のモデルに戻り、自分のイメージに夢中になっていたのかもしれない。彼女が何を考えていたかはわからないし、それを伝えてくれる人でもない。私はそんな姿に、悲しみと安心と怒りを同時に感じた。しかし、私自身も公私両方のドラマの渦中にあり、自分勝手ではあるけれど、それによる猶予をありがたく思っていた。

とは言うものの、共和党全国大会が近づいており、トランプ夫人のスピーチを成功させたかった私は、実質が伴う（そして一〇〇パーセントオリジナルである）ように全力を尽くした。だが、スピーチの場所はまったく別の話である。選挙活動のおかげで、彼女がスピーチを行なう場所のイメージは次々と把握していたが、候補地の一つに、コンスティテューション・アベニュー沿いに建つ華麗なアンドリュー・W・メロン・ホールがあった。生まれつきのモデルであるトランプ夫人は、光の加減を考慮して、可能であれば屋外の舞台を望んでいた。私はそれに対し、スピーチが行なわれるのは夜だと指摘したものの、彼女はやはり屋外がいいと言い張った。そして最終的に、改修されたばかりのローズガーデン〔オーバルオフィスとウエストウイングに面したホワイトハウスの庭園〕を選んだが、私はそれに激しく反対した。

ローズガーデンのリノベーションはすでにマスコミのあいだで論争を引き起こし、私たちにとって新たな頭痛の種になっていた。二〇二〇年八月、ファーストレディーは改修されたローズガーデンを披露した。本来の設計士であるバニー・メロンの設計図を利用して変更を加えただけなのだが、それは関係なかった。ネットがそれに飛びつき、新しい庭園は「悲しげ」、「無味乾燥」、さらには「レイシスト」とこき下ろす。『USAトゥデイ』紙のコラムニストも、「トランプ政権の隠喩――多様性と色彩の欠如、白い列柱に囲まれた練兵場」と評している。ひどい隠喩もあったものだ。ロイターのファクトチェック担当者は、別の馬鹿げた主張を追いかけた。「メラニア・トランプ大統領夫人はホワイトハウスのローズガーデンを改修するにあたり、ジャクリーヌ（原文ママ）・ケネディのものを含む、歴代のファーストレディーが一九一三年以来植えてきたすべてのバラを撤去したという主張を、数万ものソーシャルメディア・ユーザーが投稿している。この主張は虚偽である」

トランプ夫人が撤去したのは、周囲のあらゆる植物を殺していた木々であり、変更が加えられたのは、障がいを抱える訪問者がアクセスしやすくするためだということは、どうでもいいらしい。アジア系アメリカ人による作品をホワイトハウスの美術品コレクションに初めて加え、イサム・ノグチの彫刻『フロア・フレーム』をローズガーデンに据えたことも、どうでもいいらしい。マスコミは単に、レイシストと叫びたかったのだ。これは最も怠慢で、最も不公平なマスコミの姿である。

場所に関する論争が再燃する可能性は別として、トランプ夫人がローズガーデンでスピーチを行なえば、私たちがあからさまに政治的な行事で「国民のホワイトハウス」を利用しているという事実によって、スピーチの影が薄くなってしまう。普段の彼女なら、こうしたことにとても敏感なはずなのに。さらに、植えられたばかりの新しい芝生が台無しになってしまう。だが、彼女はあくまで自説にこだわり（パターンにお気づきだろうか?）、私はその戦いに負けた。とは言え、スピーチ自体は申し分のないものだった。

何度か練習さえしたのだが、普段はそんなことなどしない。スピーチの夜、私はその様子を最前列で見つめていたが、賞賛の嵐が彼女の努力に報いていた。スピーチの内容は素晴らしく、個人的な話をいくつか組み入れるほどだった。その後、私はクロスホールで彼女に会い、ネットの反応を伝えた。大統領もそこにいたので、私は満面の笑みを浮かべながら、「奥さま、やりました。激賞するレビューばかりです！」と言った。自分自身の最も手厳しい批評家であるトランプ夫人が、つっかえてしまった単語があると口にするので、そんなことを考えなくても大丈夫ですと答える。すると大統領が、最初で最後となるハグを私にしたうえで、素晴らしいスピーチだったと言った。そして夫人に向かい、私のことを「もう一度これが実現できれば、彼女をこちらに取り戻さなければならないな」と評した。それを聞いたトランプ夫人が笑いながら、「ウエストウイングには戻らないわよ」と言ったので、私はその通りですと返答した。私の記憶にある限り、ドナルド・トランプ大統領と会話したのはそれが最後だった。

最初に影響を受けたのはこの私であるものの、コロナウイルスはウエストウイングに深刻な打撃を与えた。各階級のスタッフ、大統領側近チームの一人、そしてメドウズさえもウイルスに感染した――それに、大統領夫妻も。一〇月一日、夫妻の検査結果が陽性だったことを知った私はすぐにトランプ夫人へメッセージを送り、大丈夫かどうか訊いた。「大丈夫。明日の朝、ツイーターで何か発信すべき？」ツイッターのことを、彼女はツイーターと言っていた。私が「はい、草稿を準備します」と答えたあと、コロラドとオクラホマの両州で予定されていた行事のキャンセルについて話し合った。その夜、コンリー医師が声明を発表しており、私のもとにも大量の問い合わせが入っていたので、大統領夫人もツイートすべきだと提案した。そして翌朝、彼女に確認のメッセージを送り、その中で大統領夫妻の息子のことを尋ねるとともに、大統領に症状が出ていることを大勢の記者が知りつつあると伝え、最後に「今後も体調をお知らせください。私はお二人のことを気にかけています。私が必要であればいつでも連絡してください。それでは」と付け加える。それにトランプ夫人は、息子は陰性で体調も問題ないから、そう伝えてかまわないと返信した。

それから数日間、トランプ夫人は沈黙を保っていたが、私はそれを体調の悪化と受け取った。こちらから何か連絡しても、「軽い症状が出てる。身体が痛くて体温も上がったり下がったり。誰が尋ねているの？」としか返ってこない。誰がどんな質問をしているのか、彼女はいつも知りたがっていた。その後何日か、私たちはあまり連絡をとらなかった——彼女は薬についてより自然な方法を選んでおり、そのため回復するまで時間がかかっていて、当然ながら口数も少なかった。私はテレビで彼女の回復ぶりについて話してほしいと何度か頼まれていたけれど、彼女はそのたびに「だめよ」と答え、病院に運ばれた大統領については、「そこで退屈してるわ」と言うだけだった。

そのさなか、トランプ夫人がステファニー・ウィンストン・ウォルコフへの怒りを爆発させたのが、私の印象に残っている。ウォルコフは二人の関係についての暴露本を最近出版し、会話のテープも公開したのだ。トランプ夫人は私にこんなメッセージを送ってきた。「どう思う？ 彼女が暴露したテープについてコラム記事を書くの。事実をはっきりさせるために。人々が真相を知っていないと困るから」私は長文の返信を送った。「コメントを用意しても問題ありません。ただ、タイミングが重要だと思います。あなたと大統領がコロナに感染したのに、最初にするのが司法省と一緒になって訴訟を起こし、コラム記事を執筆することだなんて、自分勝手に思われてしまいます。それに、彼女を憐れみの目で見ている人は誰もいません」私たちのやり取りは数日続き、彼女が全力で反撃したがっている一方、私は大人しくコロナの治療に専念してもらいたいと思っていた。一〇月一三日、司法省はウォルコフに対する訴えを起こし、彼女は書籍を出版したことで秘密保持契約に違反したと主張するとともに、書籍から得た利益の全額を国庫に納めるよう求めた（この訴えは後に取り下げられた）。

ホワイトハウス法律顧問の名誉のために言っておくと、彼はトランプ夫人に対して司法省にそんなことをさせないよう警告していたが、彼女はまたも自説に固執し、自分が望んでいることを知らしめたのだった。数日後、トランプ夫人が自ら記したブログがホワイトハウスのウェブサイトで公開された。その文章は、メディアが自分の働きぶりでなく書籍を取り上げたこと、そしてテープが公開されたことなどを批判していた。ありがたいことに、トランプ夫人はその前日、自身の健康状態と回復ぶりについての最新情報を出すことに同意しており、ウイルスが全国、そして全世界へと蔓延する中、私たちによるウォルコフへの対応はさほど無神経なものとは思われなかった。

22　投票日の夜

酒を注ぎ、口紅を塗って、気持ちを落ち着けなさい。
――エリザベス・テイラー

二〇二〇年の選挙は私たちの負けだと、私は強く予感していた。二〇一六年、トランプの勝利を確信していた数少ない人物の一人である私が、そう言うのだ。しかし、今回は違った。そう確信させたのは、私たちによるコロナウイルスへの対応が後手に回り、混乱していたことではない。ジョー・バイデンでもない。パンデミックが発生するはるか前から、物事が私たちの不利に働いているのを見ていたからだ。今度の選挙では政策が争点にならないという予感を私は抱いていた。論争やスキャンダルの数々、そしてトランプによる攻撃的なツイートや発言に、人々がうんざりしていたに過ぎない。要するに、トランプはあらゆる人をくたびれさせていたのだ。

私は彼に負けてもらいたくなかった。保守派として、政権が打ち出す政策の多くを支持していたからだ。それに、友人や同僚が職を失ってしまうのも嫌だったし、ジョー・バイデンが国家のために抱いているプランには賛成できなかった。一方、トランプが勝つことも私は望んでいなかった。別の共和党候補が出てきてくれればいいのにと願っていたが、もちろんそれはあり得ない。トランプ政権によってかくも甚大な被害が出てしまったというのが、当時の私の心境だった——そしてこれは、政策課題について言っているのではない。あまりに多くの醜悪さが解き放たれてしまったのだ。とは言え、「彼のツイートは下劣すぎる」と言うほど簡単なことではない。白黒がはっきりしているわけではなく、今になっても説明するのは難しい。トランプは四年間あまり変わらず、それがよいことなのかどうかも、私にはもはやわからなかった。いまだに国家ではなく支持層のための大統領だったのだ。声なき人々のために本気で戦うなど、最初は立派だったが、当選後は優先すべき人々が拡大し、国民全体を含むまでになったのだろう——意見を異にする人たちさえも。彼は手を差し伸べ、物事を落ち着かせ、傷ついている人や自身を嫌う人々に共感を示す機会を失った。強さを保つのは大事なことだが、正直さや謙虚さもそれと同じく重要だ。私の中では、政権が一人の男に関するもの、大統領に忠実なのは誰で忠実でないのは誰か、というものになってしまったのだ。私たちは自分の国家を見失ったのだと、私は考えている。そして、マスコミがひっきりなしに報道する雑音の中、トランプ政権の成果はほとんど無視された。そうしたことをはじめとする理由のために、ドナルド・トランプが再選に値するかどうかは私にはわからなかった。結果がどうなるにせよ、それを喜べるかどうか確信が持てなかったので、私は開票日の夜を恐れていた。

二〇二〇年大統領選挙の投票日、深夜一時を迎えたころ、ホワイトハウスの階下では当選祈願のパーティーがたけなわだった。トランプワールドの登場人物や選りすぐられた取り巻きたちが、保守系メディアの有名人たちと入り混じっている――『スターウォーズ』の酒場のシーンをワン・アメリカ・ニュース・ネットワーク〔親トランプ派の急進右派ケーブルテレビチャンネル〕が制作すればこうなるだろう。

しかし、フロリダやオハイオなどでの、夜がまだ更けていないころの勝利による盛り上がった雰囲気は、ジョー・バイデンの票が伸びるにつれて暗くなっていった。大統領に最も近いアドバイザー――ジャレッドや、選挙活動責任者のビル・ステッピンなど――は二階のレジデンスに向かい、大統領の耳に入れようとした。

しかし、ファーストレディーはどこにいる？　そのとき、彼女の居場所を知る人はいなかった。集計作業がまだあまり進んでいない状況で、トランプ大統領が選挙後のスピーチに向けて準備をしているなら、ファーストレディーがそこに加わろうとするはずだ。

しかし、彼女の居場所はようとしてわからなかった。メッセージを送信しても返事はない。いつもの彼女らしくなかった。

トランプ夫人は投票日のパーティーに姿を見せなかったが、私たちも彼女が現われるとは予想していなかった。実際彼女は、このパーティーは適切でないと考えており、計画段階でそれをはっきり伝えていた。大統領一家は最近コロナウイルスから回復したばかりであり、ホワイトハウスにおける「感染拡大イベント」の主犯と見なされることや、それがアメリカ人に与える印象の責任をとらされることが嫌だったのだ。また、選挙と「国民のホワイトハウス」をごちゃ混ぜにするのは不適切だとも考えていた――彼女自身のスピーチも含め、共和党全国大会がホワイトハウスで開催されたことは関係ない。しかし本当の理由は、大規模で派手なこのパーティーの発案者がイヴァンカとジャレッドだったからだと思う。それに、トランプの子どもたちがホワイトハウスを自分たちだけの遊び場、あるいは演技ができるハリウッドのセットだと考えていることに、彼女ははっきり言ってうんざりしていたに違いない。

この計画についてイーストウイングは相談を受けていたものの、私たちのオフィスと大統領の子どもたちとの確執が何年も続いたとあって、ファーストレディーとしては、ジャレッドが自分の許可を求めることはない、あるいは自分の意向を気にすることはないと考えていた。「あの子たちはもうこれを計画しているし、私がイエスと言うのを望んでいるのよ」と、彼女は私に言った。もちろん、それは正しい。投票日パーティーの立案もまた、私たちのオフィス、選挙活動スタッフ、ジャヴァンカ、そして大統領の三番目の妻に対する、意志、忍耐、そして辛抱のテストとなったのだ。

選挙活動スタッフはイーストルームに巨大なステージを設け、そこで大統領の受諾演説を行なおうとした。招待客は多数に上り、個人の邸宅であるだけでなく、現役の博物館でもあるホワイトハウスでは不可能な、大規模な計画を立てていたのだ。ホワイトハウスという歴史的建造物の保護に気を配ったり、ワシントンDCでその夜に暴動が発生した場合の安全措置プランを検討したりしている人は誰もいなかった。私自身、四〇〇名に上る夜明かしパーティーをイーストルームで開くなんてと、懸念を抱いていた。パーティーが始まったあと、ジャレッドが私に近づき、はっきりこう言ったのを覚えている。「全部大丈夫だと思うよ——何を騒いでるのか僕にはわからない」わかったわよ。

ようやく、パーティーの計画がまとまった。照明、ステージのサイズ、料理の選択、招待客の数について、双方が妥協した。ステートフロア〔ホワイトハウス一階の別称〕から由緒ある家具を残らず運び出し、レジデンスに持ち込んだすべての物品がホワイトハウス学芸員やレジデンスのスタッフによって確認されているのを確かめる。また、敷地外で招待客全員の抗体検査を実施し、陰性の結果が出た招待客には黄色の腕輪が渡され、ホワイトハウス行きのバスに乗り込むという手順になった。

その夜は陽気な雰囲気の中で始まった。招待客はかなり間隔をあけて立ち、ステート・ダイニングルーム、レッド、グリーン、ブルーの各ルーム、クロスホール、そしてステージが設けられたイーストルームなど、ステートフロアのあちらこちらにテレビが配置されている。テーブルの準備は済んでいて、オープンバーが二箇所に設けられた。軽食は大統領の好物ばかり。高カロリーの料理に加え、ミニチーズバーガー、フレンチフライ、そしてチキンテンダー。ファーストレディーは出席するつもりがないことを明言していたので、彼女向けのメニューについてリクエストはなかった。テーブルに並ぶ料理にうんざりしていたはずだと言っておけば十分だろう。メラニア・トランプの世界では、パンにソーセージを挟むなどもってのほかだ。

彼女は二階にいて、一人で、あるいは夫と一緒に開票結果を見ているのだろうと、私は思い込んでいたけれど、メッセージの返信がないので不安になった。そこでパーティー会場を離れ、公邸に向かう。

大廊下に足を踏み入れると、目の前では紛糾が繰り広げられていた。トランプ大統領をアドバイザーたちが取り囲み、何やらわめいている。ジャレッドとイヴァンカ、ドン・ジュニア、そしてエリックら、トランプの子どもたちもいる。そしてビル・ステッピンに、マーク・メドウズ、パット・シポローネ、スティーブン・ミラー、ホープ・ヒックス、ケリーアン・コンウェイ、ダン・スカヴィーノなど、ホワイトハウスのスタッフたち。

その全員が自分の意見を持ち、一斉に話していた。その中心には何かの書類を手に持った、興奮した様子のトランプ大統領がいる。彼が特定の誰かにというでもなく質問をすると、全員から同時に答えが返ってきた。その場にいた人たちの半数は、夕方早々にアリゾナ州の開票結果を報じたFOXニュースを非難し、バイデンに味方したマスコミを攻撃したうえで、不正投票が行なわれ、選挙結果がねじ曲げられたと話すべきだと言っている。残りの半数は、より冷静な大統領らしい姿勢を示すように促しており、集計作業はまだまだ続くので、選挙結果に言及するのは早計であると述べるべきだと主張していた。あまりのカオスぶりに、誰がどちらの立場をとっているのかわからない。

こんな光景を何度も見てきた私は、厄介なことになると感じ取った。いつものように、大声や矛盾するアドバイスが混乱を生み出している。ウエストウイングを離れてよかったと、私は（またもや）思った。しかし同時に、深い憎悪が生じている今こそ、ファーストレディーのアドバイスが何より求められているとも感じていた。

しかし、頼みの綱はいまだ姿を見せない。しかも、もう一つ別の問題があった。そのとき、私はファーストレディーの寝室から五メートルほど離れたところにいたのだが、すっかり興奮した大統領と、それを取り囲む人々の群れが行く手を塞いでいる。ファーストレディーと会うには、彼らを突破しなければならない。

誰とも目を合わさないように気をつけながら、私は荒れ狂う人々の脇を慎重に通り抜けた。寝室の入口に辿り着くと、最初は静かに、そして徐々に強く、何度か扉をノックした。その一方で、あちらの集団に視線を走らせる。数名が私の姿に気づいていたが、一瞬でも冷静になっていれば、私の企みに感づいていただろう。そして間違いなく、私がトランプ夫人を巻き込もうとするのを邪魔したはずだ。幸い、集団の大半は自分のことに夢中になっており、自分の意見に耳を傾けさせようと必死だった。

私はついに寝室の扉を開け、室内に入った。ところが、夫の政治家人生において二番目に重要な日の夜、ホワイトハウスのあちこちで野獣が叫び狂い、カオスが展開されている中で、トランプ夫人はぐっすり寝ていた。たぶん、うんざりしていたのかもしれない。文字通りの意味でも、比喩的な意味でも、疲れ切っていたのだろう。部屋の外で繰り広げられている騒動を遮断していることに、私は驚嘆した。睡眠が彼女にとってどれほど大事かはわかっているが、こんなときに熟睡できるなんて想像すらできなかった。おそらく、トランプが勝ったら誰かが起こしてくれると考えていたのだ。

私は忍び足で彼女のほうに近づいたが、カーペットの厚さと室内の暗さを考えると、簡単なことではなかった。できるだけ静かに彼女を起こし、大統領が間もなく声明を発すると説明した。すると彼女はかすかに寝惚け眼ではあるものの、ベッド脇の椅子に座ってテレビを見ている私の横で身支度を整えた。その直後、彼女の息子が入ってきて、いまだテレビに夢中になり、彼女に最新情報を伝えている私のそばに座った。本書の中ではなるべく彼に触れないようにしてきたが、自分がどこで暮らすかなど、選挙結果によって今後四年間の生活が左右されるというのに、あくまで冷静だったことが私の印象に残った。「結果を見守ろう」と、彼はその晩何度も繰り返し口にしたが、率直に言わせてもらえば、父親のアドバイザーやレジデンスの「大人たち」の大半よりも立派な態度だった。

その間、トランプ夫人は化粧室と寝室のあいだを行き来し、身支度を整えながら私にあれこれ質問した。結果が出ているのはどの州か、集計作業が続いているのはどの州か、夫は何を言うつもりなのか、自分はいつ姿を見せる必要があるのか、そして私が何を考えているのか。現実離れした慌ただしい光景が、闇の中で繰り広げられていた。三人ともどういうわけか眼前の出来事に心を奪われており、明かりを点けようともしなかったのだ。

今は体裁を整えるべきときではないし、私もこれまでにないほど気が立っていた。トランプ夫人の準備が整い、私たちはレジデンスの中心部分に向かおうとしたものの、そこではいまだ騒ぎが続いていた。しばらく扉のそばで立ち止まり、ただ様子を眺めていたが、それだけすさまじい光景だったのだ。私はようやく彼女を促し、騒動に割って入るようにと言った。そして、夫を落ち着かせてステージに上がらせ、集計作業がまだ続いているのだから選挙活動は終わっていないと、彼に言わせるように求めた。そんなことはめったにしないのだが、私はどんどん声を上げながら、繰り返し彼女に要求した。

「冷静になるよう、大統領に言ってください。これから戦う時間は山ほどある、と。バイデンは国民を一つにまとめるメッセージを発信しています。私たちの大統領も同じことをしなければ」

トランプが冷静さと大統領らしさを保つことの重要性と、今は大騒ぎしたり、他人を責めたりするタイミングではないという事実を、私は繰り返しトランプ夫人に強調した。一部のスタッフが提案しているような対立を生み出すスピーチなど、国民も私たちの政権も必要としていないはずだ。しかも私は、その集団に向けて彼女の身体を（優しく）押したほどである。彼女が言うことに、トランプは耳を傾ける必要がある。しかし、トランプ夫人は何も言わなかった。これは、一月六日に起きる出来事の予告編だったのかもしれない。

一同はようやくグリーンルームに向かったが、それは同時に「オフステージのアナウンス」ともなった。つまり、大統領とファーストレディーの名前が呼ばれるやいなや、二人はステージに上がれるというわけだ。レジデンスのグループも集まっていたが、先頭はもちろんジャレッドだ。そこにジェニー・ピロ判事、ルディ・ジュリアーニ、そしてローラ・イングラハムなど、ステートフロアでパーティーを楽しんでいた人たちが加わる。彼らがそこにいた理由はわからない。私たちがこれから何をするのかもわからない。私は激怒していた。これほど大事な瞬間に、合衆国大統領が騒動に巻き込まれるなんて。

トランプ夫人が声を上げ、夫に冷静なアドバイスを与えることを、私は再び期待した。これまで何度もそうしてきたではないか。しかし、彼女はなぜか沈黙を保った。私はそんな彼女に困惑し、苛立った。今がどれほど大事な瞬間か、わかっているはずなのに。沈黙しているのはなぜかといぶかしんでいたところ、ついにわかった――いや、わかったと思いたかった。四年にわたる戦いに、彼女も疲れ切っていたのだ。だからこそ、他の人たちが大統領に駆け寄り、必死に自分の意見を伝えようとしているあいだ、彼女はぐっすり寝ていたに違いない。いかにも彼女らしく、最終結果をコントロールするなど無理だとわかっており、自分の運命を有権者に委ねていたのだ。他の全員が闘争心をむき出しにする中、彼女は落ち着いていた。夫と彼のチームは、結局自分たちのしたいようにするだろう――「どうせ好きなようにするんだから、争う必要なんてある？」

午前二時ごろ、二人はようやくステージに上がったが、それはあり得ないスピーチ、あってはならないスピーチだった。スピーチを始めて三〇秒が経ったころ、大統領は「自分に投票した人たちを疎外しようとする、哀れそのものの連中」を非難した。それで、メッセージがはっきりした。夫から感謝を述べられた際、メラニアは鳴り響くような声援を受けたが、彼女を知っている人であれば、そうした発言に彼女が関与していないことはわかっていたはずだ。

当然ながら、マスコミはファーストレディーの衣服――黒いパワースーツ――に注目し、いつものように大きな意味があるものと分析した。もちろん、彼女は何かを伝えようとして黒を選んだわけではない。闇夜の中、手探りでクローゼットをあさり、手にしたものを着たに過ぎない。女性ならおわかりだろうが、判断がつかないときは黒いスーツやドレスを手にするものだ。それが無難なのだから。これもまた、自分がまるで理解していない一人の女性についての意味を、人々が解読しようと試みる一例となった。それから数日後、トランプ夫人がバイデンの受諾演説について話したときのことを、私ははっきり記憶している。投票日の夜、バイデンの隣にはジル夫人が立っていたのに、彼女はトランプの隣に立っていなかったということで批判されていた。「私が彼の隣に立たなかったのは、ジルと違って夫の身体を支える必要がなかったからよ。そんなの想像できる？」その一言に私は笑った。

二人がステージを下りたあと、私はイーストウイングの同僚たちと一緒にオフィスへ戻った。時刻は午前三時、もう二四時間も寝ていない。両脚がふらつき、全員くたびれ果てていた。補佐官オフィスの床で横になっている人もいれば、今日はとりあえずここで寝て、明日起きたら大統領が誰になっているか確かめましょうと、ジョークを飛ばす人もいた。私がいつも信頼し、応援している部下の一人が、私の知らぬ間に床で眠る私の写真を撮った。彼女はそれをウエストウイングの先遣チームオフィスに送信したのだが、私の元彼を含む数名の人たちがそれを入手した。一週間後、私のもとに問い合わせ――そして警告――が届き始めた。投票日の夜、私が「明らかに泥酔し」、公的エリアで意識を失っていたために、内部調査が行なわれているというのだ。記者と話すたびに、話はどんどんおかしくなっていった。ブルールームで倒れていたというものもあれば、イーストルームで気絶していたというもの、オフィスで気を失っていたというものもあり、ひどいものになると、私がトランプ夫人のベッドで眠りこけていたというのだ！　幸い、私は連絡してきた記者全員と話をすることができたし、記者たちも私の説明を聞いて誰一人記事にしなかった。この情報がトランプのホワイトハウスによる新たな中傷なのは明らかだった。私に投げつけられた疑惑はどんどん膨らみ、彼女は飲酒に関する問題、精神面の問題、あるいは薬物中毒の問題を抱えている、彼女はセキュリティクリアランスを取り消される、さらには破局のせいで自殺願望が強くなっている、などという内容が含まれるようになった。

しかし、前に述べた通り、『ニューヨーク・ポスト』紙のミランダ・ディヴァインがこの餌に食いつき、私が今までに読んだ中でも一番残酷で、真実とかけ離れている記事を執筆した。私はおろか、他の誰に関しても、こんなにひどい書かれようは初めてだ。良心的な記者が事態をこっそり知らせてくれたので、私はこの件をここまで広げた黒幕は誰なのか、見当がついていた。ここでその記者たちの信頼を裏切るわけにはいかないが、関与していたのは数名で、その名前を知っても驚かないだろうとだけ言っておく。しかも、数ヵ月前に安否確認されたことを覚えているだろうか？　誤解なのだから、表に出ることは絶対にないと言われていた安否確認だ。それもまた、マスコミの知るところとなった。そんな中、トランプ夫人はディヴァインによる記事に触れ、こう言ってくれた。「目が覚めたらどんなにひどいことになっていたか、あの女も思い知ればいいのに。まったく卑劣で、明らかに個人的なことじゃない。私には理解できないわ」

私にとって信じられないほど残酷だと思われたのは、自殺、精神状態、飲酒や薬物中毒の問題といった事柄が、私を助けるのではなく辱める形で、記者たちにあっさり伝えられたことだ。私が本当に中毒と闘っていたら、あるいは自殺願望を抱いていたらどうするつもりだったのか？　この政権は薬物中毒やメンタルヘルスの問題に取り組んできたのに。私は今もこの皮肉に反吐《へど》が出そうな思いをしている。

投票日の夜に私と時間を過ごし、飲酒していないことを証明してくれそうな人を、私はリストアップした。ホワイトハウスの専属医、法律顧問オフィスの弁護士、エマ・ドイル、リッキー・ニセタ、私のかかりつけ医、エアフォースワンの客室乗務員、イーストウイングのとある上級アドバイザーがそれにあたる。そして、その夜の大半を一緒に過ごしたトランプ夫人その人もそうだ。調査の結果、何も出てこなかった。私は今も、写真のコピーを入手しながら使わなかった、あるいは一切記事にしなかった記者たちに感謝している。とは言え、私が博打好きなら、本書の刊行後にあの写真がなぜか現われると賭けてもいい。私は当の撮影者にも連絡をとった。かつては友人にして恩師でもあったこの私があんな目に遭っているのを知りながら、枕を高くして眠れるのはなぜなのか、私には理解できなかったからだ。その人物からの返答はなく、私たちはそれ以来話していない。

前述のように、ここまでの数ヵ月間は私に大きな打撃を与え、肉体的にも苦しめた。私はこの政権の大勢の人に腹を立てていた。メドウズが私を排除しようと懸命であることには驚かなかったが、元彼がここまで憎悪を膨らませ、私を欺いているのはどうしてなのか、私には理解できなかった。とは言え、私はトランプ一家にも怒っていた。私のことを知っていて、彼らを支えるために私が六年間を犠牲にしてきたことを承知していながら、私を中傷する試みを許しているのだ。自分が何を期待していたのかはわからないし、エゴを抑える良いきっかけだったのは間違いない。結局、私は目的を果たすための手段に過ぎず、利用価値がなくなれば捨てるだけの存在なのだ。

私から見て、トランプ夫人も変わってしまった。この女性は実際的かつ理性的だと思っていたのに、特に一一月の選挙以降はそれがそうでなくなった。自ら繰り返し主張しているように、選挙が盗まれたと大統領が心から信じているのかどうか、私には確信がなかった。少なくとも、当初は違った。大統領は投票前から、敗北したら不正投票を主張するつもりだと明らかにしていた。そのため、まさに投票日当日の夜から不正投票を主張し始めたことに、私は失望こそすれ驚きはしなかった。私にとってショックだったのは、トランプ夫人も密かに同調していたことである。選挙の話になるたび、彼女は「ひどいことが起きた」とか「ひどいわね」などと口にするのだが、それはつまり、選挙の結果が合法ではないということだ。夫ほどの陰謀論者ではない彼女が、そんなことを言うのが信じられなかった。もちろん、当時の二人が誰の言うことに耳を傾けていたのかはわからない。マーク・メドウズは、トランプ一家に近づける人を徐々に制限しており、自分自身、手下のアドバイザーたち、そしてルディ・ジュリアーニ、シドニー・パウエル、マット・ゲーツなど、レジデンスになんとか潜り込んだ人たちに限っていた。たぶんトランプ一家の耳には、こうした人たちの声しか届いていなかったのだ。トランプ夫人が不正投票に同調しているのは、自分がホワイトハウスを去り、今後もこの男と暮らさざるを得ないことがわかっているからだと、私は自分の中のどこかで、冷ややかな目で見ていた。今後は夫妻のあいだを隔てる人が少なくなるので、夫の悪い面に抗いたくなかったのかもしれない。私はその話題になるたび、選挙のたびに不正投票が発生するけれど、トランプを落選させる大規模な陰謀があったかどうかはわからないと、恐る恐る口にした。しかし、彼女はそれを聞こうとせず、私が得ていない情報を知っているかのように、「ひどいことだわ」と繰り返し述べた。私はもうお手上げだった。

しかし今思うと、一二月のある時点でトランプ夫人は先行きを見通し、後始末を始めたようだった。そして以前に触れたように、カメラマンに残業をさせ、大量のアルバムを完成させた。カメラマンの報酬支払いには私の承認が必要なので、その請求額に驚き、行政管理局からもそれについての問い合わせが入った。なお悪いことに、私はそれらのアルバムを見たことがなかった。しかし写真は、ファーストレディーにとって慰めの源だったのだろう。

つまるところ、トランプ夫人は選挙の結果について複雑な見方をしていたのだと思う。夫が敗北したことに自尊心が傷つけられたのは嫌だっただろうが、プライバシーが保たれる生活に戻れるのが嬉しかったに違いない。私はまた、バイデンをけなすトランプの企みに彼女が同調していることに驚いた。他のファーストレディーたちがしてきたように、ジル・バイデンをホワイトハウスに迎えるか、ティーに誘ってはどうかと何度か提案したが、彼女はいつも「考えさせて」とか「ウエストウイングがどうするか見守りましょう」などと答えた。いずれも「ノー」の意味だ。彼女はいったいいつ、ウエストウイングに従うことにしたのだろう？

そして、一月六日がやって来た。本書の冒頭で述べた通り、私はその日に関して不吉な予感を抱いていた。ワシントンＤＣの自宅で、事態の推移をテレビで見る。読者の皆さんも感づいていると思うが、私はこの時点で、イーストウイングとウエストウイング両方の同僚たちからほぼ完全に距離を置いていた。それは疲労のためでもあるし、すっかり興味を失い、保身に走っていたからでもある。私はパラノイアも同然の状態で仕事をしており、大統領とファーストレディー両方に落胆し、失望していた。それに、自分はトランプの特別な側近だと考えるほど、自分のエゴが手のつけられないものになっている事実を突きつけられ、自分がここまで「落ちこぼれた」ことに衝撃を受けていた。大統領から「みんな君を愛している」と言われたこともあったのだから、どうしてこんなことになったのかと、不思議に思わずにはいられなかった。一月六日は国民にとってまさに悲劇の一日だったが、振り返ってみると、それは起きるべくして起きたのだ――あのすべてが。暴動の発生と、私の辞任。一月六日は私にとって報いの一日だったが、今考えると、そうした考え方をするという点で私は少数派のようだ。

予想と違い、辞任後も不安は消えなかった。自分の決断を後悔してはいなかったものの、これまで何年間も一緒に苦労してきた人たちから、これほどすぐに切り離されるのはやはりつらかった。私は人間なのだから、傷つくこともある。その後の日々を乗り越えるのは大変だった。カルトから抜けるのもこれと同じなのだろう。私はなるべくニュースを避け、いつもベンと散歩するとともに、前進したいからトランプワールドのことは知らせないようにと、近しい友人に頼んだ。それはある程度功を奏した。それでも、自分の不安や怒りの感情と折り合いをつけるまで、かなりの時間がかかった。罪悪感、悲しみ、そして脱洗脳の期間を経て、再構築が始まる。正直に言えば、自分の経験に関する私の思いはいまだ複雑にもつれ合っており、果たして解きほぐせるかどうかはわからない。

エピローグ

外を見る者は夢を見、中を見る者は目覚める。
——カール・ユング

先ほど記したように、私は辞任してからというもの、かつての同僚たちの多くといまだ話をしていない。トランプ夫人とも辞任の日以降連絡をとっていないが、それまで何年間も、ほぼ毎日のように話したりメッセージでやり取りしたりしていたので、ある種の慣れが必要だった。

ホワイトハウスを去ったあと、トランプ夫人はスタッフ全員にそれぞれ異なる文面の手紙を送り、その人たちの奉仕に感謝するとともに、自らサインしたスナップ写真を添えた。私がそれを知っているのは、そのプレゼントは私のアイデアで、文面を考えたのも私だからである。そこには一人ひとりの肩書きだけでなく、その人の詳しい情報も盛り込んでいる。今この段階で大騒ぎするつもりはないけれど、私には何の贈り物もなく、私宛ての手紙はドアマンをも立腹させるような、曖昧かつ冷淡なものだった。「親愛なるステファニー。ファーストレディー・オフィスの一員としてアメリカ国民に奉仕してくれたことを感謝します。ホワイトハウスで過ごした日々を、大事な思い出として振り返ってほしいと思います。あなたは国家への奉仕を助けてくれたのですから。今後のご活躍を心からお祈りします」

要するに、ただの「グッドバイ、そしてグッドラック」だ。「親愛なるジョン」で始まる事務的な手紙と変わらない。そうなったのは、私が一月六日に辞任したからなのか、それとも私の辞任が報道され、彼女がそれを裏切りと捉えたからなのか。私にはそのどちらなのかわからない。ただし、そんな手紙を送ることの意味を彼女がわかっていたのは、彼女をよく知る私にとっては明らかである。

特に最後の半年間、ホワイトハウスで自分が体験した数々の出来事について、私が自身を除く全員を責めているように思われてしまうのではないかと、本書を執筆しているうちに思えてきた。自分自身の判断では、私はコロナウイルス、メドウズと彼の部下、元彼、前任のイーストウイング首席補佐官、イーストウイングで私に仕えたスタッフの一部、ウエストウイングの上級スタッフ、大統領、さらに最後はファーストレディーの犠牲者だった。そして、私が本書で記してきたことはすべて真実で、様々な個性が私に向かって嵐のごとく一斉に襲ってきたというのがふさわしいが、自分が何も悪くない犠牲者だとは思わない。こうした状況に絶えず関与しているなら、自分の内側を見つめ、自分自身の責任がどこにあるかを判断すべきだと、私は強く信じている。私を含めた誰もが、教訓を学んで人生の次なる一章に適用できるよう、責任をきっちり負わなければならない。

私の責任は明らかである。権力の虜に、そして自信過剰になっていた。ホワイトハウスという、私たちの国で、そしておそらく世界で最も重要な建物の中に入り、他のどんな場所とも違う扱いを受ける。アメリカ国民を支えたいと思ってホワイトハウスに入るものの、トランプ政権においては、そこを立ち去るまで初志を貫徹できた人は数少ないし、私もそうできなかったのは間違いない。

さらに、あのような『ハンガー・ゲーム』〔本書三〇ページの訳注を参照〕の世界で働いていると、別の本能に支配される――生産的な仕事をすることに専念するのでなく、ただ生き延びたいと願うのだ。なので、生き延びるためなら何でも行ない、自分と、あるいは自分自身が納得していない倫理観と妥協する。私はそれについても有罪だった。

ただし同時に、誰かがトランプ夫人につきっきりになり、目配りする必要があるとも考えていた。私は彼女に一個人として忠誠を尽くしたし、彼女のことを最優先に考えない無能な人たちや信頼できない人たちに、彼女が取り囲まれるのを望まなかった。そして、いつも私によくしてくれることに感謝していた。しかし、一月六日の暴動に彼女が無関心を貫いたために、最後は留まるのが難しくなってしまった。

私もまた、自分自身が罠に気づかず何度も陥ってしまったことについて、見て見ぬ振りをしていた。トランプワールドの一員として信頼され、重視されていると思い込んでいたのだ。だが、トランプ一家の大半の人間は、人々をいともあっさり解任し、自分たちの生活から切り離しているというのが真相である。完全なる忠誠心を求めるものの、誰に対しても忠実ではない。私は彼らを責めているのではない。彼らはビジネス界の人間であって、ビジネスに私情を差し挟むことは許されない。それがわかって立ち去った人もいれば、とことんしがみついた人もいる。そして、今もしがみついている人は数多い。トランプ一家が私にひどい扱いをするなどあり得ないと考えるまでに、私のエゴは膨らんでいた。ホープ・ヒックス、ダン・スカヴィーノ、さらにはジャヴァンカと同じレベルに自分を置いていたのだが、そんなことは馬鹿げている。トランプ夫人は可能であれば私をかばい、二人きりのときは、あなたの立場にいれば腹が立つわといつも言ってくれたけれど、それ以上ではなかったし、私のほうも、もっと大事にしてもらいたいと、間違った期待を抱いていた。

最後に、これが一番重要だが、私はもっと声を上げるべきだった。

父方の祖父のことが、私の脳裏から離れない。私は子どものころ、コロラド州西部の山間地に位置するフルータという小さな町にある、父親一家の農園で夏を過ごしていた。成長するにつれ、熱心な共和党支持者だった祖父と様々な社会問題について討論するのが大きな楽しみになり、祖父の主張に納得できないことが多いので、自分は民主党員になるつもりだと言った。すると祖父は笑みを浮かべ、政治的な意識を持ち、私たちの国に奉仕する限り、自分の好きな政党に関わっていいと答えるのだった。

今振り返ると、どんな怒りを引き起こそうと、あるいはホワイトハウス内でどのような反応が生じようと、間違っていると思う事柄について勇気を出して声を上げるべきだった。それによって政権に留まる期間が短くなってもだ。私は弱虫でそれができず、また恐怖のせいで国家に十分奉仕できなかったが、他の何よりもそれを後悔している。

とは言え、私たちの国の健全性と将来のことを考えると恐ろしくなる。私は人生のほとんどを共和党員として過ごし、立憲主義と保守主義の価値を支える仕事に打ち込んできた。しかし今日、立憲主義に基づく保守主義者というだけでは、「よき共和党員」となるのに十分ではないようだ。いまだ敗北を認めようとしない元大統領に無条件で忠誠を尽くすのが、現時点では大事らしい。所属している党にかかわらず、私たちは一人の男性、または女性に対してではなく、この国に対して忠実であるべきだ。私たちの党を支配する権力が一人の男によって独占されるのを、大勢の共和党員が許しているのを見るたび、私は悲しくなる。それは独裁制であって、この国はそんな思想のうえに建国されたのではない。私はワシントンDCから遠く離れてこうしたことを書きながら、自分の意見を口にしたというだけの理由で、私の党が一人の女性を非難する様を見ていた。「いまだ過去に住み続けている」ことを理由に、リズ・チェイニー下院議員を重要ポストから外す一方、第四五代大統領が毎日のようにメッセージを発し、選挙が盗まれたと主張しているなんて、私にはとても正気の沙汰とは思えない。共和党幹部は「党の方針」に従い、将来に目を向けたいと主張しているが、その間ずっと、過去、復讐、そして自分自身のことしか考えない一人の男に取り入ろうと必死である。トランプ大統領は、自分が無視されている、あるいは自分の声が届かないと思っている大勢の人に声を与えた。しかし、現状維持に対する好ましい変化として始まったことは、激しい怒りと暴力に堕落してしまった。トランプ政権は優れた政策を数多く実施したと私は信じているし、それらが続くことを望んでいるけれど、いずれも共和党の政策であって、トランプの政策ではない。それらの政策は彼のものではなく、私たち共和党員は一丸となって前進するとともに、分裂を引き起こし、スキャンダルにまみれたトランプ時代のドラマと決別すべきだと、固く信じている。要するに、共和党は一人の人間ではないのだ。

最初に記したように、本書は大勢の人を激怒させるに違いない。そして、私は本書の準備に一年間を費やし、ほぼ六年かけて面の皮を厚くさせた。右派の中には、私のことを裏切り者だと言う人もいるだろう。また左派の中には、著者が自ら進んで「怪物」のために働いた人物なのだから、本書の内容はあまりに少なく、遅すぎだと言う人もいるはずだ。私がかつて敬愛した人や、友人と呼んだ人からも攻撃されるだろうし、トランプワールドが今後言うであろうすべてのことを、私は本書の中で並べてきた。これは、今後長く語られるであろう一時代についてのエピソードを記した本に過ぎないと、私は言っておく。そして、あなたが笑ってくれること、せめてもう少しだけ理解してくれることを願っている。
ある日、物事を見事に要約した文章を目にしたので、ここに紹介しよう。
何の後悔もなく人生を送ることはできないが、
そこから何かの目的を生み出すことはできる。

謝辞

担当編集者のジョナサン・ジャオをはじめとする、ハーパーコリンズのチームに感謝したい。あなたがたが危ない橋を渡ったことは、私も理解している。私にとって、本書の執筆は心理的につらかったけれど、デイヴィッド、ティナ、テレサが私を支え、自信を与えてくれたおかげで、この本を自分の望む形に作り上げることができた。いつも私の話に耳を傾け、私が自分に正直でいられるようにしてくれたことに感謝する。

ジャヴェリンの共同創業者にして私のエージェントであるマット・ラティマーには、いくら感謝してもしきれない。私がしたいと思うことを信頼し、そのさなか、冷静さを保って地に足をつけられるようにしてくれた。また、リサーチを行ない、あらゆる情報を整理するという点について、最も困難な仕事を引き受けてくれたディラン・コリガンにも感謝する。

そして、私がしていることを認識し、この旅を進める中で、私のスケジュール、神経症、および不安定さにずっと我慢してくれた、家族や親しい友人たちに感謝したい。何らかの報復を受ける恐れさえなければ、一人ひとりの名前をここに記していただろう。みんな、愛している。

〔著者〕

ステファニー・グリシャム

ステファニー・グリシャムは2017年1月20日にホワイトハウス入りし、2019年から2020年までホワイトハウス報道官兼広報部長のポストにあった。また、ファーストレディーであるメラニア・トランプの広報責任者と首席補佐官も歴任している。コロラド生まれのグリシャムは、現在カンザスとワシントンDCに居を構えており、二人の息子、カーチスとジェイクの母親である。

〔訳者〕

熊木信太郎（くまき・しんたろう）

北海道大学経済学部卒業。都市銀行、出版社勤務を経て、現在は翻訳者。『スパイ大事典』『冒頭を読む　世界の名著101』『良心の囚人』『ゲイリー・バートン自伝』（いずれも論創社）など訳書多数。

ネクスト・クエスチョン？
トランプのホワイトハウスで起きたこと

2024年6月20日　初版第一刷印刷
2024年6月30日　初版第一刷発行

著　者　ステファニー・グリシャム
訳　者　熊木信太郎
装　丁　奥定泰之
発行人　森下紀夫
発行所　論 創 社

〒101-0051 東京都千代田区神田神保町2-23 北井ビル
TEL:03-3264-5254　FAX:03-3264-5232　振替口座 00160-1-155266
WEB:https://www.ronso.co.jp

組版　フレックスアート
印刷・製本　中央精版印刷

ISBN978-4-8460-2393-5